Antonio Benedito de Oliveira

CONTABILIDADE
GERENCIAL
↑

Editora Saraiva

Editora Saraiva

Rua Henrique Schaumann, 270
Pinheiros – São Paulo – SP – CEP: 05413-010
PABX (11) 3613-3000

SAC | 0800-0117875
De 2ª a 6ª, das 8h30 às 19h30
www.editorasaraiva.com.br/contato

Diretora editorial	Flávia Alves Bravin
Gerente editorial	Rogério Eduardo Alves
Planejamento editorial	Rita de Cássia S. Puoço
Editores	Jean Xavier
	Patrícia Quero
Produtores editoriais	Daniela Nogueira Secondo
	Rosana Peroni Fazolari
	Willian Paiva Rezende
Comunicação e produção digital	Nathalia Setrini Luiz
Produção gráfica	Liliane Cristina Gomes
Preparação	Andrea Vidal
Diagramação	Casa de Ideias
Capa	Casa de Ideias
Impressão e acabamento	Edições Loyola

ISBN 978-85-02-61806-0

DADOS INTERNACIONAIS DE CATALOGAÇÃO NA PUBLICAÇÃO (CIP)
ANGÉLICA ILACQUA CRB-8/7057

Oliveira, Antonio Benedito da Silva
Contabilidade gerencial / Antonio Benedito da Silva Oliveira. – São Paulo : Saraiva, 2014.

Bibliografia
ISBN 978-85-02-61806-0

1. Contabilidade gerencial 2. Contabilidade de custos I. Título

14-0707	CDD-658.1511
	CDU-00.000.0

Índices para catálogo sistemático:
1. Contabilidade gerencial

Copyright © Antonio Benedito da Silva Oliveira
2015 Editora Saraiva
Todos os direitos reservados.

Nenhuma parte desta publicação poderá ser reproduzida por qualquer meio ou forma sem a prévia autorização da Editora Saraiva. A violação dos direitos autorais é crime estabelecido na lei nº 9.610/98 e punido pelo artigo 184 do Código Penal.

382.056.001.001

Este livro é dedicado à minha mulher Cidinha e ao meu filho Miguel.

AGRADECIMENTOS

Primeiro, gostaria de agradecer a Deus por todas as oportunidades de vida e realização. Também foi importante para a conclusão deste livro o apoio recebido de minha família, à qual agradeço pela presença, pelas demandas, pelas interrupções e por tudo o mais que compõe uma família real em seu cotidiano.

Destaco ainda as contribuições de meus alunos do mestrado e graduação da PUC-SP sobre contabilidade, gestão e controle econômico das atividades produtivas. Tanto a graduação em Ciências Contábeis quanto a pós da PUC-SP são especiais para mim pelo nível dos alunos participantes, que estão sempre dispostos a criar conhecimento com estudo, pesquisa, trabalho e dedicação. Todos geraram contribuições que de alguma maneira se refletem neste livro, conforme minha capacidade em captá-las, entendê-las e comunicá-las.

Em especial, gostaria de citar os ex-alunos Levi Gimenez, Luiz de Barros Scholtz e Emilene Mesquita pelas discussões, pelos trabalhos e pelas parcerias ao longo dos anos. Cabe também agradecer ao pessoal da Saraiva pelo apoio decidido e coordenação segura na condução deste projeto.

Também gostaria de agradecer aos professores e amigos da PUC-SP pelo convívio e troca de ideias, com os quais me enriqueci. Em especial, agradeço ao professor Reinaldo Guerreiro pelas palavras dedicadas a este livro e ao professor Fernando Almeida Santos pelos projetos comuns. A todos, agradeço pela amizade gratuita e constante ao longo dos anos.

A todos os professores do departamento de Ciências Contábeis da PUC-SP fica também o meu agradecimento pelo convívio e pelo bom ambiente de trabalho proporcionado pela maturidade, competência e cultura desse conjunto especial de pessoas.

Prof. Antonio Benedito Silva Oliveira

SOBRE O AUTOR

Antonio Benedito Silva Oliveira é doutor e mestre em Controladoria e Contabilidade pela Faculdade de Economia, Administração e Contabilidade da Universidade de São Paulo (FEA-USP) e graduado em Ciências Contábeis pela mesma instituição. Atualmente, é consultor de empresas na área de Contabilidade Gerencial e professor da Pontifícia Universidade Católica de São Paulo (PUC-SP) nessa área. Tem artigos publicados em revistas e congressos científicos da área e livros no ramo de Controladoria, Contabilidade, Gestão e Pesquisa Contábil.

PREFÁCIO

Foi com grande prazer que recebi o convite para fazer o prefácio desta obra. Tive o privilégio de conviver durante muitos anos com o Prof. Antonio Benedito, desenvolvendo trabalhos e pesquisas acadêmicas, na época em que participávamos do Grupo Gecon da FEA-USP. O Prof. Antonio é um dos mais sérios pesquisadores na área da contabilidade gerencial no Brasil. Sempre com uma postura muito crítica e com reflexões agudas, analisa os detalhes sem perder o foco na visão mais abrangente.

O Prof. Antonio nos brinda com uma nova obra sobre um assunto que tem profundo domínio: a contabilidade gerencial. Nesta obra são apresentados e analisados os assuntos fundamentais da contabilidade gerencial, sob a ótica da gestão da rentabilidade e do planejamento e controle das operações. Essa análise dos conteúdos gerenciais, além de ser efetuada na forma clássica, é permeada com o uso de instrumental matemático.

Sabemos que a "árvore boa dá bons frutos". Tenho a mais absoluta convicção que esta obra, pelas suas características específicas, proporcionará uma grande contribuição para os estudantes e profissionais de contabilidade gerencial e certamente ampliará a qualidade das referências bibliográficas da área.

REINALDO GUERREIRO,
Professor da FEA-USP

SUMÁRIO

CAPÍTULO 1 Introdução à contabilidade gerencial **1**
1.1 Contabilidade gerencial e a informação de custo e resultado para a tomada de decisão **2**
1.2 Ponto de equilíbrio contábil **6**
1.3 Ponto de equilíbrio financeiro **7**
1.4 Ponto de equilíbrio econômico **8**
1.5 Derivadas direcionais como técnica adicional **22**
1.6 Introdução ao problema da escolha em negócios: sorvetes para o verão **24**
1.7 Valor da informação **32**
1.8 Considerações finais **34**
Resumo **34**
Questões para estudo e pesquisa **34**

CAPÍTULO 2 Análise de custos, receitas e resultados **35**
2.1 Introdução **36**
2.2 Modelagem matemática **53**
2.3 Análise marginal **59**
2.4 Considerações finais **61**
Resumo **61**
Questões para estudo e pesquisa **62**

CAPÍTULO 3 Formação de preço e otimização do resultado **63**
3.1 Introdução **64**
3.2 Os impostos sobre as vendas **65**
3.3 Modelagem da função demanda **67**
3.4 A questão dos tributos **71**
3.5 Considerações finais **95**
Resumo **96**
Questões para estudo e pesquisa **96**

CAPÍTULO 4   O sistema empresa   **99**

4.1 Introdução   **100**
4.2 O sistema empresa   **101**
4.3 O sistema físico e operacional   **102**
4.4 O sistema institucional   **104**
4.5 Sistema organizacional   **105**
4.6 Sistema sócio-político-psico-cultural   **105**
4.7 O sistema de gestão   **105**
4.8 A integração do sistema de gestão com o sistema de informação   **106**
4.9 Escala de mensuração monetária   **111**
4.10 Considerações finais   **113**
Resumo   **113**
Questões para estudo e pesquisa   **113**

CAPÍTULO 5   O processo orçamentário e as principais funções organizacionais   **115**

5.1 Introdução   **116**
5.2 Aspectos conceituais e benefícios do orçamento   **116**
5.3 Críticas ao processo orçamentário   **117**
5.4 Estrutura básica do orçamento   **118**
5.5 Tipos de orçamento   **119**
5.6 Considerações finais   **134**
Resumo   **134**
Questões para estudo e pesquisa   **135**

CAPÍTULO 6   Custo-padrão   **137**

6.1 Introdução   **138**
6.2 Custo-padrão   **138**
6.3 Custo-padrão departamental   **139**
6.4 Relacionamentos sistêmicos   **143**
6.5 Considerações finais   **144**
Resumo   **144**
Questões para estudo e pesquisa   **145**

CAPÍTULO 7 Análise das variações orçamentárias **147**

7.1 Introdução **148**

7.2 Variação de resultado: a diferença entre o resultado orçado e o resultado planejado **150**

7.3 Matrizes para a equação do resultado **153**

7.4 Considerações finais **171**

Resumo **171**

Questões para estudo e pesquisa **172**

CAPÍTULO 8 A gestão econômica do valor arriscado **173**

8.1 Introdução **174**

8.2 Aspectos da incerteza e lucro **182**

8.3 Gestão do risco **184**

8.4 A construção de uma função utilidade do ponto de vista da atitude em relação ao risco **194**

8.5 A empresa em andamento e a gestão do risco **197**

8.6 Considerações finais **201**

Resumo **201**

Questões para estudo e pesquisa **201**

CAPÍTULO 9 Simulação **203**

9.1 Introdução **204**

9.2 Considerações finais **213**

Resumo **213**

Questões para estudo e pesquisa **213**

CAPÍTULO 10 Teoria das Restrições e contabilidade gerencial **215**

10.1 Introdução **216**

10.2 Histórico e conceitos **216**

10.3 O modelo decisório da Teoria das Restrições **217**

10.4 Grupos de restrições **218**

10.5 Os cinco passos da Teoria das Restrições **218**

10.6 Ganho **220**

10.7 Inventário **220**
10.8 Despesa operacional **220**
10.9 Medidores do alcance da meta **221**
10.10 Balancear o fluxo, e não a capacidade **222**
10.11 Sincronização da produção **223**
10.12 Considerações finais **224**
Resumo **224**
Questões para estudo e pesquisa **225**

CAPÍTULO 11 Indicadores CSF e BSC **227**
11.1 Introdução **228**
11.2 Indicadores básicos contábeis **229**
11.3 Modelo DuPont **231**
11.4 Balanced Scorecard (BSC) **233**
11.5 Considerações finais **235**
Resumo **236**
Questões para estudo e pesquisa **236**

CONSIDERAÇÕES FINAIS 237
REFERÊNCIAS 239
ÍNDICE REMISSIVO 245

CAPÍTULO 1

Introdução à contabilidade gerencial

→ **Objetivo do capítulo**
Este capítulo foi escrito com a finalidade de apresentar os conceitos básicos da Contabilidade Gerencial.

→ **Visão geral do capítulo**
O capítulo inicia com a apresentação e discussão de um caso simples, com o qual serão introduzidos os conceitos de custeio variável, pontos de equilíbrio, margem de segurança e alavancagem operacional. Essa discussão inicial é ampliada com discussões sobre alavancagem financeira e otimização do retorno sobre o capital do acionista.

→ **Palavras-chave**
Custeio variável; ponto de equilíbrio; alavancagem financeira; alavancagem operacional.

1.1 Contabilidade gerencial e a informação de custo e resultado para a tomada de decisão

Custo é todo recurso consumido para gerar um produto ou prestar um serviço. Do ponto de vista da Economia, todo o consumo de recursos por uma atividade produtiva, econômica, é o custo dessa atividade. Já do ponto de vista gerencial, as necessidades de decisão são variadas. Às vezes, são tomadas decisões que dizem respeito a uma atividade, noutras, a um conjunto de atividades. Muitas vezes, as decisões dizem respeito à empresa como um todo, a determinado produto ou a uma família de produtos.

As diferentes necessidades decisórias nas escolhas econômicas – por exemplo, aquelas sobre a alocação de recursos para a geração de produtos ou serviços; as que envolvem valor econômico dos produtos e serviços gerados e dos recursos consumidos; e aquelas que envolvem resultados econômicos – levam à demanda de diferentes classificações de custo para identificação dos diferentes objetos de tomada de decisão. Assim, contabilmente, separam-se os custos das despesas, ambos necessários para gerar receita e consumidores de recursos.

Do ponto de vista contábil, o custo é o consumo de um recurso relacionado à atividade produtiva. A informação de custo é usada na mensuração do resultado em muitos tipos de decisões de negócio. Como exemplos, podemos citar os custos com as matérias-primas e com a mão de obra.

Despesas são recursos sacrificados para gerar receita, não estando diretamente relacionadas à fabricação do produto ou à prestação do serviço. São exemplos as despesas de vendas e as despesas administrativas.

Tanto custos como despesas podem ser classificados em *fixos* e *variáveis*. Custos e despesas fixos são aqueles que tendem a se repetir em função do período, tais como: aluguel do galpão industrial, salários do pessoal administrativo e despesas com segurança.

Os custos também podem ser classificados como *diretos* ou *indiretos*, conforme estejam diretamente vinculados à existência de uma atividade ou não. Custos indiretos são os custos da estrutura utilizada para produzir, por exemplo, iluminação, utilidades, como água gelada, ar comprimido, limpeza e outros. Os custos diretos de um produto ou atividade são aqueles que, terminado esse produto ou atividade, deixam de existir. Podem ser variáveis ou não. Como exemplo, pode-se citar uma máquina dedicada à fabricação de um único produto. Essa máquina poderia ter um custo fixo mensal, que seria um custo direto do produto, compondo o resultado do produto no mês. Em um banco, exemplo de custo direto, um sistema e sua equipe poderiam ser totalmente dedicados a determinado produto ou atividade. Um sistema dedicado, por exemplo, à gestão dos financiamentos habitacionais seria um custo direto fixo desse produto.

Na sequência, esses e outros conceitos de custo serão estudados com base em um exemplo. Serão abordados os conceitos de margem de contribuição, ponto de equilíbrio (contábil, econômico e financeiro), alavancagem (operacional e financeira), além de uma implementação prática dos conceitos de custos fixos, variáveis, diretos e indiretos abordados aqui.

Suponha-se, para a definição das ideias de interesse, uma fábrica de calculadoras com as características de preço de venda e custos variáveis expressas na Tabela 1.1.

Tabela 1.1 Dados de preços e custos das calculadoras avançada e científica

	Avançada	Científica
Preço de venda	R$ 26,00	R$ 46,00
Tela de LCD	R$ 3,00	R$ 5,00
Teclado	R$ 0,50	R$ 1,20
CPU	R$ 2,50	R$ 4,40
Memória	R$ 9,00	R$ 28,00
Carcaça	R$ 1,00	R$ 2,40

A produção das calculadoras faz com que a empresa incorra em custos e despesas fixas, conforme indicado na Tabela 1.2.

Tabela 1.2 Custos e despesas fixos da fábrica de calculadora

Aluguel da fábrica	R$ 15.000,00
Aluguel da administração	R$ 10.000,00
Salários da fábrica	R$ 65.000,00
Salários da administração	R$ 150.000,00
Outros custos	R$ 150.000,00
Outras despesas	R$ 150.000,00

Com base no conjunto de dados expostos nas Tabelas 1.1 e 1.2, podem ser obtidas informações úteis para a tomada de decisão sobre continuidade, descontinuidade de produtos e o efeito do volume sobre o lucro. Essas informações são básicas para uma análise de custo, volume e lucro.

Agora, serão respondidas as questões a seguir.

1. Calcule a margem de contribuição das calculadoras avançada e científica.
2. Se fosse possível concentrar a produção em uma única calculadora, qual seria a escolhida? Por quê?

3. Suponha a produção da calculadora escolhida na Questão 2 e responda:
   a. Qual é o ponto de equilíbrio, levando-se em conta o pagamento de uma dívida de R$ 30.000,00 (ponto de equilíbrio financeiro)?
   b. Qual é o ponto de equilíbrio, incorporando-se uma meta de lucro de R$ 100.000,00 (ponto de equilíbrio econômico)?
   c. Aumentando-se a produção do modelo escolhido de 50.000 unidades para 60.000 unidades, qual é o impacto no lucro obtido, medido pelo grau de alavancagem operacional?

A primeira questão diz respeito ao cálculo da margem de contribuição de cada calculadora. *Margem de contribuição* é o que o produto gera para cobrir os custos fixos e produzir resultado. De maneira mais direta, a margem de contribuição corresponde ao preço de venda menos os custos e despesas variáveis. Para as duas calculadoras do exemplo, seriam calculadas as margens de contribuição apresentadas na Tabela 1.3.

Tabela 1.3 Cálculo das margens de contribuição

	Avançada	Científica
Preço de venda	R$ 26,00	R$ 46,00
(−) Custos e despesas variáveis		
Tela de LCD	−R$ 3,00	−R$ 5,00
Teclado	−R$ 0,50	−R$ 1,20
CPU	−R$ 2,50	−R$ 4,40
Memória	−R$ 9,00	−R$ 28,00
Carcaça	−R$ 1,00	−R$ 2,40
(=) Margem de contribuição	R$ 10,00	R$ 5,00

Assim, a margem de contribuição unitária corresponde ao preço de venda menos os custos e despesas variáveis relacionados à unidade produzida, conforme Equação 1.1.

$$MgCo = PV - \sum_{i=1}^{n}\left(C\,\text{var}_i + D\,\text{var}_i\right) \qquad (1.1)$$

onde
MgCo = margem de contribuição;
PV = preço de venda;
$C\text{var}_i$ = i-ésimo custo variável do produto; e
$D\text{var}_i$ = i-ésima despesa variável do produto.
Observação: $\sum_{i=1}^{n} x_i = x_1 + x_2 + ... + x_n$

Conhecendo as margens de contribuição de cada produto, sabe-se qual é o mais vantajoso. Se fosse possível, a empresa tenderia a concentrar sua atuação apenas nesse produto. Na maioria das vezes isso não é possível, seja por razões legais, operacionais, econômicas, seja por razões estratégicas. Pode haver, por exemplo, uma restrição de demanda, isto é, o mercado pode não absorver mais do que determinado volume de cada produto.

No caso desse exemplo, o produto mais vantajoso para a empresa seria o modelo *calculadora avançada*, que apresenta a maior margem de contribuição, R$ 10,00. A calculadora científica, embora mais cara, gera apenas R$ 5,00 de margem. Essa margem de contribuição é o que, após cobrir os custos e despesas fixos, gera o lucro.

No caso exposto, os custos e despesas fixos totalizam R$ 540.000,00 e são apresentados na Tabela 1.4.

Tabela 1.4 Custos e despesas fixas da entidade

Aluguel da fábrica	R$ 15.000,00
Aluguel da administração	R$ 10.000,00
Salários da fábrica	R$ 65.000,00
Salários da administração	R$ 150.000,00
Outros custos	R$ 150.000,00
Outras despesas	R$ 150.000,00
Total	**R$ 540.000,00**

Uma necessidade do empresário e gestor é saber qual é o volume de vendas necessário para que a empresa pelo menos cubra seus custos e despesas.

Recapitulando, cada unidade de determinado produto vendido deve primeiro pagar os custos e despesas incorporados à unidade, custos e despesas necessários para se disponibilizar a unidade. Depois, cada unidade deve contribuir para o pagamento dos custos e despesas fixos da entidade. O excedente é o resultado do período, conforme a Equação 1.2, que mostra a formação de resultado no caso de uma empresa com um único produto.

$$ResEcon = (PV - CD\,\text{var}) \times qde - CDfix \qquad (1.2)$$

onde
ResEcon = resultado econômico;
PV = preço de venda;
CDvar = custos e despesas variáveis;
Qde = quantidade; e
CDfix = total de custos e despesas fixas da entidade.

Para uma empresa com vários produtos, essa equação assumiria a forma da Equação 1.3.

$$ResEcon = \sum_{i=1}^{n}\left(PV_i - CD\,var_i\right) \times qde_i - CDdir_i - CDfix \qquad (1.3)$$

onde
ResEcon = resultado econômico;
PV_i = preço de venda do i-ésimo produto;
$CDvar_i$ = total de custos e despesas variáveis do i-ésimo produto;
Qde_i = quantidade vendida do i-ésimo produto;
$CDdir_i$ = custos diretos identificados ao i-ésimo produto; e
CDfix = total de custos e despesas fixas da empresa.

1.2 Ponto de equilíbrio contábil

Como já foi dito, o ponto de equilíbrio corresponde à quantidade de venda necessária para pagar custos e despesas totais sem gerar resultado. Assim, obtém-se a Equação 1.4.

$$Equilíbrio_{cont} \Rightarrow (PV - CD\,var) \times qde_{equilíbrio} - CDfix = 0 \qquad (1.4)$$

Assim, em quantidade, o ponto de equilíbrio seria dado pela Equação 1.5.

$$qde_{equilíbrio} = \frac{CDfix}{(PV - CDvar)} \qquad (1.5)$$

Como PV − CDvar = MgCo (margem de contribuição), a Equação 1.5 fica como a Equação 1.6.

$$qde_{equilíbrio} = \frac{CDfix}{MgCo} \qquad (1.6)$$

No caso em estudo, para o cálculo do ponto de equilíbrio podemos usar a Equação 1.6, supondo resultado igual a zero. Usando os dados da calculadora avançada, que no caso é o produto de maior margem e, portanto, o produto que seria escolhido para concentrar a atuação da empresa. Assim, tem-se MgCo = R$ 10,00, e custos e despesas fixas totais no valor de R$ 540.000,00. Substituindo esses valores na fórmula para o cálculo do ponto de equilíbrio, obtém-se a Equação 1.7:

$$qde_{equilíbrio} = \frac{R\$ \, 540.000,00}{R\$ \, 10,00} = 54.000, unidades \qquad (1.7)$$

Caso se optasse unicamente pela produção da calculadora científica, seria necessário vender 108.000 calculadoras, o dobro do volume necessário para cobrir os custos totais com a venda da calculadora avançada. Seria, portanto, um risco muito maior. Imaginando a situação em termos de faturamento, observa-se na Tabela 1.5 que o faturamento com a venda de 54.000 calculadoras avançadas, ao preço de R$ 26,00 cada uma, seria de R$ 1.404.000,00, enquanto a meta de faturamento vendendo 108.000 unidades da calculadora científica, a um preço unitário de R$ 46,00, seria de R$ 4.968.000,00, uma meta de faturamento da ordem de quatro vezes o necessário, vendendo a avançada. Isso ocorreria em razão da diferença nas margens de contribuição de cada calculadora.

Tabela 1.5 Faturamentos em volumes e moedas necessários para atingir o ponto de equilíbrio em cada modelo de calculadora

Modelos de calculadora	Preço de venda	Quantidade no ponto de equilíbrio	Faturamento total
Avançada	26	R$ 54.000,00	R$ 1.404.000,00
Científica	46	R$ 108.000,00	R$ 4.968.000,00

1.3 Ponto de equilíbrio financeiro

Existem alguns custos e despesas que, apesar de corresponderem a consumos de recursos do ponto de vista econômico, podem não gerar desembolsos de caixa no período. A depreciação é um caso clássico.

A depreciação, do ponto de vista econômico, representa um consumo do potencial de benefícios a serem obtidos de um ativo; é, portanto, um custo ou despesa real. No entanto, a despesa com depreciação do período não representa saída de caixa, que só ocorrerá no futuro, quando e se o ativo depreciado for reposto, em uma nova decisão de investimento.

O caso oposto é o de quando, além da existência de custos e despesas contábeis, deve-se considerar uma necessidade de pagamento, como a da amortização de um empréstimo.

Ambos os casos são tratados no estudo do ponto de equilíbrio, sob a denominação de *ponto de equilíbrio financeiro*.

Desse modo, no caso do pagamento de uma dívida de R$ 3.000,00, além dos custos e despesas fixas, a necessidade de efetuá-lo também deveria ser coberta pela margem de contribuição gerada. Assim, caso se trabalhasse apenas com o produto calculadora avançada, ele deveria gerar margens para cobrir custos e despesas totais e mais essa necessidade de pagamento, conforme mostrado na Equação 1.8.

$$P.E.Fin = \frac{R\$\ 540.000,00 + R\$\ 3.000,00}{R\$\ 10,00} = 54.300, unidades \qquad (1.8)$$

Com a venda de 54.300 unidades, teria sido gerada margem suficiente para cobrir todos os custos e despesas e ainda fazer o pagamento da dívida.

1.4 Ponto de equilíbrio econômico

Além dos pontos de equilíbrio contábil e financeiro, a empresa pode ter uma meta de lucro com o objetivo, por exemplo, de pagar o custo de oportunidade do capital próprio empregado no negócio. O cálculo do volume necessário para o alcance dessa meta recebe a denominação de *ponto de equilíbrio econômico*. Seu cálculo é semelhante ao do ponto de equilíbrio financeiro, apenas adicionamos o resultado desejado, conforme mostra a Equação 1.9. Assim,

$$R\$\ 100.000,00 = R\$\ 10,00 \times qde_{p.e.c} - R\$\ 540.000,00 \qquad (1.9)$$

o que leva à Equação 1.10.

$$P.E.Econ = \frac{R\$\ 540.000,00 + R\$\ 100.000,00}{R\$\ 10,00} = 64.000, unidades \qquad (1.10)$$

Assim, para garantir o resultado desejado apenas com a venda da calculadora avançada, seria necessária a venda de 64.000 unidades, gerando um faturamento de R$ 1.664.000,00.

Esses volumes gerariam os pontos de equilíbrio expostos na Tabela 1.6.

Tabela 1.6 Pontos de equilíbrio: econômico, contábil e financeiro

Demonstração do resultado	Ponto de equilíbrio contábil	Ponto de equilíbrio financeiro*	Ponto de equilíbrio econômico
Calculadora avançada (volumes em número de unidades)	54.000	54.300	64.000
Receita de vendas	R$ 1.404.000,00	R$ 1.411.800,00	R$ 1.664.000,00
(−) Custos e despesas variáveis			
Tela de LCD	−R$ 162.000,00	−R$ 162.900,00	−R$ 192.000,00
Teclado	−R$ 27.000,00	−R$ 27.150,00	−R$ 32.000,00

(continua)

(continuação)

Demonstração do resultado	Ponto de equilíbrio contábil	Ponto de equilíbrio financeiro*	Ponto de equilíbrio econômico
CPU	−R$ 135.000,00	−R$ 135.750,00	−R$ 160.000,00
Memória	−R$ 486.000,00	−R$ 488.700,00	−R$ 576.000,00
Carcaça	−R$ 54.000,00	−R$ 54.300,00	−R$ 64.000,00
(=) Margem de contribuição	R$ 540.000,00	R$ 543.000,00	R$ 640.000,00
(−) Custos e despesas fixos	−R$ 540.000,00	−R$ 540.000,00	−R$ 540.000,00
Resultado econômico	**R$ −**	**R$ 3.000,00**	**R$ 100.000,00**

*No caso, como foi suposto o pagamento da dívida, o resultado ficou maior, em R$ 3.000,00.

Poderia ocorrer, para o cálculo do ponto de equilíbrio financeiro, que a empresa estivesse preocupada com o caixa mínimo a ser mantido e o estudasse considerando o aspecto das despesas com depreciação, que não seriam desembolsadas. Suponha que as despesas com depreciação fossem de R$ 120.000,00. Nesse caso, o ponto de equilíbrio financeiro seria o mostrado na Equação 1.11:

$$P.E.Fin = \frac{R\$\,540.000,00 - R\$\,120.000,00}{R\$\,10,00} = 42.000, unidades \quad (1.11)$$

e, do ponto de vista econômico, o resultado nesse volume seria um prejuízo de R$ 120.000,00.

A Tabela 1.7 apresenta o resultado obtido ao se praticar o volume 42.000 unidades. Quando se consideram apenas as despesas desembolsáveis, elas não são de R$ 540.000,00, mas, sim, de R$ 420.000,00. Desse ponto de vista, com a venda de 42.000 unidades da calculadora avançada, o equilíbrio seria alcançado (esse aspecto é apresentado na coluna (a) da Tabela 1.7). No entanto, do ponto de vista econômico, a empresa operaria com prejuízo, como mostra o aspecto apresentado na coluna (b) da Tabela 1.7.

Tabela 1.7 Alcançar o ponto de equilíbrio financeiro não implica alcançar resultado econômico

Demonstração do resultado	Ponto de equilíbrio financeiro*	Resultado econômico gerado **
	(a)	(b)
Calculadora avançada (volumes em número de unidades)	42.000	42.000
Receita de vendas	R$ 1.092.000,00	R$ 1.092.000,00

(continua)

(*continuação*)

Demonstração do resultado	Ponto de equilíbrio financeiro*	Resultado econômico gerado **
(−) Custos e despesas variáveis		
Tela de LCD	−R$ 126.000,00	−R$ 126.000,00
Teclado	−R$ 21.000,00	−R$ 21.000,00
CPU	−R$ 105.000,00	−R$ 105.000,00
Memória	−R$ 378.000,00	−R$ 378.000,00
Carcaça	−R$ 42.000,00	−R$ 42.000,00
(=) Margem de contribuição	R$ 420.000,00	R$ 420.000,00
(−) Custos e despesas fixos − resultado almejado	−R$ 420.000,00	−R$ 420.000,00 −R$ 120.000,00 R$ 0,00
Resultado econômico	**R$ 0,00**	**−R$ 120.000,00**

* Foram descontadas dos custos fixos as despesas com depreciação não desembolsáveis.

** Economicamente, haveria um prejuízo se esse volume fosse praticado.

1.4.1 Alavancagem operacional

Outro aspecto de grande interesse para o tomador de decisão é a questão do efeito da mudança de volumes, sem a necessidade de novos investimentos, sobre o lucro. Esse efeito se denomina *alavancagem operacional*.

Defina-se variação no lucro como mostra a Equação 1.12.

$$\Delta Lucro = \frac{\left(Lucro_{volume_2} - Lucro_{volume_1}\right)}{Lucro_{volume_1}} \times 100 \qquad (1.12)$$

De forma semelhante, defina-se a variação no volume como mostrado na Equação 1.13.

$$\Delta Volume = \frac{\left(Volume_2 - Volume_1\right)}{Volume_1} \times 100 \qquad (1.13)$$

Com essas definições em vista, o grau de alavancagem operacional (GAO) é dado pela Equação 1.14.

$$GAO = \frac{\Delta Lucro}{\Delta Volume} \qquad (1.14)$$

O GAO é um número puro, sem unidades de medida, e mostra a sensibilidade do lucro à variação no volume. Por exemplo, com os dados da calculadora avançada, mudando o volume de 50.000 unidades para 60.000 unidades, teríamos uma variação no lucro de R$ 100.000,00, conforme mostrado na Tabela 1.8.

Tabela 1.8 Resultado econômico da calculadora avançada aos volumes de 50.000 e 60.000 unidades

Demonstração do resultado	Resultado econômico (a)	Resultado econômico (b)
Calculadora avançada (volumes em número de unidades)	50.000	60.000,00
Receita de vendas	R$ 1.300.000,00	R$ 1.560.000,00
(−) Custos e despesas variáveis		
Tela de LCD	−R$ 150.000,00	−R$ 180.000,00
Teclado	−R$ 25.000,00	−R$ 30.000,00
CPU	−R$ 125.000,00	−R$ 150.000,00
Memória	−R$ 450.000,00	−R$ 540.000,00
Carcaça	−R$ 50.000,00	−R$ 60.000,00
(=) Margem de contribuição	R$ 500.000,00	R$ 600.000,00
(−) Custos e despesas fixos	−R$ 540.000,00	−R$ 540.000,00
Resultado econômico	**−R$ 40.000,00**	**R$ 60.000,00**

Calculando a variação no lucro na situação estudada, teríamos a Equação 1.15:

$$\Delta Lucro = \frac{(R\$\ 60.000,00 - (-R\$\ 40.000,00))}{-R\$\ 40.000} \times 100 = -250\% \quad (1.15)$$

Já a variação no volume seria como mostra a Equação 1.16.

$$\Delta Volume = \frac{(60.000 - 50.000)}{50.000} \times 100 = 20\% \quad (1.16)$$

Assim, na Equação 1.17 teríamos:

$$GAO = \frac{\Delta Lucro}{\Delta Volume} = \frac{250\%}{20\%} = 12,5 \quad (1.17)$$

Esse número significa que nesse patamar, para cada 1% de aumento no volume, o lucro aumentaria 12,5%. Para ser corretamente utilizado, esse número deve ter suas limitações analisadas. A primeira delas diz respeito ao fato de o denominador não poder ser 0 (zero). Assim, na variação do lucro, por exemplo, se inicialmente estivéssemos trabalhando ao ponto de equilíbrio contábil, ou seja, com lucro igual 0 (zero), não faria sentido calcular a variação no lucro com base no lucro inicial, como na Equação 1.12 estudada. A alavancagem considera um incremento ou decremento no lucro a partir de um lucro inicial, que, assim, precisa ser diferente de 0 (zero).

Outro aspecto é aquele em que o resultado inicial é um prejuízo, como no caso estudado. Apesar de a variação no lucro ser positiva [R$ 60.000 − (−R$ 40.000) = R$ 100.000], o indicador seria negativo, pois, os R$ 100.000 de variação seriam divididos pelo prejuízo inicial de −R$ 40.000, gerando uma variação de −250%, que precisa ter seu significado definido.

Dessa forma, devem ser estabelecidas regras para o cálculo e a interpretação desse indicador. O volume e o resultado iniciais não podem ser 0 (zero), por exemplo. Também deve ser considerada a possibilidade de um número negativo obtido no cálculo da alavancagem.

A variação no volume $(V_f - V_i)$ pode ser menor, maior ou igual a 0 (zero). Assim, para $\Delta Vol = V_f - V_i < 0$, o volume final praticado foi menor do que o volume inicial, isto é, houve diminuição no volume. Sempre obteremos $0 \leq V_i$, pois não existe volume negativo. O sinal negativo da variação percentual do volume é de interpretação direta, não gerando enganos.

Do ponto de vista do cálculo do GAO, que estuda os impactos no lucro das variações no volume, não há interesse no caso em que $\Delta Vol = V_f - V_i = 0$. De fato, para o cálculo do GAO, $\Delta Vol = V_f - V_i \neq 0$. A variação percentual do volume implica $\Delta Vol = V_f - V_i > 0$. A interpretação do sinal da variação percentual no volume é simples e direta, portanto.

O sinal do GAO depende tanto do sinal de Δ volume percentual, quanto do sinal de Δ Lucro percentual, cuja interpretação do cálculo a partir de um prejuízo inicial merece ser discutida. Δ Lucro pode ser maior, menor ou igual a 0 (zero). Nesse ponto, são de interesse as situações em que Δ Lucro percentual é maior ou menor do que 0 (zero). Δ Lucro > 0, para $(L_f - L_i) > 0$ e $L_i > 0$; ou $(L_f - L_i) < 0$ e $L_i < 0$. Agora, se $(L_f - L_i) > 0$ e $L_i > 0$, Δ Lucro terá uma interpretação simples, de aumento no lucro. O problema é que $(L_f - L_i) < 0$ e $L_i < 0$ também terá sinal positivo, o que poderia levar a uma interpretação enganosa, dada a sua ambiguidade.

Nesses dois casos, tomando-se o valor absoluto de L_i, representado por $|L_i|$, de tal forma que $|L_i| = L_i$ se $L_i \geq 0$ e $|L_i| = -L_i$, se $L_i < 0$. Com esse tratamento, a fórmula sempre teria sinal positivo quando a variação no resultado fosse positiva, e sinal negativo quando a variação fosse negativa.

Por outro lado, Δ Lucro < 0 para $(L_f - L_i) > 0$ e $L_i < 0$; e $(L_f - L_i) < 0$ e $L_i > 0$. No primeiro caso, uma variação positiva no lucro, comparada a uma base negativa, ou o efeito no lucro (ou, diminuição do prejuízo) do aumento de volume foi positivo. A alavancagem negativa mostraria essa passagem de "desaceleração" para um prejuízo menor ou maior lucro. Da mesma maneira, a segunda situação (($L_f - L_i$) < 0 e L_i > 0) mostraria uma alavancagem negativa, dessa vez, uma desaceleração nos lucros, levando à necessidade de interpretar a alavancagem operacional. Sugere-se, para o cálculo do GAO, o uso de Δ lucro calculado, conforme a Equação 1.18.

$$\Delta Lucro = \frac{\left(Lucro_f - Lucro_i\right)}{|Lucro_i|} \times 100 \qquad (1.18)$$

Note-se que esse procedimento é necessário, pois, do ponto de vista da interpretação, se ($L_f - L_i$) > 0 e L_i < 0, então, Δ Lucro seria negativo e o GAO = Δ Lucro/Δ Volume, sem essa correção, também seria negativo.

Por outro lado, ($L_f - L_i$) < 0 e L_i < 0, o quociente GAO = ΔLucro/ΔVolume seria positivo, levando novamente a uma interpretação enganosa, caso não se adote o valor absoluto de L_i como base de comparação para a variação percentual do lucro, pois, uma diminuição no lucro geraria um GAO positivo, a partir de um prejuízo inicial.

Com a modificação indicada, GAO > 0 implica uma variação positiva no lucro em razão de um aumento no volume ou uma diminuição no lucro em razão de uma diminuição de volume; um GAO negativo implicaria uma diminuição no lucro em razão de um aumento de volume ou um aumento no lucro em razão de uma diminuição no volume. O sinal do GAO se torna, agora, de interpretação mais direta.

O caso em que Δ Lucro = 0, para uma variação no volume, geraria GAO = 0. A obtenção de um GAO = 0, em um primeiro momento, deveria despertar preocupações nos gestores quanto à qualidade das informações gerenciais disponíveis, dos bancos de dados e dos controles internos relacionados aos sistemas de informações contábeis, gerenciais e de custos, dados e processamentos das operações da entidade.

A Tabela 1.9 apresenta uma síntese dessa discussão.

Tabela 1.9 Estudo do GAO

$GAO = \frac{\Delta Lucro\%}{\Delta Volume\%}$ com $\Delta Lucro = \frac{\left(Lucro_f - Lucro_i\right)}{|Lucro_i|} \times 100$ e $\Delta Volume = \frac{Volume_f - Volume_i}{Volume_i}$	GAO > 0 Caso 1: ΔLucro > 0; ΔVolume > 0 Caso 2: ΔLucro < 0; ΔVolume < 0	Aumento no lucro em função do aumento no volume praticado; ou diminuição no lucro em função de diminuição no volume praticado.
	GAO < 0 Caso 1: ΔLucro < 0; ΔVolume < 0 Caso 2: ΔLucro > 0; ΔVolume > 0	Diminuição no lucro em função da diminuição no volume praticado; ou aumento no lucro em função da diminuição no volume praticado.

* Com |Lucro| = + $Lucro_i$ se $Lucro_i$ > 0, ou, |Lucro| = − $Lucro_i$ se $Lucro_i$ < 0; $Lucro_i \neq 0$; $Volume_i$ > 0.

1.4.2 Alavancagem financeira

Outra forma de alavancagem praticada é a alavancagem financeira. Enquanto a alavancagem operacional busca gerar o entendimento na rentabilidade em razão do aumento ou diminuição do volume de produção, a alavancagem financeira estuda o incremento no retorno para os proprietários em razão do uso de capital de terceiros para financiar o negócio.

Para a discussão do conceito de alavancagem financeira, suponha-se um ativo no valor de R$ 100.000.000,00 que gere um retorno de R$ 10.000.000,00 no período, ou seja, um retorno de 10%. Nesse período, a empresa poderia financiar seus ativos pagando 5% de juros. Esses dados são apresentados na Tabela 1.10.

Tabela 1.10 Dados iniciais para o cálculo da alavancagem financeira

Valor dos ativos	R$ 100.000.000,00
Rentabilidade	10%
Taxa de captação	5%

Os 10% de rentabilidade gerada sobre o ativo estão explicados na demonstração de resultado apresentada na Tabela 1.11.

Tabela 1.11 Demonstração do resultado que corresponde a 10% do valor dos ativos

Receita de vendas	R$ 20.000.000,00
(−) Custos e despesas variáveis	−R$ 5.000.000,00
(=) Margem de contribuição	R$ 15.000.000,00
(−) Custos e despesas fixos	−R$ 5.000.000,00
(=) Resultado econômico	R$ 10.000.000,00

Para início dessa discussão, suponha-se que os ativos foram financiados apenas com capital próprio, ou seja, por um PL de R$ 100.000.000,00. Assim, o *Retorno sobre o Patrimônio Líquido* (RsPL) foi de 10%.

Deve-se notar que esse mesmo ativo poderia ser financiado com a utilização de capital de terceiros, na forma de financiamentos a um custo de 5% ao período. Suponha-se, como exemplo, que 50% dos ativos foram financiados com capital de terceiros. A nova situação patrimonial é exposta na Tabela 1.12.

Tabela 1.12 A nova situação patrimonial

Balanço patrimonial			
Ativo	R$ 100.000.000,00	Exigibilidades	R$ 50.000.000,00
		Capital próprio	R$ 50.000.000,00

Essa situação patrimonial levaria a um resultado diferente, uma vez que agora se tem a despesa de juros de 5% sobre o valor financiado, diminuindo o resultado final para R$ 7.500.000,00. A demonstração de resultado referente a essa situação é apresentada a seguir, na Tabela 1.13.

Tabela 1.13 Demonstração do resultado após o uso de capital de terceiros para financiar parte dos ativos

Demonstração de resultado	
Receita de vendas	R$ 20.000.000,00
(−) Custos e despesas Variáveis	−R$ 5.000.000,00
(=) Margem de contribuição	R$ 15.000.000,00
(−) Despesas operacionais	
(−) Custos e despesas fixos	−R$ 5.000.000,00
(=) Resultado operacional	R$ 10.000.000,00
(−) Despesas financeiras	−R$ 2.500.000,00
(=) Resultado econômico	R$ 7.500.000,00

Nessa nova situação o lucro ficou menor, apesar de o retorno sobre o ativo ter se mantido. O retorno sobre o ativo (RsAtivo) é igual ao resultado operacional dividido pelo valor do ativo. Já o retorno sobre o PL dos acionistas aumentou, uma vez que é calculado com base no lucro final, ou seja, RsPL = Resultado Econômico/Patrimônio Líquido. Nesse caso, temos a Equação 1.19.

$$RsPL = \frac{Resultado\ Econômico}{Patrimônio\ Líquido} \times 100 = \frac{R\$\ 7.500.000,00}{R\$\ 50.000.000} \times 100 = 15\% \quad (1.19)$$

Assim, os acionistas tiveram o retorno sobre seu investimento aumentado em 50% em relação ao retorno anterior (de 10%), graças ao uso do capital de terceiros para financiar 50% dos ativos. Encontrando alternativas de investimentos equivalentes para os R$ 50.000.00,00 restantes do capital, obteriam um retorno de R$ 15.000.000,00 (2 × R$ 7.500.000,00), superior ao retorno original. Esse fenômeno é o que se denomina *alavancagem financeira*, e corresponde ao uso de capital de terceiros para aumentar o retorno sobre o capital próprio.

Inicialmente, o uso do capital de terceiros foi vantajoso para o acionista; no entanto, à medida que a empresa começou a usar mais capital de terceiros, ou seja, a trabalhar com maior alavancagem financeira, o risco percebido pelo mercado para a empresa começou a aumentar e, com isso, os juros cobrados dela pelos empréstimos e financiamentos.

A realidade do incremento nos juros leva a questões como, por exemplo, quanto pode ser pago de taxa de juros pelos empréstimos e ainda valer a pena o uso do capital de terceiros, ou quanto capital de terceiros usar.

Para discutir melhor essa questão, é preciso observar a Tabela 1.14, que apresenta exemplos do que ocorre com o retorno sobre o PL ao se modificarem as taxas de juros, ou o percentual de financiamento dos ativos (percentual de uso do capital de terceiros), ou ao se modificarem ambos. Também apresenta o estudo do que ocorre quando a taxa de captação é exatamente igual ao retorno gerado sobre os ativos. No caso do retorno, ao se igualar a taxa de captação da empresa, verifica-se que o retorno mantém-se uniforme, independentemente da proporção de capital de terceiros utilizada.

À medida que a participação do capital de terceiros no financiamento dos ativos aumenta, mantendo-se as taxas de captação constantes, o retorno dos acionistas tende a aumentar indefinidamente, supondo-se taxas de captação inferiores às de retorno sobre ativo, obtida pela empresa.

No Brasil, por causa das altas taxas cobradas pelo mercado financeiro e também pela instabilidade ambiental que vigorou até o governo FHC, um momento recente da história, além de outras importantes mudanças institucionais, fez com que muitas empresas buscassem trabalhar de maneira mais independente do capital de terceiros, com proporções maiores de capital próprio, como forma de redução do risco.

Conforme a empresa começa a trabalhar com uma alavancagem maior, a percepção do risco associado a ela tende a aumentar e se começa a questionar se, pelo aumento das taxas de juros, existe algum momento em que a alavancagem deixa de ser positiva. Vale a pena considerar, nessa análise, dois tipos de situação: uma em que as taxas de juros aumentam indefinidamente, e outra em que a proporção do capital de terceiros aumenta até financiar a quase totalidade do ativo menos uma parcela infinitesimal.

Na Tabela 1.14, a primeira coluna traz o retorno sobre o ativo; ele é suposto constante, da ordem de 10%. A segunda coluna traz um conjunto de taxas de captação, usado para cálculo do custo do capital de terceiros considerado no cálculo do retorno sobre PL, conforme a Equação 1.20. A terceira coluna especifica o percentual de participação do capital de terceiros no financiamento dos ativos. Por fim, a quarta coluna apresenta o retorno sobre o PL (capital próprio), de acordo com os dados apresentados. Para o cálculo foi adotada a simplificação de se supor o retorno como fruto do investimento do patrimônio inicial em vez de considerar as modificações patrimoniais ocorridas durante o período em análise.

Estudando-se esses dados, nota-se que o retorno sobre o capital próprio aumentou, enquanto as taxas de captação foram menores do que a taxa de retorno sobre o ativo obtida pela empresa. Quando a taxa de retorno e a taxa de captação se igualaram, o retorno sobre o PL foi igual à taxa de retorno sobre o ativo (no exemplo, 10%).

Esse aparente mistério explica-se pelo fato de que, enquanto o resultado (numerador) diminui de valor pela ocorrência da despesa de juros, o denominador também diminui, exatamente pelo montante dos ativos financiados pelo capital de terceiros.

Nas colunas 5, 6 e 7, estuda-se a taxa de retorno sobre o capital próprio, mantendo-se constante a taxa de captação e aumentando a participação do capital de terceiros

Capítulo 1 Introdução à contabilidade gerencial 17

Tabela 1.14 Retorno sobre o Patrimônio Líquido em função das variações de Taxas de Juros e de participação de Capitais de Terceiros

(1) RsAtivo	(2) Taxa de captação praticada	(3) Mantendo-se a participação de CT em relação ao CP	(4) Retorno conservando-se a participação	(5) Com taxa de captação menor que RsAtivo	(6) Participação de CT aumentando	(7) Retorno aumentando a participação de CT	(8) Taxa de captação maior do que RsAtivo	(9) Retorno mantendo a taxa maior que RsAtivo com aumento participação de CT	(10) Captação	(11) Variando a participação com taxa igual a retorno
10,0%	1,0%	50,0%	19,0%	9,0%	10,0%	10,1%	11,0%	9,9%	10,0%	10,0%
10,0%	2,0%	50,0%	18,0%	9,0%	12,5%	10,1%	11,0%	9,9%	10,0%	10,0%
10,0%	3,0%	50,0%	17,0%	9,0%	15,0%	10,2%	11,0%	9,8%	10,0%	10,0%
10,0%	4,0%	50,0%	16,0%	9,0%	17,5%	10,2%	11,0%	9,8%	10,0%	10,0%
10,0%	5,0%	50,0%	15,0%	9,0%	20,0%	10,3%	11,0%	9,8%	10,0%	10,0%
10,0%	6,0%	50,0%	14,0%	9,0%	22,5%	10,3%	11,0%	9,7%	10,0%	10,0%
10,0%	7,0%	50,0%	13,0%	9,0%	25,0%	10,3%	11,0%	9,7%	10,0%	10,0%
10,0%	8,0%	50,0%	12,0%	9,0%	27,5%	10,4%	11,0%	9,6%	10,0%	10,0%
10,0%	9,0%	50,0%	11,0%	9,0%	30,0%	10,4%	11,0%	9,6%	10,0%	10,0%
10,0%	10,0%	50,0%	10,0%	9,0%	32,5%	10,5%	11,0%	9,5%	10,0%	10,0%
10,0%	20,0%	50,0%	−20,0%	9,0%	35,0%	10,5%	11,0%	9,5%	10,0%	10,0%
10,0%	30,0%	50,0%	−70,0%	9,0%	37,5%	10,6%	11,0%	9,4%	10,0%	10,0%
10,0%	40,0%	50,0%	−140,0%	9,0%	40,0%	10,7%	11,0%	9,3%	10,0%	10,0%
10,0%	50,0%	50,0%	−230,0%	9,0%	42,5%	10,7%	11,0%	9,3%	10,0%	10,0%
10,0%	60,0%	50,0%	−340,0%	9,0%	45,0%	10,8%	11,0%	9,2%	10,0%	10,0%
10,0%	70,0%	50,0%	−470,0%	9,0%	47,5%	10,9%	11,0%	9,1%	10,0%	10,0%
10,0%	80,0%	50,0%	−620,0%	9,0%	50,0%	11,0%	11,0%	9,0%	10,0%	10,0%
10,0%	90,0%	50,0%	−790,0%	9,0%	52,5%	11,1%	11,0%	8,9%	10,0%	10,0%
10,0%	100,0%	50,0%	−980,0%	9,0%	55,0%	11,2%	11,0%	8,8%	10,0%	10,0%
10,0%	110,0%	50,0%	−1190,0%	9,0%	57,5%	11,4%	11,0%	8,6%	10,0%	10,0%
10,0%	120,0%	50,0%	−1420,0%	9,0%	60,0%	11,5%	11,0%	8,5%	10,0%	10,0%
10,0%	130,0%	50,0%	−1670,0%	9,0%	62,5%	11,7%	11,0%	8,3%	10,0%	10,0%
10,0%	140,0%	50,0%	−1940,0%	9,0%	65,0%	11,9%	11,0%	8,1%	10,0%	10,0%

no financiamento dos ativos. Percebe-se, na coluna 7, que a taxa de retorno sobre o PL aumentou constantemente, de forma consistente com o aumento dessa participação.

Nas colunas 8 e 9, estuda-se a taxa de retorno supondo-se uma taxa de captação de 11%, maior, portanto, do que a taxa de retorno sobre o ativo. Nesse caso, cada aumento de participação do capital de terceiros levará a uma diminuição do retorno sobre o capital próprio.

Por fim, na última coluna, estuda-se o que ocorre quando a taxa de captação coincide exatamente com a taxa de retorno sobre o ativo. Nesse caso, independentemente do grau de participação do capital de terceiros no financiamento dos ativos, a taxa de retorno sobre o capital próprio será de 10% pela razão exposta. A Equação 1.20 será usada para a elaboração mais formal dessas constatações.

$$RsPL = \frac{(1 - alíquota) \times (rsAtivo \times Ativo - txCap \times finAtivo \times Ativo)}{(ativo - finAtivo \times Ativo)} \quad (1.20)$$

Pode-se entender a Equação 1.20 como uma explicação para o comportamento do retorno sobre o PL em função das taxas de captação do percentual de capital de terceiros utilizado pela empresa. Com o objetivo de obter uma formalização maior nas assertivas sobre o comportamento da *taxa de retorno sobre o capital próprio* em razão do aumento nas taxas de captação e da participação do capital de terceiros no financiamento dos ativos, será retomada aqui a Equação 1.20, que pode ser simplificada para a forma da Equação 1.21.

$$RsPL = \frac{(1 - alíquota) \times (rsAtivo - txCapta \times partCapTerceiro)}{(1 - partCapTerceiro)} \quad (1.21)$$

Quando a participação dos capitais de terceiros se aproxima de 100%, por valores menores do que 100, como 70%, 80%, 90% etc., seria o equivalente ao denominador se aproximar de 0, com partCapTerceiro cada vez mais perto de 1, ou seja, equivalente ao limite (Equação 1.22):

$$\lim_{x \to 1} \frac{(1-a)(b-xy)}{1-x} \quad (1.22)$$

onde
a = alíquota dos tributos sobre a renda;
b = taxa de retorno sobre o ativo;
x = participação do capital de terceiros no financiamento dos ativos; e
y = taxa de captação para a empresa.

Ocorre que esse limite, quando a participação do capital de terceiros se aproxima de 100%, mantendo-se a taxa de captação constante, não existe para o valor exato de 100%, pois, nesse caso, o denominador seria zero. É um ponto de descontinuidade. No entanto, o limite existe para valores próximos de 100% (ou, na Equação 1.22, de 1). Tanto quando se aproxima de 1 por valores menores do que 1 (como 0,9, 0,93, 0,99, 0,999) como quando se aproxima de 1 por valores maiores do que 1 (como 1,01, 1,001, 1,0001 etc.).

Apesar de fazer sentido matemático, não faria sentido neste estudo considerar a participação de capital de terceiros em mais do que 100% do valor dos ativos, pois isso implicaria a existência de um PL negativo, situação que não é de interesse nesta análise, que objetiva entender os efeitos da alavancagem financeira sobre o capital próprio, o PL positivo. Interessa o limite quando a participação de capital de terceiros aumenta até quase chegar ao total do ativo.

$$\lim_{x \to 1^-} \frac{(1-a) \times (b-xy)}{(1-x)} = (1-a)(b-y)\infty \qquad (1.23)$$

Quanto maior a participação do capital de terceiros, mantendo-se constante a taxa de captação, maior o retorno sobre o capital próprio, que tende a crescer sem limites enquanto a taxa de retorno sobre o ativo for maior do que a taxa de juros praticada. A Figura 1.1 apresenta uma situação desse tipo, com base nos dados da Tabela 1.15.

Tabela 1.15 Retorno sobre o PL à medida que a participação do capital de terceiros aumenta, a uma taxa de juros constante de 9%

Variação na participação de CT	Retorno aumentando a participação de CT
10,00%	10,11%
12,50%	10,14%
15,00%	10,18%
17,50%	10,21%
20,00%	10,25%
22,50%	10,29%
25,00%	10,33%
27,50%	10,38%
30,00%	10,43%
32,50%	10,48%
35,00%	10,54%
37,50%	10,60%
40,00%	10,67%
50,00%	11,00%

(continua)

(*continuação*)

Variação na participação de CT	Retorno aumentando a participação de CT
60,00%	11,50%
70,00%	12,33%
80,00%	14,00%
90,00%	19,00%
92,00%	21,50%
94,00%	25,67%
96,00%	34,00%
98,00%	59,00%
99,00%	109,00%

Figura 1.1 Variação no RsPL para maior em função da variação na participação do CT no financiamento dos ativos

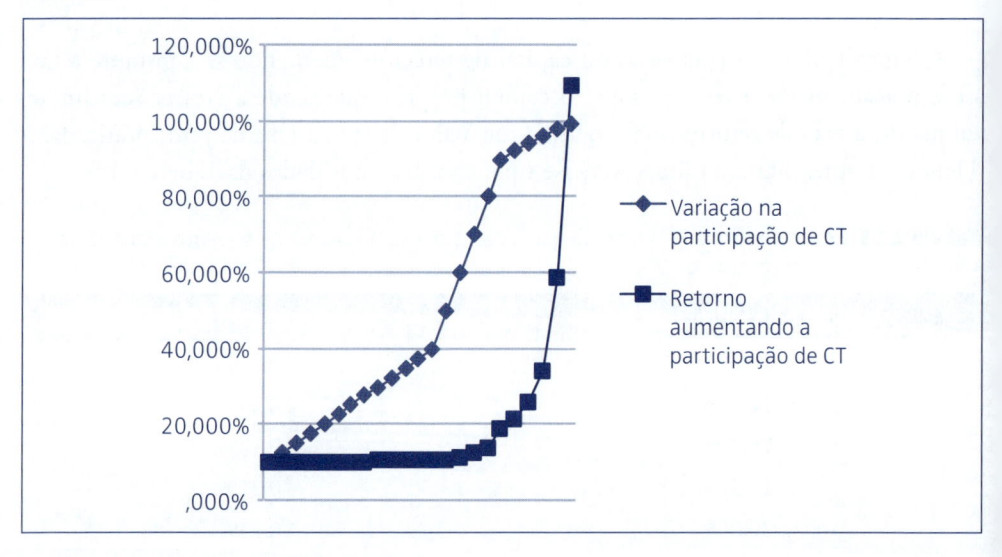

Nesse exemplo fictício, quando a quase totalidade dos ativos (99%) foi financiada com o uso de capital de terceiros, obteve-se um retorno quase dez vezes maior, saindo de um RsPL de 10,11% para um RsPL de 109%. Vale notar que esse é um exemplo hipotético que tem a finalidade de mostrar os efeitos da alavancagem sobre o retorno para os acionistas. Na prática, muito antes desse patamar de endividamento, as taxas de captação muito provavelmente aumentariam de modo a ultrapassar o retorno sobre os ativos que obtém. Por outro lado, quando se estuda o aumento da taxa de captação, quando ela cresce até se tornar um número muito grande, equivale a estudar o limite apresentado na Equação 1.24.

$$\lim_{y \to \infty} \frac{(1-a)(b-xy)}{1-x} = \frac{(1-a)\left(\left(-\mathrm{sgn}(x)\right)\infty\right)}{1-x} \tag{1.24}$$

À medida que a taxa de captação supera a taxa de retorno sobre o ativo, a empresa incorre em prejuízos cada vez maiores, como mostra a Figura 1.2.

Figura 1.2 Retorno sobre o PL comparado à taxa de juros. Conforme a taxa de juros aumenta, o retorno sobre o PL diminui. O ponto mais claro é aquele em que a taxa de captação iguala a taxa de retorno sobre o ativo. Nesse ponto, RsPL = 10% (taxa de captação e também do retorno sobre ativo neste exemplo)

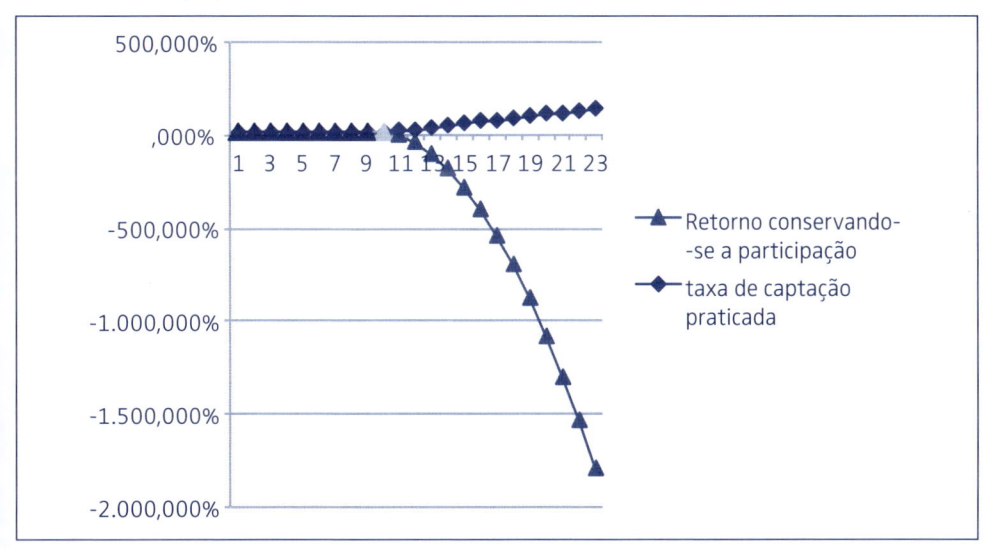

Quando a taxa de captação se aproxima da taxa de retorno sobre os ativos, o retorno sobre o PL se aproxima cada vez mais dela, até igualá-la quando a taxa de captação e a de retorno sobre o ativo atingem o mesmo valor, conforme o limite exposto na Equação 1.25.

$$\lim_{y \to b} \frac{(1-a)(b-xy)}{1-x} = b - ab \tag{1.25}$$

onde
a = alíquota dos tributos sobre o lucro;
b = taxa de retorno sobre os ativos;
x = participação do capital de terceiros no financiamento dos ativos; e
y = taxa de captação sobre os empréstimos e financiamentos obtidos.

Ou seja, o RsPL será igual ao retorno sobre o ativo menos a alíquota dos tributos sobre a renda aplicada sobre esse retorno, igual a b(1 − a).

Observando-se o gráfico do retorno sobre o PL em razão da taxa de captação e da participação do capital de terceiros no financiamento do ativo, nota-se que o retorno diminui à medida que a taxa de juros (y) aumenta. O mesmo RsPL aumentaria indefinidamente, em uma situação imaginária na qual fosse possível usar capital de terceiros a taxa zero. Nessa situação, quanto maior a proporção do capital de terceiros, maior o retorno do capital próprio, desde que a taxa de retorno sobre os ativos (b) fosse maior do que a alíquota dos tributos sobre a renda (a). Observando o comportamento do retorno quando a participação do capital de terceiros aumenta, verifica-se que o retorno cresce sem limites. A Figura 1.3 apresenta o RsPL em função da taxa de captação e do percentual de capital de terceiros.

Figura 1.3 O RsPL em função da taxa de captação e do percentual de participação de capital de terceiros. RsPL = [(b − xy)/(1 − x)]

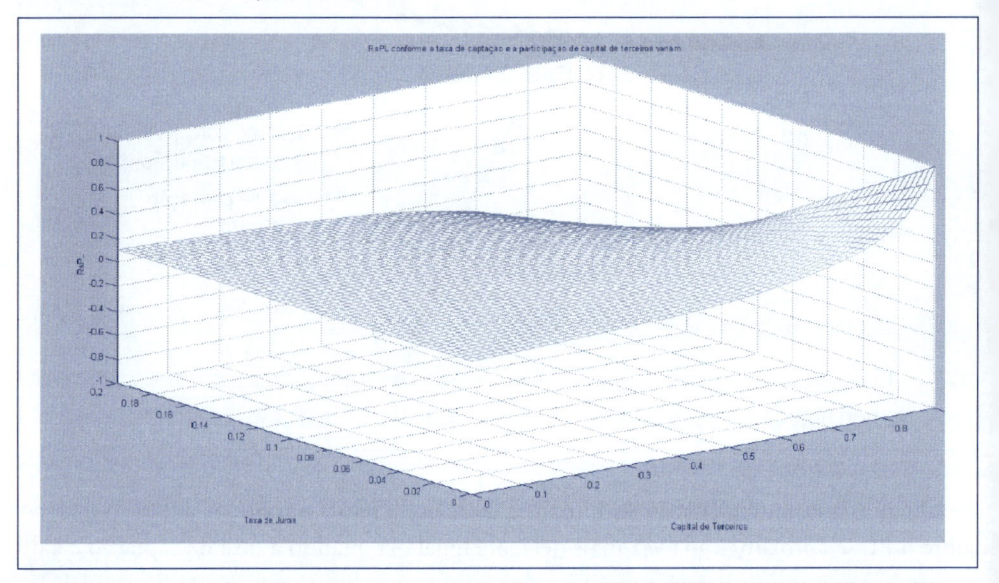

1.5 Derivadas direcionais como técnica adicional

Existe uma técnica matemática denominada *derivada direcional*. Basicamente, essa técnica consiste em identificar a direção e o sentido em que o valor de determinada função aumenta ou diminui. Envolve o cálculo do que se denomina *gradiente*, com o uso de derivadas parciais. No caso em questão, tomando-se como variáveis x = proporção de capital de terceiros usada, e y = taxa de juros de captação disponível para a empresa, temos, na Equação 1.26:

$$\nabla RsPL(x,y) = \left(\frac{\partial RsPL(x,y)}{\partial x}, \frac{\partial RsPL(x,y)}{\partial y} \right) \quad (1.26)$$

Pode-se, por exemplo, calcular o quanto esse retorno se modifica na direção de determinados valores de taxa de juros (y) e participação de capital de terceiros (x). Esses pares ordenados são denominados *vetor*.

A Figura 1.3 é uma superfície cujo valor, em termos do RsPL, varia conforme variam a taxa de juros e a participação de capital de terceiros no financiamento do negócio.

É possível ainda a definição da direção e do sentido em que o RsPL apresenta maior crescimento à medida que a taxa de juros de captação e a participação proporcional do capital de terceiros variam simultaneamente, com o uso do conceito de *derivadas direcionais*, conforme a Equação 1.25.

Essa é uma função que não tem ponto de máximo ou de mínimo absoluto. Pode-se estudar, contudo, composições de participação e de juros que levem a maior retorno e outras que levem a sua diminuição.

$$\operatorname{grad}\left(\frac{(1-a)(b-xy)}{1-x}\right) = \left\{\frac{(a-1)(y-b)}{(x-1)^2}, -\frac{(a-1)x}{x-1}\right\} \quad (1.27)$$

x: primeira coordenada cartesiana
y: segunda coordenada cartesiana

onde
a = alíquota de impostos diretos incidentes sobre os ativos;
b = taxa de retorno obtida sobre os ativos;
x = percentual de capital de terceiros usado no financiamento dos ativos; e
y = taxa de juros praticada.

Como exemplo, suponha-se:
a = 0;
b = 0,1 (10%);
x = 0,4 (40%); e
y = 0,04 (4%).

Para esses dados, o retorno seria o mostrado na Equação 1.28.

$$rsAtivo = \frac{(0,1 - 0,4 \times 0,04)}{(1 - 0,4)} = 0,14 \quad (1.28)$$

ou 14%.

Pode-se ter interesse em saber como se comportaria o retorno sobre ativos, caso se dispusesse de uma alternativa de aumento da participação do capital de terceiros para uma participação de 80%, mas a uma taxa de 9%.

Nesse caso seria preciso normalizar o vetor (0,8; 0,09), transformando em um vetor unitário de mesma direção. Esse vetor normalizado seria (0,993731; 0,111795).

O gradiente da função retorno sobre ativo no ponto (0,4; 0,04) seria x e y, tal que x e y = (0,16667; −0,66667).

O crescimento do retorno na direção do vetor unitário, calculado com base nas condições da nova alternativa disponível, seria igual ao produto interno do gradiente da função retorno nas condições anuais vezes o vetor normalizado da alternativa disponível, conforme a Equação 1.29.

$$\Delta retornoAtivo = (0,993731; 0,111795).(0,166667; -0,666667) \approx 0,09 \quad (1.29)$$

Ou 9%. Ou seja, o retorno estaria variando de aproximadamente 9% a cada unidade caminhada na direção definida por essa nova combinação de taxas de juros de captação e de participação de capitais de terceiros.

1.6 Introdução ao problema da escolha em negócios: sorvetes para o verão[1]

Este caso trabalha dois aspectos da técnica. Em primeiro lugar, permite praticar os cálculos referentes à obtenção do ponto de equilíbrio, à margem de contribuição e estudar a relação custo-volume-lucro. Em segundo lugar – e talvez o mais importante –, busca mostrar como a relação entre custos fixos e custos variáveis é modelada na decisão gerencial.

Para isso, será abordado o caso de uma pessoa que tenha resolvido vender sorvetes durante as doze semanas de verão.

Ao discutir a questão com o fabricante de sorvetes, que forneceria tanto o sorvete como a infraestrutura necessária, foram-lhe apresentadas estimativas de que as receitas para a estação como um todo seriam de R$ 40.000,00, dependendo do clima e de sua competência para atrair clientes.

O fabricante venderia o sorvete e outros insumos, como caldas e coberturas, a um custo de 60% da receita. Além disso, deveriam ser pagas taxas de R$ 300,00 para a prefeitura, na forma de licenças de funcionamento e outras taxas legais.

Além dos custos já discutidos, seriam incorridos outros, como: ajudantes, equipamentos e barraquinha. O fabricante apresentou três alternativas de contratação:

a. A empresa alugaria o carrinho, incluindo todos os equipamentos por 20% da receita. Os ajudantes seriam contratados por hora, a um custo estimado de 17% da receita de vendas.

b. O fabricante alugaria o carrinho e os equipamentos por 20% da receita. Os ajudantes poderiam ser contratados para toda a estação a um custo de R$ 5.000,00.

---

[1] ANTHONY, R. N.; WELSCH, G. A.; REECE, J. S. *Fundamentals of Management Accounting*. 4. ed. Homewood: Irwin, 1985. p. 75.

c. O fabricante alugaria o carrinho e o equipamento por R$ 7.000,00. Os ajudantes seriam contratados a um custo de R$ 5.000,00 para toda a estação.

Pede-se:

1. Qual é a decisão envolvida?
2. Para cada alternativa especifique custos fixos e custos variáveis.
3. Para cada uma das três alternativas, calcule:
   a. Margem de contribuição por real de venda;
   b. Ponto de equilíbrio em reais de vendas; e
   c. Lucro operacional para receitas de vendas no valor de R$ 40.000,00.
4. Qual alternativa deveria ser aceita, em sua opinião? Por quê?

Para que a escolha realizada seja a melhor possível, deve-se calcular o resultado de cada alternativa. As decisões econômicas devem ser sempre tomadas com base em seus resultados econômicos, no valor econômico que geram ou destroem. Existem âmbitos que ultrapassam o âmbito econômico, como os valores sociais e os aspectos estratégicos de uma decisão. No entanto, dentro de seu âmbito econômico, as escolhas se dão com base no valor gerado, o resultado econômico da decisão.

Do ponto de vista das escolhas disponíveis no caso estudado, elas são três, cada qual envolvendo um compromisso prévio com custos e uma expectativa de lucros. Um aspecto a se considerar, além do resultado de cada alternativa, é o risco envolvido. Quanto maior o compromisso com o desembolso prévio de recursos, maior o risco. Infelizmente, como se verá no estudo desse caso, as alternativas com maior retorno possível são aquelas de maior risco.

A fábrica de sorvetes apresentou três alternativas de contratação, cada qual com uma composição de custos diferente. Para as três existe uma expectativa de receitas da ordem de R$ 40.000,00. Essa expectativa pode ou não se confirmar de acordo com variáveis como o clima, a moda, a concorrência etc.

Em todas as alternativas existe o custo de R$ 300,00 com as licenças e taxas da prefeitura.

Na primeira alternativa, o fabricante alugaria a barraca e os equipamentos por 20% da receita e forneceria os ajudantes a custo de 17% da receita. Nessa alternativa, todos esses custos são variáveis, uma vez que se relacionam de modo direto ao volume vendido. Para cada R$ 1,00 de venda, haveria uma margem de contribuição de R$ 0,03, conforme mostrado na Tabela 1.16.

Tabela 1.16 Cálculo da margem de contribuição unitária

Preço de venda	R$ 1,00
(−) Custos variáveis	
Sorvete e complementos	−R$ 0,60
Barraca e equipamentos	−R$ 0,20
Ajudantes	−R$ 0,17
Margem de contribuição	R$ 0,03

Nota: A margem de contribuição de R$ 0,03 seria o valor deixado por cada Real de venda para pagar custos e despesas e gerar o lucro.

Essa alternativa tem a vantagem de que os custos serão sempre proporcionais à receita, ou seja, o risco será baixo. Se as vendas forem poucas, o custo será baixo, limitando o prejuízo aos R$ 300,00 de licenças. Para saber quanto precisa ser vendido, basta dividir o total de custos e despesas fixas pela margem de contribuição deixada em cada Real de venda. Nesse contexto, para atingir o ponto de equilíbrio em faturamento seria necessária uma receita de R$ 300/R$ 0,03, ou seja, R$ 10.000,00 em vendas.

Nessa modalidade de contratação, custos como os do aluguel do equipamento, o do sorvete e o dos ajudantes, que variam em função do volume vendido, são denominados *custos variáveis*, e custos como as despesas de licenciamento, que independem do volume de vendas, são denominadas *custos ou despesas fixos*.

Caso sejam vendidos os R$ 40.000,00 projetados pela fábrica de sorvete, seria obtido o resultado exposto na Tabela 1.17.

Tabela 1.17 Resultado da primeira alternativa de contratação

Receita de vendas	R$ 40.000,00
(−) Custo dos produtos vendidos	
Sorvete e acompanhamentos	R$ 24.000,00
Quiosque e equipamentos	R$ 8.000,00
Ajudantes	R$ 6.800,00
(=) Margem de contribuição	R$ 1.200,00
(−) Custos e Despesas fixas	
Licença	R$ 300,00
Resultado antes dos tributos sobre o lucro	R$ 900,00
Ponto de equilíbrio	**R$ 10.000,00**

Na segunda alternativa oferecida pela empresa, ela continuaria disponibilizando o sorvete a R$ 0,60 e o equipamento a R$ 0,20; no entanto, os ajudantes teriam o custo fixo de R$ 5.000,00 para o período. Isso muda a composição dos custos variáveis e fixos, gerando novos riscos, margem de contribuição, ponto de equilíbrio e resultado, conforme a Tabela 1.18.

Tabela 1.18 Resultado da segunda alternativa

	Unidade	Total
Preço de venda/receita de vendas	R$ 1,00	R$ 40.000,00
(−) Custo dos produtos vendidos		
Sorvete e acompanhamentos	R$ 0,60	R$ 24.000,00
Quiosque e equipamentos	R$ 0,20	R$ 8.000,00

(continua)

(*continuação*)

	Unidade	Total
Ajudantes		
(=) Margem de contribuição	R$ 0,20	R$ 8.000,00
(−) Custos e despesas fixas		
Licença		R$ 300,00
Quiosque e equipamentos		
Ajudantes		R$ 5.000,00
Resultado antes dos tributos sobre o lucro		R$ 2.700,00
Ponto de equilíbrio		**R$ 26.500,00**

A segunda alternativa apresenta possibilidade de lucro e também risco maiores. Mesmo que nada seja vendido, precisam ser cobertos R$ 5.300,00 de custos fixos, que, não importa o que aconteça, devem ser pagos.

Na primeira alternativa, esse valor era de R$ 300,00.

Já na terceira alternativa, todos os custos são fixos, à exceção do sorvete e complementos. Assim, cada Real faturado deixaria R$ 0,40 de margem de contribuição, após cobrir os custos variáveis de R$ 0,60 da massa e complementos. O quiosque e os equipamentos seriam alugados a um custo de R$ 7.000,00, e os ajudantes contratados a um custo também fixo de R$ 5.000,00. Assumidas essas alternativas de contratação, o resultado seria como apresentado na Tabela 1.19.

Tabela 1.19 Cálculo do resultado na terceira alternativa de contratação

	Unitário	Total
Preço de venda/receita de vendas	R$ 1,00	R$ 40.000,00
(−) Custo dos produtos vendidos		
Sorvete e acompanhamentos	R$ 0,60	R$ 24.000,00
Quiosque e equipamentos		
Ajudantes		
(=) Margem de contribuição	R$ 0,40	R$ 16.000,00
(−) Custos e despesas fixas		
Licença		R$ 300,00
Quiosque e equipamentos		R$ 7.000,00
Ajudantes		R$ 5.000,00
Resultado antes dos tributos sobre o lucro		R$ 3.700,00
Ponto de equilíbrio		**R$ 30.750,00**

A terceira alternativa é a que gera o maior resultado, e também é a de maior risco. Mesmo que não se venda nada, devem ser cobertos R$ 12.300,00 de compromissos assumidos. O ponto de equilíbrio dessa alternativa também exige maior volume de venda. Só seria alcançado com um faturamento de R$ 30.750,00, a maior de todas as alternativas analisadas.

Na Tabela 1.20 as alternativas são apresentadas lado a lado, para facilitar a comparação.

Tabela 1.20 Resultados das três alternativas de contratação disponíveis

Demonstração de resultado	Alternativa 1		Alternativa 2		Alternativa 3	
Preço de venda/ receita de vendas	R$ 1,00	R$ 40.000,00	R$ 1,00	R$ 40.000,00	R$ 1,00	R$ 40.000,00
(−) Custo dos produtos vendidos						
Sorvete e acompanhamentos	R$ 0,60	R$ 24.000,00	R$ 0,60	R$ 24.000,00	R$ 0,60	R$ 24.000,00
Quiosque e equipamentos	R$ 0,20	R$ 8.000,00	R$ 0,20	R$ 8.000,00		
Ajudantes	R$ 0,17	R$ 6.800,00				
(=) Margem de contribuição	R$ 0,03	R$ 1.200,00	R$ 0,20	R$ 8.000,00	R$ 0,40	R$ 16.000,00
(−) Custos e despesas fixas						
Licença		R$ 300,00		R$ 300,00		R$ 300,00
Quiosque e equipamentos						R$ 7.000,00
Ajudantes				R$ 5.000,00		R$ 5.000,00
Resultado antes dos tributos sobre o lucro		R$ 900,00		R$ 2.700,00		R$ 3.700,00
Ponto de equilíbrio		**R$ 10.000,00**		**R$ 26.500,00**		**R$ 30.750,00**

A questão de qual alternativa deveria ser escolhida é mais complexa do que a do cálculo do resultado possível em cada uma. De fato, não se tem certeza do volume de vendas que será praticado. Existe o risco de não vender o suficiente, ou de vender muito mais que o esperado. Em economia, existem o risco e a incerteza, fruto do fato de o conhecimento sobre o mundo e o futuro desenrolar dos eventos ser limitado. Pode-se ter expectativas de resultado ou de determinado cenário de negócios, mas nunca é possível ter certeza.

Um tomador de decisão mais avesso ao risco poderia escolher a primeira alternativa, na qual a perda possível seria a menor. Um tomador de decisão mais ousado poderia preferir a terceira alternativa, que apresenta a maior possibilidade de ganho.

Caso a realidade fosse determinada e fosse possível conhecer o futuro, não existiria problema na escolha entre elas, pois seria conhecida de antemão a melhor alternativa. O tomador de decisão poderia escolher aquela que maximizasse sua utilidade. Mas o risco e a incerteza existem. Muitas vezes, existe conhecimento sobre o futuro suficiente apenas para que se construam expectativas. É com base nessas expectativas que as decisões são tomadas.

Assim, o conhecimento do resultado gerado em cada alternativa é parte do trabalho. É também necessário algum instrumento para lidar com o risco e, no fim, a decisão é uma questão pessoal do investidor em termos de sua aversão ao risco, alternativas e custos de oportunidade disponível, valores etc.

Um instrumento que busca maior clareza na questão do impacto da escolha de diferentes alternativas é a matriz de decisão. Essa matriz apresenta em suas colunas os cenários previstos, denominados *estados da natureza*, e suas respectivas probabilidades de ocorrência. Nas linhas são apresentadas as diversas alternativas que constituem o objeto da decisão.

Para cada intersecção de linha e coluna, denominada *célula*, é calculado um valor esperado. A soma de todos os valores esperados para cada alternativa em cada cenário é apresentada na última coluna e corresponderá ao valor esperado total de cada alternativa de ação. A alternativa que apresentar o maior valor esperado será a alternativa a ser escolhida. Um exemplo abstrato dessa matriz, em que se pode observar a configuração desses aspectos, é dado na Tabela 1.21.

Tabela 1.21 Matriz de decisão conciliando as alternativas com os estados da natureza e apresentando o cálculo do seu valor esperado

	Matriz de decisão				
	Estado da natureza 1	**Estado da natureza 2**	...	**Estado da natureza n**	**Valor esperado**
	Prob (EN_1)	Prob (EN_2)	...	Prob (EN_n)	
Alternativa 1	V_1,EN_1	V_1,EN_2	...	V_1,EN_n	$V_1,EN_1 + V_1,EN_2 + ... + V_1,EN_n$
Alternativa 2	V_2,EN_1	V_2,EN_2	...	V_2,EN_n	$V_2,EN_1 + V_2,EN_2 + ... + V_2,EN_n$
...	...	...	...	...	...
Alternativa m	V_m,EN_1	V_m,EN_2	...	V_m,EN_n	$V_m,EN_1 + V_m,EN_2 + ... + V_m,EN_n$

Obs.: V_m,EN_n corresponde ao valor de cada alternativa ponderado pela sua probabilidade de ocorrência.

Conforme as definições já dadas:
Alternativa: curso de ação disponível para implementação;
Estado da natureza: cenários previstos;
Valor esperado: soma dos resultados de cada alternativa em cada estado da natureza ponderados pelas suas probabilidades de ocorrência.

Para o caso, suponha-se que a única variável a influenciar o consumo dos sorvetes fosse o tempo com apenas dois estados da natureza possíveis: *bom tempo*, com 80% de probabilidade de ocorrência, e *mau tempo*, com 20% de probabilidade de ocorrência. Suponha-se ainda que no caso de bom tempo o resultado previsto se confirmasse e, no caso de mau tempo, nada fosse vendido. A matriz de decisão aplicada ao caso é apresentada na Tabela 1.22.

Tabela 1.22 A aplicação da matriz de decisão ao caso "Sorvetes para o Verão"

	Matriz de decisão			
	Bom tempo	Mau tempo	Valor esperado	
	80%	20%		
Alternativa 1	R$ 720,00	−R$ 60,00	$V_1,EN_1 + V_1,EN_2 + ... + V_1,EN_n$	R$ 660,00
Alternativa 2	R$ 2.160,00	−R$ 1.060,00	$V_2,EN_1 + V_2,EN_2 + ... + V_2,EN_n$	R$ 1.100,00
Alternativa 3	R$ 2.960,00	−R$ 2.460,00	$V_m,EN_1 + V_m,EN_2 + ... + V_m,EN_n$	R$ 500,00

Obs.: V_m,EN_n corresponde ao valor de cada alternativa ponderado pela sua probabilidade de ocorrência.

Com base nas premissas aventadas para uma entidade que tomasse a cada verão muitas decisões desse tipo, claramente, a alternativa 2 seria a melhor escolha. Para melhor entendimento desse ponto de vista, suponha-se um tomador de decisão considerando implementar 100 barraquinhas de sorvete em um conjunto de praias vizinhas. Pela Lei dos Grandes Números, ele poderia esperar algo como R$ 110.000,00 de lucro.

No entanto, deve-se notar que o investidor considerando implementar uma única barraquinha, apesar de usar essas estimativas como base para suas escolhas, lida como uma situação de incerteza. Não há garantias de bom tempo ou mau tempo na decisão individual, nem de volume de vendas em qualquer uma dessas situações. Assim, sua decisão, diferentemente da decisão do tomador de decisão sobre 100 barraquinhas, é de incerteza, em que ele, individualmente, não tem um valor esperado concreto. Tudo pode acontecer com sua escolha. Assim, na primeira decisão, vive-se uma situação de risco: a expectativa de ocorrência e de resultado de cada alternativa pode ser medida probabilisticamente. O valor esperado tem significado físico para o agente econômico. Na segunda situação, vive-se uma situação de incerteza: apesar de existirem probabilidades sobre as ocorrências e, em função delas, do resultado, o valor esperado não é mais uma expectativa concreta. Caso ocorra mau tempo e não se venda nada, o resultado econômico será apenas prejuízo.

Supondo-se um negócio que tome muitas decisões desse tipo, parece razoável escolher a alternativa 2. Nos grandes números, ela é a que apresenta o maior valor esperado. Pode ser, no entanto, que, para uma pessoa ou um pequeno negócio, perder R$ 8.300,00 tenha peso muito maior do que ganhar R$ 1.100,00. Essa pessoa daria pesos diferentes aos possíveis ganhos e perdas. Esses pesos têm a denominação de *utilidade*. Assim, uma configuração de pesos para os diferentes resultados poderia ser algo como o apresentado na Tabela 1.23.

Tabela 1.23 Usando o conceito de utilidade. Diferentes tomadores de decisão podem ter diferentes pesos para um mesmo resultado

Resultado	Utilidade
Ganho de R$ 720,00	2
Perda de R$ 60,00	0
Ganho de R$ 2.160,00	6
Perda de R$ 1.060,00	−18
Ganho de R$ 2.960,00	8
Perda de R$ 2.460,00	−30

Agora a matriz de decisão seria construída não com o valor monetário esperado, mas com a utilidade de cada resultado, conforme a percepção do tomador de decisão. Um exemplo para o caso é apresentado na Tabela 1.24.

Tabela 1.24 Cálculo do valor esperado de cada alternativa considerando a utilidade subjetiva de cada tomador de decisão

Matriz de decisão (com base na utilidade atribuída pelo tomador de decisão)				
	Bom tempo	Mau tempo	Valor esperado	
	0,8	0,2		
Alternativa 1	R$ 1,60	R$ –	$V_1,EN_1 + V_1,EN_2 + ... + V_1,EN_n$	R$ 1,60
Alternativa 2	R$ 4,80	−R$ 3,60	$V_2,EN_1 + V_2,EN_2 + ... + V_2,EN_n$	R$ 1,20
Alternativa 3	R$ 6,40	−R$ 6,00	$V_m,EN_1 + V_m,EN_2 + ... + V_m,EN_n$	R$ 0,40

Obs.: V_m,EN_n corresponde ao valor de cada alternativa ponderado pela sua probabilidade de ocorrência.

Assim, considerando-se a utilidade de cada evento para o tomador de decisão, nesse caso seria aceita a Alternativa 1.

Não se pode, contudo, afirmar taxativamente qual deveria ser a escolha do ponto de vista técnico. Considerando-se os dados, as probabilidades e utilidades atribuídas, no segundo caso, a Alternativa 1 seria a mais adequada. No primeiro caso, para a decisão estudada com base nos valores monetários e probabilidades, a Alternativa 2 foi a mais indicada.

Note-se que todas essas suposições são objeto de risco e de incerteza. E mais: mesmo listando todas as variáveis passíveis de influenciar a decisão, suas probabilidades e impactos, ainda persiste a incerteza, fruto do desconhecido, do inesperado. Assim, podem-se usar os melhores modelos decisórios e, apesar disso, não colher um bom resultado – esse é o significado da incerteza. Por isso, a decisão é essencialmente humana; é necessário um gestor. O que a técnica permite é avaliar o resultado econômico em termos e sua probabilidade de ocorrência.

Cada tomador de decisão tem suas características próprias, portanto, suas prioridades na hora de fazer suas escolhas. Por exemplo, uma pessoa que tomasse essa decisão uma única vez, apesar das probabilidades associadas, teria um grau de incerteza muito maior do que uma empresa que empreendesse dezenas ou centenas de escolhas como essa em um único verão. Para este, passaria a valer a lei dos grandes números, pela qual os resultados obtidos se aproximariam cada vez mais das probabilidades esperadas. Ou seja, ao jogar uma moeda uma única vez, é difícil dizer se sairá "cara" ou "coroa". Ao jogar 100 vezes, espera-se algo próximo de cinquenta "caras" e cinquenta "coroas", mesmo que isso não ocorra exatamente.

Apesar de todo o apuro e sofisticação técnica, apenas após o término do verão será possível conhecer o resultado real obtido. Esse é o significado concreto de risco e incerteza. O indivíduo empreendedor, tendo conhecimento das alternativas, dos resultados e dos riscos (probabilidades) associados a cada alternativa, faz suas escolhas. Seus lucros surgem dessa habilidade de conciliar riscos e capacidade de gestão.

No dia a dia dos negócios, na maioria das vezes, não se conhecem todas as alternativas disponíveis, estados da natureza e probabilidades associadas. Até mesmo a definição da *utilidade* de cada resultado é difícil. Assim, as escolhas se dão dentro de um conjunto de alternativas e estados da natureza que foi possível identificar, ponderados por probabilidades subjetivas, o que não tira a necessidade e validade da definição e do aprimoramento contínuo dos modelos e processos decisórios.

1.7 Valor da informação

Note-se a importância fundamental da informação como redutor da incerteza no processo decisório. A ideia é que a informação possibilita maior assertividade no processo decisório, permitindo:

   a. entender quais são as decisões necessárias (mostrando a necessidade da decisão);
   b. identificar as escolhas relacionadas a determinado evento;
   c. estabelecer o modelo decisório (quais são as variáveis e como elas se relacionam entre si) para que se realize a escolha;
   d. ter maior número de acertos em termos probabilísticos.

A suposição é de que, em uma decisão de negócios, se obterá um resultado econômico maior com a informação adequada do que sem ela. Claro, a informação adequada é aquela que reduz a incerteza em determinada situação. Por exemplo, no lançamento de um novo modelo de automóvel, provavelmente a montadora gostaria de saber que cor estará na moda quando do lançamento, entre inúmeras outras informações como preço que os clientes estarão dispostos a pagar, opcionais que considerarão desejáveis etc.

Essa informação, que reduz a incerteza da decisão, tem valor, pois agrega resultado. O lucro deve ser maior do que sem ela; assim, é um ativo que deve ser gerenciado em todas as fases do processo de gestão, isto é, planejada, coordenada e controlada.

Para melhor entendimento desse aspecto do valor da informação, suponha-se um jogo de "cara ou coroa". A cada acerto, ganha-se R$ 1,00, e não se perde nada em caso de erro. A moeda será jogada 100 vezes. Suponha-se ainda que esse jogo seja jogado de duas formas diferentes:

a. sem nenhuma informação; e
b. com informação perfeita sobre qual face sairá.

A diferença entre A e B é o valor adicionado pela informação, como mostra a Tabela 1.25.

Tabela 1.25 Valor da informação

Valor da informação	Resultado sem informação	Com informação perfeita sem custo	Com informação perfeita com custo (R$ 0,20 por rodada)	Com informação imperfeita com custo (80% de acerto total; custo R$ 0,20 por rodada)
Ganhos sem nenhuma informação	50% de 100 × R$ 1,00 = R$ 50,00	100% de 100 × R$ 1,00 = R$ 100,00	100% de 100 × R$ 1,00 = R$ 100,00	80% de 100 × R$ 1,00 = R$ 80,00
Custo da informação	0	0	100 × R$ 0,20 = R$ 20,00	100 × R$ 0,20 = R$ 20,00
Resultado após custo da informação	R$ 50,00	R$ 100,00	R$ 80,00	R$ 60,00
Valor agregado pela informação		R$ 100,00 − R$ 50,00 = R$ 50,00	R$ 80,00 − R$ 50,00 = R$ 30,00	R$ 60,00 − R$ 50,00 = R$ 10,00

Obs.: Na prática, não existe informação perfeita em economia. No entanto, é possível obter uma informação que melhore as probabilidades de acerto (sucesso).

Na Tabela 1.25, percebe-se que a decisão tomada sem informação geraria um resultado de R$ 50,00. Supondo-se uma informação perfeita, esse resultado seria de R$ 100,00; nesse contexto, a informação perfeita e sem custo agregaria R$ 50,00 ao resultado.

Custos são realidade; assim, supondo-se a informação perfeita a um custo de 20% do ganho, o resultado agregado pela informação seria de R$ 30,00. Considerando agora a realidade econômica na qual o risco e a incerteza são elementos imutáveis, estruturais, tem-se o valor agregado pela informação de R$ 10,00. Assim, comparado-se a última coluna com a primeira coluna, verifica-se que houve um acréscimo no resultado pelo uso da informação no valor de R$ 10,00. Um lucro de R$ 60,00 comparado a um lucro de R$ 50,00 sem a informação.

Esse exemplo simples permite conceituar o valor agregado pela contabilidade gerencial, pela controladoria ou da informação contábil como um todo. Deve permitir tomar decisões melhores, fazer escolhas mais acertadas. São maneiras de se lidar com o risco e a incerteza inerentes à realidade econômica.

1.8 Considerações finais

Os conceitos de margem de contribuição, ponto de equilíbrio, alavancagem financeira e operacional são fundamentais para o gestor de qualquer atividade econômica. O ponto de equilíbrio pode ser estudado do ponto de vista operacional (ponto de equilíbrio contábil), do ponto de vista financeiro (considerando despesas que não impactam o caixa, como a depreciação ou amortizações previstas) e ponto de equilíbrio econômico (considerando uma meta de lucro). No caso "Sorvetes para o verão", foram incorporadas as noções de risco e incerteza. Verificou-se que a decisão depende de considerações do gestor quanto ao risco que se deseja assumir e aos cenários que se imagina que ambientarão o desempenho das alternativas.

→ Resumo ←

Neste capítulo introdutório foram estudados conceitos e técnicas relacionados à contabilidade de custos e à teoria da decisão. Além disso, foram estudados os conceitos de ponto de equilíbrio, alavancagem e margem de contribuição. Para lidar com a incerteza e o risco, foi proposto o uso de uma matriz de decisão para o cálculo do valor esperado de cada escolha nos vários cenários (estados da natureza supostos).

→ Questões para estudo e pesquisa ←

1. O que é ponto de equilíbrio?
2. Defina margem de contribuição.
3. Conceitue alavancagem.
4. Conceitue alavancagem operacional.
5. Conceitue alavancagem financeira.
6. O que é matriz de decisão? Explique.
7. O que é valor esperado?
8. Qual é a relação entre o cálculo do resultado, matriz de decisão e a escolha pelo tomador de decisão?
9. Existe uma resposta única, por exemplo, para o caso "Sorvetes para o verão"? Qual alternativa deveria ser recomendada a todos os investidores?
10. Quais as limitações de uma técnica como a matriz de decisão?

CAPÍTULO 2

Análise de custos, receitas e resultados

→ **Objetivo do capítulo**
Este capítulo tem por objetivo apresentar ideias relacionadas à análise marginal de custos, receitas e resultados.

→ **Visão geral do capítulo**
O capítulo se inicia com um caso desenvolvido em Microsoft Excel. É um exemplo teórico, factível, com questões do dia a dia. Por meio de seu desenvolvimento em Excel, são apresentadas as ideias de custo marginal, receita marginal, resultado marginal e múltiplos pontos de equilíbrio. Na sequência trabalha-se com análise de regressão para a construção a partir dos dados da empresa da função demanda. Esse exemplo pode ser generalizado para as funções custos, receitas e resultados. O capítulo termina com aspectos de análise marginal com a utilização de alguns conceitos de cálculo.

→ **Palavras-chave**
Análise marginal; múltiplos pontos de equilíbrio; análise de regressão; otimização.

2.1 Introdução

No caso "Sorvetes para o verão" desenvolvido na Introdução deste livro, foram apresentadas as ideias básicas de margem de contribuição, ponto de equilíbrio e resultado. Essas ideias estão representadas na Figura 2.1 e correspondem a uma primeira aproximação das ideias que serão desenvolvidas neste capítulo. O fato é que assim como o custo fixo pode variar quando se muda o patamar de produção, o custo variável de um produto ou serviço e o seu preço de venda também o podem. O preço, por exemplo, está claramente relacionado ao volume vendido. Dado um mesmo volume de despesas de marketing e financiamento aos clientes, quanto menor o preço, maior o volume possível de ser colocado no mercado – possível com algum grau de probabilidade, dentro de um intervalo de confiança. Existem risco e incerteza em toda a decisão econômica.

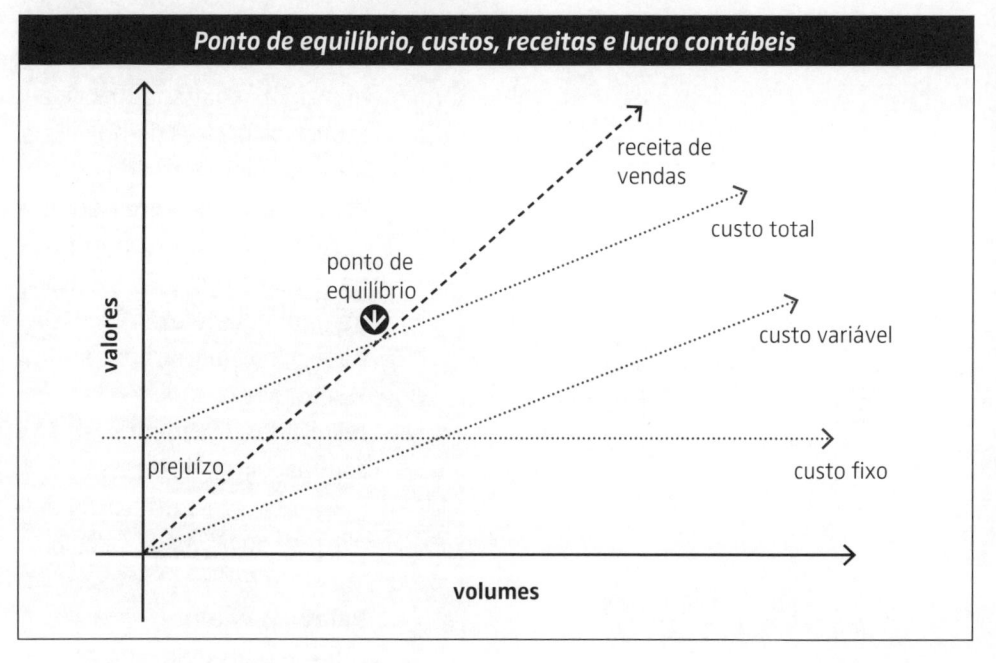

Figura 2.1 Visão gráfica da formação do resultado

Ponto de equilíbrio, custos, receitas e lucro contábeis

[Gráfico: eixo vertical "valores", eixo horizontal "volumes"; linhas mostrando receita de vendas, custo total, custo variável, custo fixo; indicação do ponto de equilíbrio e região de prejuízo]

Para continuar o estudo desse assunto buscando resultados que possam ser usados em situações de mudanças de volumes mais genéricas, como tende a acontecer quando se considera o longo prazo, serão usados os dados apresentados na Tabela 2.1.

Tabela 2.1 Dados de volumes e preços para os produtos A e B

Produto A		Produto B	
Preço (em R$)	Demanda	Preço (em R$)	Demanda
4	20	11	54
6	18	12	52
8	16	17	42
9	15	22	32
18	6	32	12
20	4	33	10
21	3	37	2

Suponha-se ainda que esses dados sejam explicados por uma *função demanda*, que relaciona o comportamento dos volumes e preços para determinado produto. Ela pode ser obtida, por exemplo, a partir de estudos feitos com base nos dados coletados de volumes e preços anteriormente praticados, e também pode ser definida a partir de dados obtidos numa pesquisa de mercado.

No caso, tem-se a seguinte situação: $D_a = M_A - a \times PV_a$, com *a* representando um fator de sensibilidade ao preço para o produto A. Nesse exemplo, M_A representa o tamanho do mercado de A. Ocorre que a cada Real a mais no preço de A, a demanda por ele diminuirá um número de unidades igual a esse Real vezes a sensibilidade ao preço pelo mercado. É o conceito de *elasticidade* em Economia. Nesse exemplo, a = 1 e M_A = 24 unidades.

Para o produto B, tem-se a seguinte equação de demanda (Equação 2.1):

$$D_b = M_b - b \times PV_b, \qquad (2.1)$$

com M_b = 76 unidades e b = 2.

Em termos de custos, suponha-se para A a ficha-padrão exposta na Tabela 2.2.

Tabela 2.2 Ficha-padrão para o produto A

Produto A: Ficha-padrão	
Custos mais despesas variáveis	
Matéria-prima	R$ 2,00
Serviços de pintura (externo)	R$ 1,00
Custos indiretos variáveis	R$ 0,50

Existe ainda uma máquina totalmente dedicada ao produto A. Caso o produto A fosse terminado, essa máquina perderia sua função, podendo ser vendida. Ela tem um custo de R$ 66,00 por mês. Assim, é um custo de período, não da unidade produzida.

Para o produto B, a ficha-padrão está apresentada na Tabela 2.3.

Tabela 2.3 Ficha-padrão para o produto B

Produto B: Ficha-padrão	
Matéria-prima	R$ 1,00 por unidade
Partes componentes	R$ 0,50 por unidade
Despesas variáveis de venda	10% do preço de venda
Custos indiretos variáveis de fabricação	R$ 0,50 por unidade

Existem também custos e despesas fixos comuns aos dois produtos conforme a Tabela 2.4.

Tabela 2.4 Custos e despesas fixos comuns

Custos fixos de fabricação comuns aos dois produtos	
Custos fixos de fabricação	R$ 160,00
Despesas fixas-comuns aos dois produtos	
Aluguel	R$ 40,00 ao mês
Comunicações	R$ 5,00 ao mês
Salários	R$ 20,00 ao mês

Estudando-se a função demanda de cada produto, tem-se para o produto A os dados apresentados na Tabela 2.5.

Tabela 2.5 Dados de preços e volumes de acordo com a função demanda definida para o produto A

Preço	Demanda ($D_A = 24 - 1 \times PV_a$)
R$ 21,00	3 unidades
R$ 20,00	4 unidades
R$ 18,00	6 unidades
R$ 9,00	15 unidades
R$ 8,00	16 unidades
R$ 6,00	18 unidades
R$ 4,00	20 unidades

Percebe-se que à medida que o preço praticado sobe, a quantidade demandada pelo mercado e, portanto, vendida, diminui. Esse efeito pode ser mais bem observado na Figura 2.2.

Figura 2.2 Produto A, demanda em função do preço

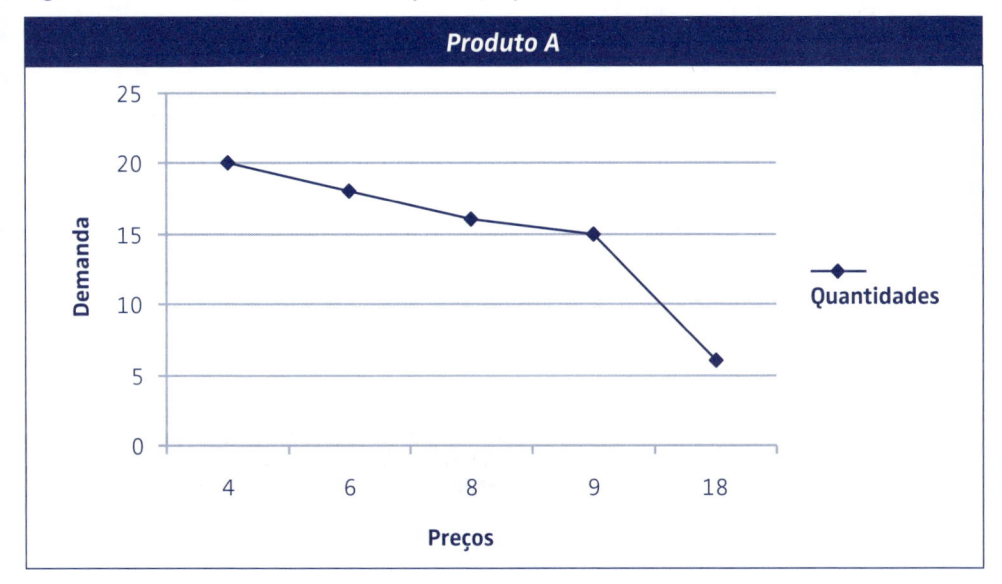

A figura é uma representação dos dados da Tabela 2.5 referentes ao produto A. Para o produto B, ter-se-ia o gráfico apresentado na Figura 2.3.

Figura 2.3 Produto B, demanda em função do preço

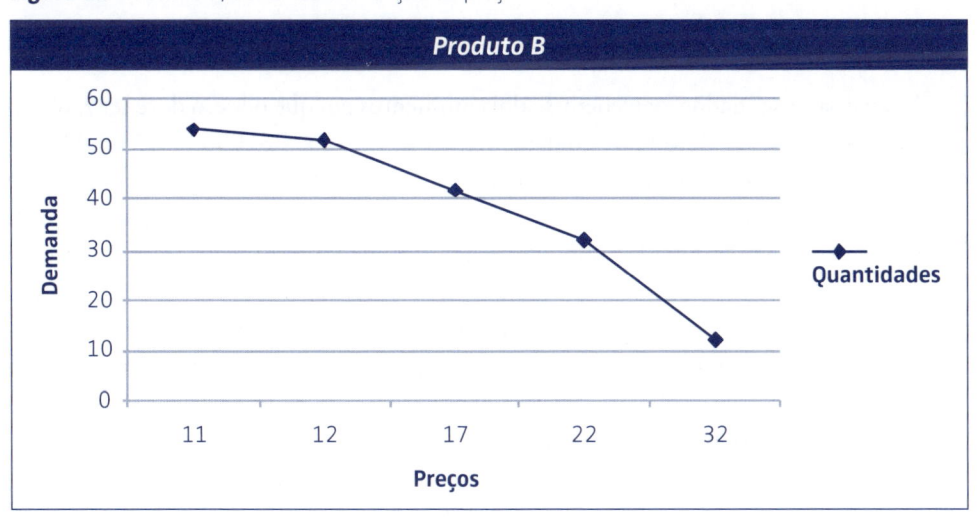

Lembre-se que:
$D_a = A - a*PV_a$
$D_b = B - b*PV_b$

Com
D_a = Demanda pelo produto A.
D_b = Demanda pelo produto B.

Verifica-se que as demandas dos produtos A e B se comportam de alguma forma inversamente proporcional ao preço praticado. Quanto maior esse preço, menor a demanda, o volume vendido.

Do ponto de vista da gestão, o aspecto fundamental em qualquer decisão é o resultado econômico que ela gera. Esse resultado medido para a organização como um todo é formado com a contribuição dos produtos A e B.

Analisando-se os dados de resultado para o produto A, ter-se-ia a Tabela 2.6.

Tabela 2.6 Formação de resultado do produto A

Volume	Preço de venda unitário R$	Receita total	Custo total	Lucro
3	R$ 21	63	R$ 76,50	−R$ 13,50
4	R$ 20	80	R$ 80,00	R$ −
6	R$ 18	108	R$ 87,00	R$ 21,00
15	R$ 9	135	R$ 118,50	R$ 16,50
16	R$ 8	128	R$ 122,00	R$ 6,00
18	R$ 6	108	R$ 129,00	−R$ 21,00
20	R$ 4	80	R$ 136,00	−R$ 56,00

Ao analisar esses dados, percebem-se dois momentos em que o lucro deve ser zero. Ao praticar o preço de R$ 20,00 por unidade: R$ 20 × 4 − 4 × R$ 3,50 − R$ 66,00 = 0. Novamente, entre os preços de venda unitário de R$ 8,00 e R$ 6,00 por unidade existe um preço para o qual o resultado seria zero. Pode-se perceber isso porque ao preço de R$ 8,00 vendem-se 16 unidades, obtendo-se um lucro de R$ 6,00; já ao preço de R$ 6,00 vendem-se 18 unidades, gerando um prejuízo de R$ 21,00. A esse preço, o incremento nas vendas não seria suficiente para garantir o lucro. Assim, em algum momento, supondo-se que essa relação preço e demanda se mantenha constante no intervalo, o lucro deve ter sido zero novamente. De fato, usando-se a equação da demanda e de formação de resultado do produto A, obter-se-ia a Equação 2.2.

$$resultado = -PV^2 + 27,50 \times PV - 150 \qquad (2.2)$$

Supondo-se resultado = 0, obtém-se:

$0 = PV^2 + 27,50 \times PV - 150$

A solução dessa equação, se dá conforme a fórmula de Bhaskara, como apresentado na Equação 2.3.

$$PV = \frac{-27,50 \pm \sqrt{27,50^2 - 4 \times (-1) \times (-150)}}{2 \times 27,50} \quad (2.3)$$

Resolvendo-se a Equação 2.3, obtém-se preço de venda (PV) = R$ 20,00 ou preço de venda = R$ 7,50 para resultado igual a zero. Ou seja, obtém-se *dois pontos de equilíbrio*. Dependendo do tipo de equação de demanda, outros pontos de equilíbrio são possíveis, incluindo os gastos com promoção, por exemplo.

Considerações sobre os múltiplos pontos de equilíbrio de A e sua formação de resultado para o produto A são apresentadas na Figura 2.4.

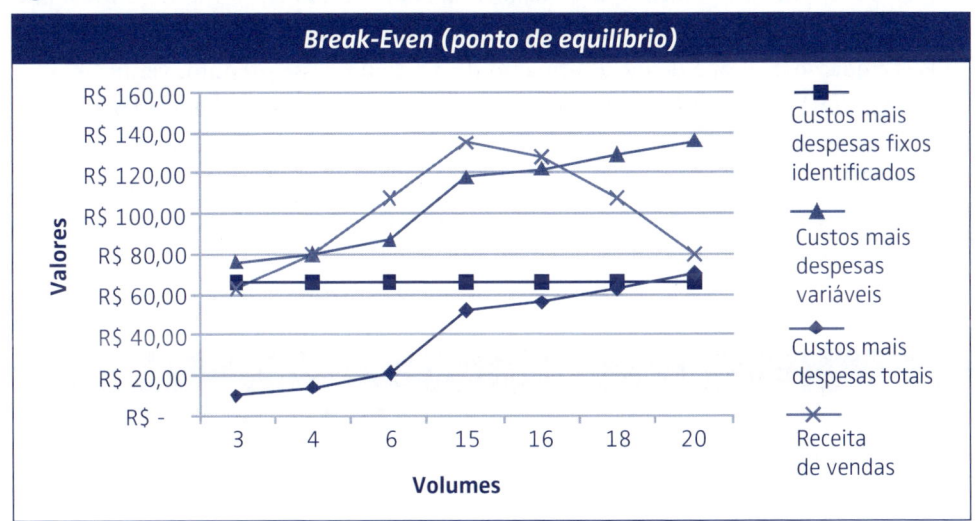

Figura 2.4 Produto A – formação de resultado e dois pontos de equilíbrio

Percebe-se, nesse gráfico, que a zona de lucro ótimo estaria entre esses dois pontos de equilíbrio, onde está a região de lucro. Surge a questão natural de a qual preço se obteria o lucro ótimo. Qual preço praticado maximizaria o lucro do produto A nessas condições?

Para início dessa análise, observe-se a Figura 2.5, que exibe o comportamento do lucro em função dos custos e da receita, destacando-o.

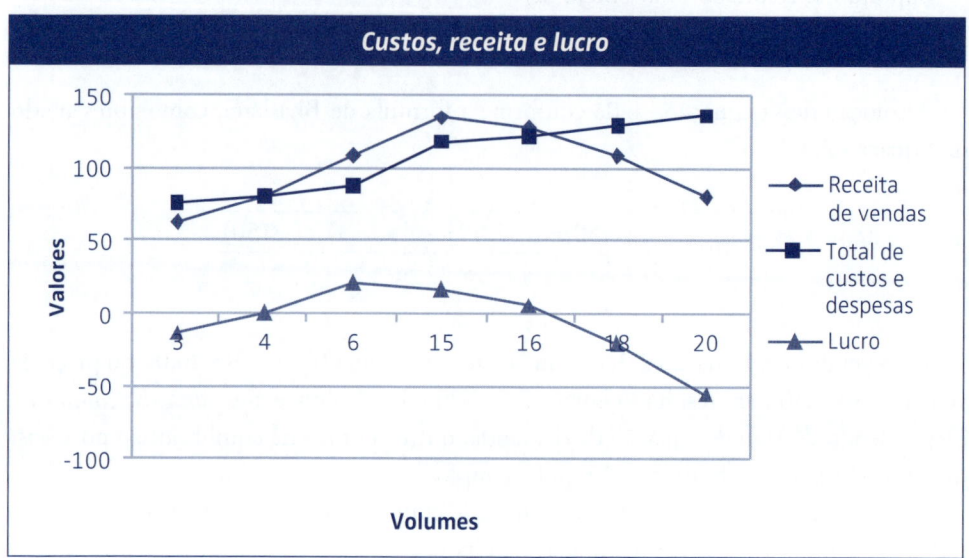

Figura 2.5 Destaque para a formação de resultado para o produto A

Gráfico: Custos, receita e lucro — eixo vertical "Valores" de -100 a 150; eixo horizontal "Volumes" com pontos 3, 4, 6, 15, 16, 18, 20. Séries: Receita de vendas, Total de custos e despesas, Lucro.

Percebe-se, por esse gráfico, que o maior resultado ocorreu em torno de um volume entre 6 e 15 unidades – no caso, ainda um intervalo muito grande. É necessário estreitá-lo.

Pela Equação 2.2, que define a formação de resultado desse produto, verifica-se que este se dá como uma parábola, de "boca" para baixo. Assim, o resultado máximo está entre as raízes da equação, os preços de R$ 20,00 e R$ 7,50. Antes de apresentar uma primeira solução algébrica para essa questão, é interessante que seja estudada a Tabela 2.7, que apresenta o conceito de *acréscimo* ou *decréscimo marginal* no lucro em função de modificações do preço e do volume vendido.

Tabela 2.7 Produto A – preços de venda, volumes e lucro marginal

Volume	Preço de venda unitário	Lucro	Lucro marginal
3	R$ 21,00	−R$ 13,50	
4	R$ 20,00	R$ –	R$ 13,50
5	R$ 19,00	R$ 11,50	R$ 11,50
6	R$ 18,00	R$ 21,00	R$ 9,50
7	R$ 17,00	R$ 28,50	R$ 7,50
8	R$ 16,00	R$ 34,00	R$ 5,50
9	R$ 15,00	R$ 37,50	R$ 3,50
10	R$ 14,00	R$ 39,00	R$ 1,50
11	R$ 13,00	R$ 38,50	−R$ 0,50
12	R$ 12,00	R$ 36,00	−R$ 2,50
13	R$ 11,00	R$ 31,50	−R$ 4,50

(*continua*)

(*continuação*)

Volume	Preço de venda unitário	Lucro	Lucro marginal
14	10	R$ 25,00	−R$ 6,50
15	9	R$ 16,50	−R$ 8,50
16	8	R$ 6,00	−R$ 10,50
17	7	−R$ 6,50	−R$ 12,50
18	6	−R$ 21,00	−R$ 14,50

Pode-se notar, pela Tabela 2.7, que, à medida que se reduzia o preço, incrementando o número de unidades vendidas, o lucro aumentava. Ao preço de R$ 20,00, venderam-se 4 unidades, uma a mais do que seria vendida ao preço de R$ 21,00. Essa redução de preço e acréscimo de volume fez com que se passasse do prejuízo anterior de R$ 13,50 para o resultado zero do ponto equilíbrio, gerando assim um acréscimo no resultado de R$ 13,50. Esse acréscimo gerado por unidade a mais será denominado aqui *lucro* (ou *prejuízo*) *marginal*. É o diferencial no lucro em função de cada unidade a mais praticada.

Percebe-se que, para algum volume entre 4 unidades e 6 unidades, passou-se de lucro marginal para prejuízo marginal. Após determinado ponto nesse intervalo, o lucro começou a cair: a partir do valor de R$ 21,00 chegou ao valor de R$ 16,50 para um volume de 15 unidades. Entre 4 e 11 unidades, passa-se de lucro marginal de R$ 10,50 para prejuízo marginal de R$ 0,50. Em vez de acréscimo no lucro, a partir desse ponto, cada unidade vendida estará diminuindo o lucro. Supondo-se esse comportamento, o volume ótimo será aquele em que o resultado marginal for zero.

Foi-se diminuindo o preço e incrementando o volume. Inicialmente, cada unidade a mais contribuiu positivamente para o lucro, que se tornou cada vez maior. A partir de determinado momento, o incremento no volume não foi suficiente para compensar a redução na margem com o produto e começou-se a ter prejuízo marginal, que corroeu o lucro. Assim, o ponto em que o lucro marginal for igual a zero será o ponto de lucro ótimo para esse produto. Examinando-se mais uma vez a Tabela 2.7, verifica-se que, ao preço de venda de R$ 14,00, seriam vendidas 10 unidades, gerando um lucro total de R$ 39,00 e um lucro marginal de R$ 1,50 por unidade. Já na linha seguinte observa-se que, ao preço de venda de R$ 15,00, seriam vendidas 9 unidades, gerando um lucro total de R$ 37,50 – uma redução no lucro. Nesse caso, cada unidade vendida a mais a esse novo preço gerou um prejuízo marginal de R$ 0,50. Caso o produto A fosse um produto para o qual só se pudessem praticar preços e volumes dentro dos números inteiros, o melhor preço a ser praticado seria o de R$ 14,00, que gerou o maior lucro de R$ 39,00. A partir daí, supondo-se que sempre que cada unidade a mais vendida só o seria à custa de uma redução no preço, conforme a equação de demanda definida pelas menores margens praticadas, cada unidade a mais geraria um prejuízo, e não um lucro adicional.

Do ponto de vista operacional O caminho seguido até aqui nessa análise pode ser encurtado com o uso de algum instrumental matemático, a ser estudado mais adiante sob a denominação de *análise marginal*. Resultados muito bons podem ser alcançados, como se viu nesse exemplo, com o uso de uma planilha eletrônica. Caso quiséssemos saber para qual preço exatamente se obteria o lucro ótimo, sem o uso de instrumental mais sofisticado, poderíamos construir uma planilha na qual os preços variassem de centavo a centavo no intervalo em que já se percebeu que ocorre mudança de lucro marginal para prejuízo marginal, isto é, de positivo para negativo. Em algum lugar desse intervalo esse resultado marginal deve ter sido zero. Esse é o *ponto de lucro ótimo*, que, no nosso exemplo, se deu entre os preços de R$ 14,00 e R$ 13,00.

Se pudéssemos praticar preços e volumes fracionados para esse produto (preços sempre serão possíveis de fracionar em centavos da unidade monetária; já volumes podem nem sempre ter essa propriedade – por exemplo, um carro tem ser vendido por unidade; não se vende meio carro), poderíamos obter os dados da Tabela 2.8.

Tabela 2.8 Estreitando o intervalo para obtenção do lucro ótimo

Volume	Preço de venda unitário	Lucro	Lucro marginal
10,4	R$ 13,60	R$ 39,04	R$ 0,04
10,3	R$ 13,70	R$ 39,06	R$ 0,02
10,2	R$ 13,80	R$ 39,06	R$ 0,00
10,1	R$ 13,90	R$ 39,04	−R$ 0,02
10,0	R$ 14,00	R$ 39,00	−R$ 0,04

Percebe-se, nesse cálculo aproximado com o uso de planilha eletrônica, que o ponto de lucro ótimo está entre os preços de R$ 13,70 e R$ 13,90. Pode-se refinar ainda um pouco mais, pelas unidades de centavos, usando a mesma planilha. Observam, então, os dados da Tabela 2.9.

Tabela 2.9 Produto A – o preço de venda otimizante calculado de forma aproximada com uso de planilha eletrônica

Volume	Preço de venda unitário	Lucro	Lucro marginal
10,25	R$ 13,75	R$ 39,06	R$ 0,0001
10,24	R$ 13,76	R$ 39,06	**−R$ 0,0001**

Verifica-se que, para os volumes praticados nesse produto, o preço otimizado seria de R$ 13,75. A partir do preço de R$ 13,76, o lucro começaria a ser corroído, como dito anteriormente; esses volumes e preços pressupõem um produto que possa ser vendido em unidades fracionárias do inteiro e foram calculados de forma aproximada. Mais adiante veremos um tratamento matemático para essa questão.

Em relação ao comportamento do lucro marginal em função dos *volumes* praticados para o produto A, pode-se visualizá-lo na Figura 2.6.

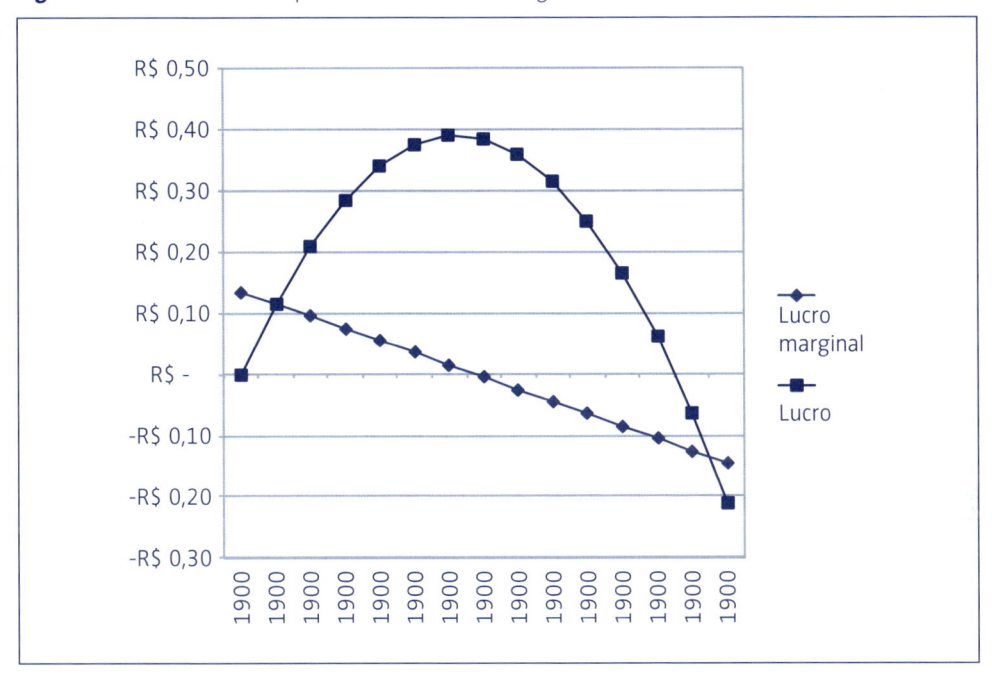

Figura 2.6 Produto A – comportamento do lucro marginal

[Gráfico mostrando curvas de Lucro marginal e Lucro em função do volume]

Muitas vezes, uma organização pode ter interesse em maximizar as receitas. Pode necessitar gerar caixa, por exemplo.

Pode-se estudar o problema com a mesma ideia de contribuição marginal, usada para estudar o lucro. Agora, em vez do lucro marginal, será estudado o comportamento da receita marginal. Para isso, apresenta-se a Tabela 2.10.

Tabela 2.10 Produto A – dados para estudo do comportamento da receita marginal

Volume	Preço de venda unitário	Receita total	Receita marginal
3	R$ 21,00	R$ 63,00	–
4	R$ 20,00	R$ 80,00	R$ 17,00
6	R$ 18,00	R$ 108,00	R$ 14,00
15	R$ 9,00	R$ 135,00	**R$ 3,00**
16	R$ 8,00	R$ 128,00	−R$ 7,00
18	R$ 6,00	R$ 108,00	−R$ 10,00
20	R$ 4,00	R$ 80,00	− R$ 14,00

Seguindo o mesmo raciocínio desenvolvido para lucro, verifica-se que a receita marginal passou de crescente para decrescente entre os volumes de 6 e 15 unidades. Em algum volume desse intervalo está o ponto ótimo da receita. Para analisar esse aspecto, apresenta-se na Tabela 2.11 os preços, volumes, receita total e receita marginal para os volumes nesse intervalo.

Tabela 2.11 Produto A – percebe-se que, na passagem de 12 para 13 unidades vendidas, a receita do produto A deixa de aumentar e começar a diminuir, conforme atesta a receita marginal, que passa de +R$ 1,00 para −R$ 1,00

Volume	Preço de venda unitário	Receita total	Receita marginal
6,00	R$ 18,00	R$ 108,00	R$ 3,00
7,00	R$ 17,00	R$ 119,00	R$ 11,00
8,00	R$ 16,00	R$ 128,00	R$ 9,00
9,00	R$ 15,00	R$ 135,00	R$ 7,00
10,00	R$ 14,00	R$ 140,00	R$ 5,00
11,00	R$ 13,00	R$ 143,00	R$ 3,00
12,00	R$ 12,00	R$ 144,00	R$ 1,00
13,00	R$ 11,00	R$ 143,00	−R$ 1,00
14,00	R$ 10,00	R$ 140,00	−R$ 3,00
15,00	R$ 9,00	R$ 35,00	−R$ 5,00
16,00	R$ 8,00	R$ 128,00	−R$ 7,00
17,00	R$ 7,00	R$ 119,00	−R$ 9,00
18,00	R$ 6,00	R$ 108,00	−R$ 11,00
19,00	R$ 5,00	R$ 95,00	−R$ 13,00

Esse comportamento da receita pode ser visualizado na Figura 2.7.

Figura 2.7 Produto A – comportamento da receita total e da receita marginal

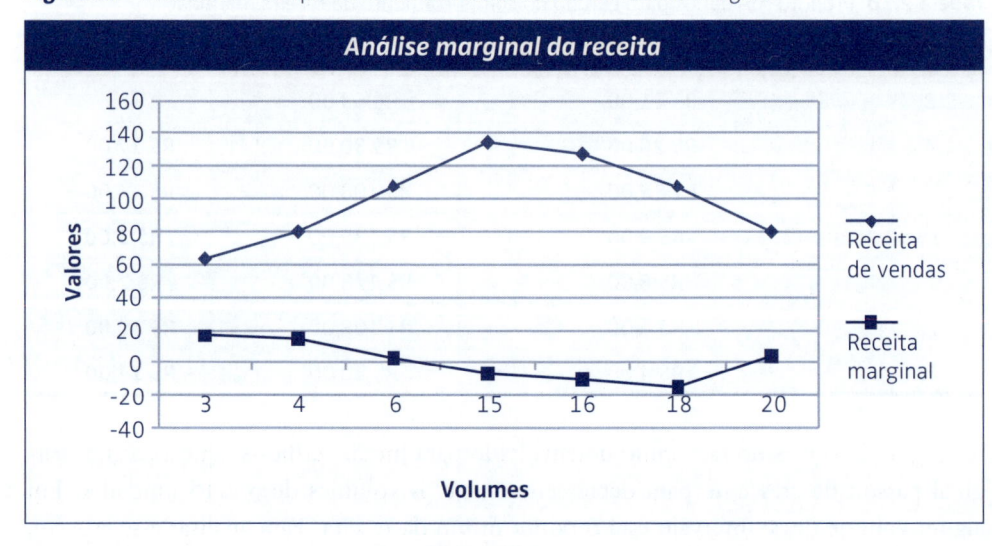

Da mesma forma que para o lucro, pode-se usar uma planilha eletrônica para fazer o cálculo aproximado do preço em que se obterá a receita máxima. Esse preço ocorrerá quando a receita marginal for igual a zero e será em torno de R$ 11,93.

Por fim, pode-se estudar o comportamento marginal do custo, buscando entender como minimizá-lo. Em termos do comportamento dos custos, observe-se a Tabela 2.12. Note-se que o custo do produto A é formado pelos custos variáveis de R$ 3,50 por unidade mais R$ 66,00 de custos fixos por período. Assim, na produção de 3 unidades, o custo seria de 3 × R$ 3,50 = 10,50 mais R$ 66,00 de custos fixos, totalizando R$ 76,50. Nesse caso, o custo médio seria de R$ 76,50/3, igual a R$ 25,50.

Tabela 2.12 Produto A – custo total, marginal e médio

Volume	Preço de venda unitário	Custo total	Custo marginal	Custo médio
3	21	R$ 76,50	3,5	R$ 25,50
4	20	R$ 80,00	3,5	R$ 20,00
6	18	R$ 87,00	3,5	R$ 14,50
15	9	R$ 118,50	3,5	R$ 7,90
16	8	R$ 122,00	3,5	R$ 7,63
18	6	R$ 129,00	3,5	R$ 7,17
20	4	R$ 136,00	3,5	R$ 6,80

Nesse caso, o custo marginal, o custo de se produzir uma unidade a mais, coincide com o custo variável. Na Figura 2.8 são apresentados os comportamentos do custo total, custo médio e do custo marginal.

Figura 2.8 Produto A – comportamento dos custos

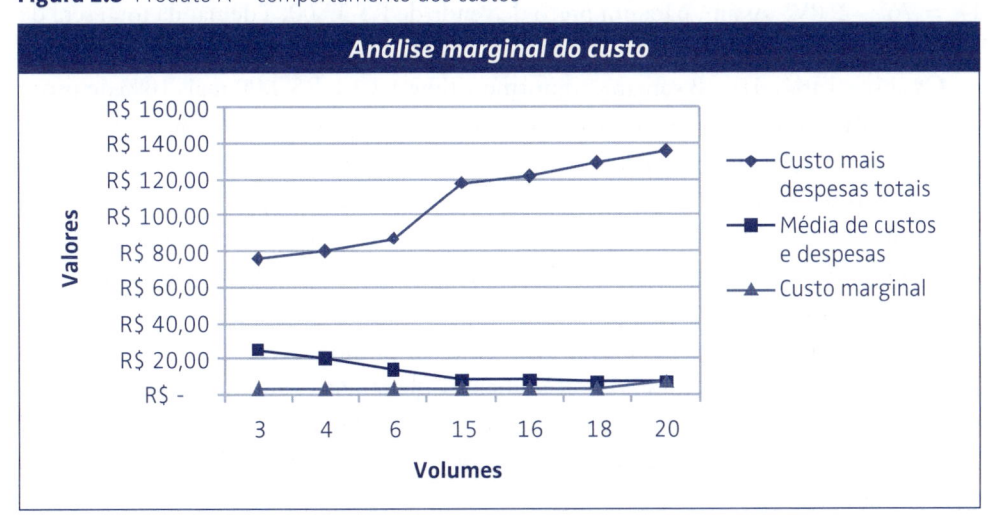

Para esse produto não há, no intervalo praticado, um intervalo em que o custo marginal se torne negativo, mesmo utilizando como custo marginal o cálculo do custo total atual menos o custo total anterior dividido pelo número de unidades adicionais. Pode-se observar esse fato na Tabela 2.11. Ele será sempre no mínimo igual aos custos variáveis do produto. No entanto, o custo médio pode ser objeto de análise, buscando minimizá-lo. Mais adiante esses aspectos do custo marginal, total e médio serão estudados novamente do ponto de vista matemático.

Os mesmos estudos de otimização do lucro, receita e minimização dos custos, feitos para o produto A, serão realizados para o produto B. Para o produto B, a discussão será um pouco resumida para evitar a repetição de pontos já discutidos. Na Tabela 2.13, a seguir, são apresentados dados de preços, volumes, custos, despesas e resultados para o produto B.

Tabela 2.13 Dados de preços, volumes, receitas, custos e resultados do produto B

Volume	Preço de venda unitário	Receita total	Custo total	Lucro
2	R$ 37	74	R$ 11,40	R$ 62,60
10	R$ 33	330	R$ 53,00	R$ 277,00
12	R$ 32	384	R$ 62,40	R$ 321,60
32	R$ 22	704	R$ 134,40	R$ 569,60
42	R$ 17	714	R$ 155,40	R$ 558,60
52	R$ 12	624	R$ 166,40	R$ 457,60
54	R$ 11	594	R$ 167,40	R$ 426,60

Nessa tabela, o volume depende do preço de venda praticado, conforme a equação da demanda do produto B, lembrando que a demanda do produto B foi definida na forma: $D_B = 76 - 2*PV_B$. Assim, para um preço de venda de R$ 37,00, a demanda total será de $76 - 2*37 = 2$ unidades.

Os custos variáveis de B somam, conforme a Tabela 2.13, R$ 2,00 mais 10% do preço de venda. Ao preço de R$ 37,00, os custos mais despesas variáveis unitários seriam de: R$ 2,00 + R$ 3,70 (10% de R$ 37,00) = R$ 5,70 por unidade, totalizando R$ 11,40 para as duas unidades vendidas. Como o mercado é sensível ao preço, à medida que o preço vai sendo diminuído, observa-se um aumento no volume vendido, com correspondente diminuição na margem unitária. Existe, então, uma troca entre a perda na margem unitária e o ganho total no lucro pelo acréscimo no volume. A questão, como no caso do produto A, é encontrar um ponto que gere o lucro máximo nesse contexto.

Serão seguidos aqui os mesmo procedimentos observados para o produto A. Observando-se a Tabela 2.14, pode-se perceber que o lucro marginal passa de R$ 0,70 para −R$ 1,10 para os volumes de 36 e 38 unidades, aos preços de R$ 20,00 e R$ 19,00, respectivamente.

Tabela 2.14 Dados de preço, volume, receita, custo, lucro total e lucro marginal do produto B, detalhando o ponto ótimo da formação do lucro

Volume	Preço de venda unitário	Receita total	Custo total	Lucro	Lucro marginal
32	R$ 22,00	R$ 704,00	R$ 134,40	R$ 569,60	
34	R$ 21,00	R$ 714,00	R$ 139,40	R$ 574,60	R$ 2,50
36	R$ 20,00	R$ 720,00	R$ 144,00	R$ 576,00	R$ 0,70
38	R$ 19,00	R$ 722,00	R$ 148,20	R$ 573,80	−R$ 1,10
40	R$ 18,00	R$ 720,00	R$ 152,00	R$ 568,00	−R$ 2,90

Nesse exemplo, o melhor preço que se poderia praticar seria o de R$ 20,00, com vistas à otimização do lucro. Para o produto B, o comportamento do custo, da receita e do lucro pode ser visualizado na Figura 2.9.

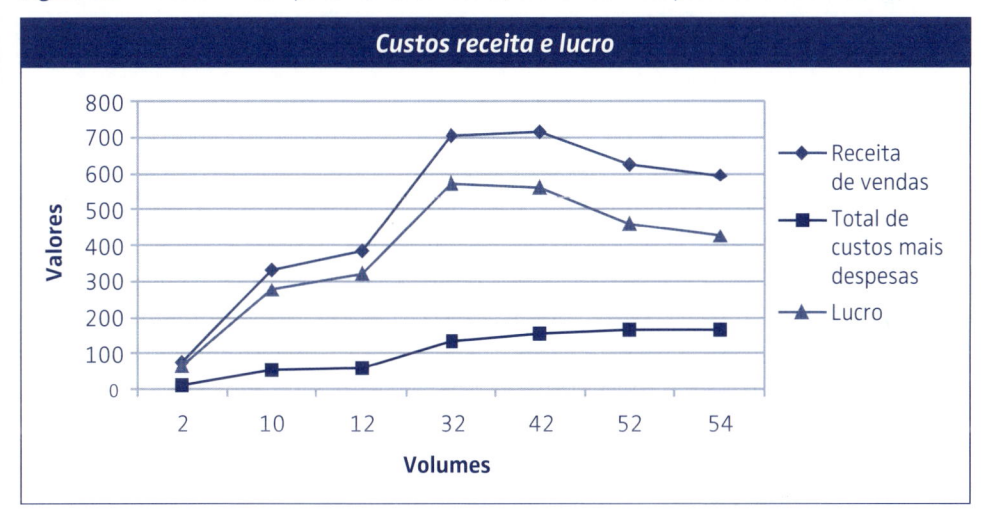

Figura 2.9 Produto B – comportamento da receita, dos custos e despesas totais e do lucro

Como se fez para o produto A, pode-se trabalhar uma equação de resultados para o produto B, que é a Equação 2.4.

$$Resultado_B = 72,4 \times PV_B - 1,8 \times PV_B^2 - 152 \quad (2.4)$$

Essa equação foi obtida a partir da equação da demanda e dos dados de custos e despesas variáveis do produto B.

Considerando-se a equação do produto B, verifica-se que ele teria dois pontos de equilíbrio para os preços de PV_{B1} = R$ 38,00 e PV_{B2} = R$ 20/9, aproximadamente R$ 2,22. Na Figura 2.10 são apresentados conjuntamente a receita total, custos totais e lucro total.

Figura 2.10 Produto B – receita total, custo e lucro

[Gráfico: Produto B – receita, custo e lucro; eixo Y de -R$ 400 a R$ 1.600; eixo X: Preço de venda de 1 a 37; curvas: Receita total, Custo total, Lucro total]

Pode-se verificar, pela Figura 2.10, que o maior lucro ocorre no intervalo entre os pontos relacionados aos preços de venda $PV_{B1} =$ R$ 20/2 e $PV_{B2} =$ R$ 38,00, os pontos entre as raízes da equação de resultado do produto B. Fazendo-se as contas, verifica-se que esse ponto de lucro máximo corresponderia ao $PV_B =$ R$ 20,11.

Pode-se observar o comportamento do lucro e do lucro marginal do produto B na Figura 2.11.

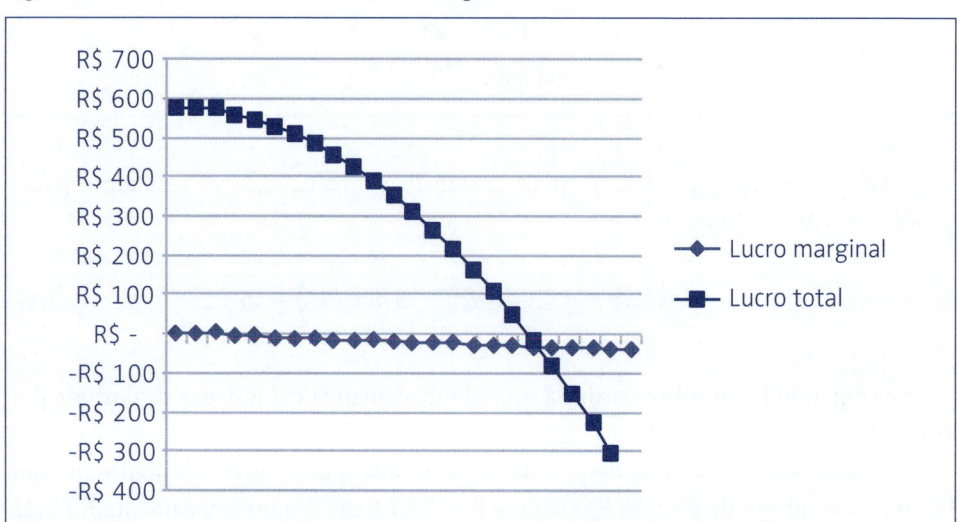

Figura 2.11 Produto B – lucro total e lucro margina

[Gráfico: eixo Y de -R$ 400 a R$ 700; curvas: Lucro marginal, Lucro total]

Do ponto de vista da receita do produto B, a Tabela 2.15 permite a mesma análise da receita marginal já conhecida, e assim ter-se-ia como ponto ótimo da formação de receita o volume de vendas situado dentro do intervalo entre os volumes de 32 unidades e 42 unidades. Estudando-se mais detalhadamente e simulando dados na planilha, verifica-se que o preço de venda a maximizar a receita seria o de R$ 19,00.

Tabela 2.15 Produto B – preço de venda, volumes, receita total e receita marginal

Volume	Preço de venda unitário	Receita total	Receita marginal
32,00	R$ 22,00	R$ 704,00	7,00
34,00	R$ 21,00	R$ 714,00	5,00
36,00	R$ 20,00	R$ 720,00	3,00
38,00	R$ 19,00	R$ 722,00	1,00
40,00	R$ 18,00	R$ 720,00	−1,00
42,00	R$ 17,00	R$ 714,00	−3,00

Quanto ao custo, o que se deseja é que ele seja o menor possível. Examinando-se a equação do custo em função do preço de venda, verifica-se que ela toma a forma da Equação 2.5.

$$Custo_B = 152 + 3,6 \times PV_B - 0,2 \times PV_B^2 \qquad (2.5)$$

Alguns custos e volumes são apresentados na Tabela 2.16.

Tabela 2.16 Produto B – custos, preços de venda e volumes

Volume	Preço de venda	Custo variável total	Custo marginal	Custo médio
44	16	R$ 158,40	R$ 1,50	R$ 3,60
46	15	R$ 161,00	R$ 1,30	R$ 3,50
48	14	R$ 163,20	R$ 1,10	R$ 3,40
50	13	R$ 165,00	R$ 0,90	R$ 3,30
52	12	R$ 166,40	R$ 0,70	R$ 3,20
54	11	R$ 167,40	R$ 0,50	R$ 3,10
56	10	R$ 168,00	R$ 0,30	R$ 3,00
58	9	R$ 168,20	R$ 0,10	R$ 2,90
60	8	R$ 168,00	−R$ 0,10	R$ 2,80
62	7	R$ 167,40	−R$ 0,30	R$ 2,70
64	6	R$ 166,40	−R$ 0,50	R$ 2,60
66	5	R$ 165,00	−R$ 0,70	R$ 2,50
68	4	R$ 163,20	−R$ 0,90	R$ 2,40
70	3	R$ 161,00	−R$ 1,10	R$ 2,30
72	2	R$ 158,40	−R$ 1,30	R$ 2,20

Nesse caso, estudar o custo marginal de um volume para outro não vai permitir obter uma resposta significativa para a decisão. No caso, à medida que a receita total diminuiu, o custo marginal diminuiu também, em função da diminuição do custo mais despesa total, pelas despesas variáveis de venda, calculadas com base na receita total. Aqui, o custo marginal ficaria cada vez mais negativo e o custo total, cada vez menor. A existência das despesas variáveis de venda calculadas como percentual da receita e a não existência de custos fixos identificados ao produto B mudaram o comportamento dos custos.

Os dados do custo total formariam um gráfico como mostra a Figura 2.12.

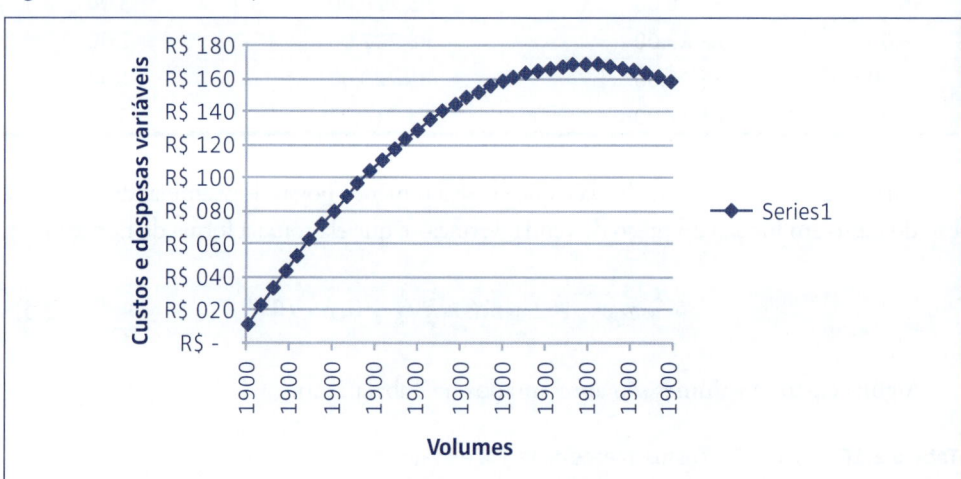

Figura 2.12 Custos e despesas variáveis

[Gráfico: eixo Y "Custos e despesas variáveis" de R$ - a R$ 180, eixo X "Volumes" com valores 1900; curva Series1 crescente que se estabiliza]

Recuperando-se os dados do produto B, têm-se os dados da Tabela 2.17 para otimização do lucro, receita e custos.

Tabela 2.17 Produto B – os preços de venda para otimização do lucro e maximização da receita

Valor do preço de venda	Item a ser otimizado
R$ 20,11	Maior lucro
R$ 19,00	Receita máxima

Examinando-se os resultados obtidos até aqui, verifica-se que o produto A alcançou o maior resultado ao preço de R$ 20,00 (supondo-se que apenas praticasse preços e volumes inteiros); já o produto B alcançou o maior resultado ao preço de R$ 14,00. Assim, supondo-se que a empresa praticasse esses preços, alcançaria o resultado exposto na Tabela 2.18.

Tabela 2.18 Resultado ótimo da empresa

	Produto A	Produto B	Total
Receita de vendas	R$ 140,00	R$ 720,00	R$ 860,00
(−) Custos e despesas variáveis	−R$ 35,00	−R$ 144,00	−R$ 179,00
(=) Margem de contribuição antes dos custos e despesas fixos identificados	R$ 105,00	R$ 576,00	R$ 681,00
(−) Custos e despesas fixos identificados	−R$ 66,00	R$ −	−R$ 66,00
(=) Margem de contribuição do produto	R$ 39,00	R$ 576,00	R$ 615,00
(−) Custos e despesas fixos			−R$ 225,00
(=) Resultado da entidade			**R$ 390,00**

2.2 Modelagem matemática

Todo esse processo corresponde a uma modelagem matemática da formação do resultado econômico dessa entidade e seus produtos, analisados no tópico anterior. Uma modelagem matemática é a representação dos aspectos de interesse de uma realidade com a utilização de conceitos matemáticos. Como exemplo desses conceitos podemos citar números e suas relações, probabilidade, funções, limites, integrais e derivadas etc. São muitos os conceitos matemáticos passíveis de utilização na representação de um problema. Parte da arte consiste em selecionar os mais apropriados ao problema objeto da modelagem. Na Figura 2.13 é apresentada uma visão esquemática desse processo.

Figura 2.13 Processo de modelagem matemática

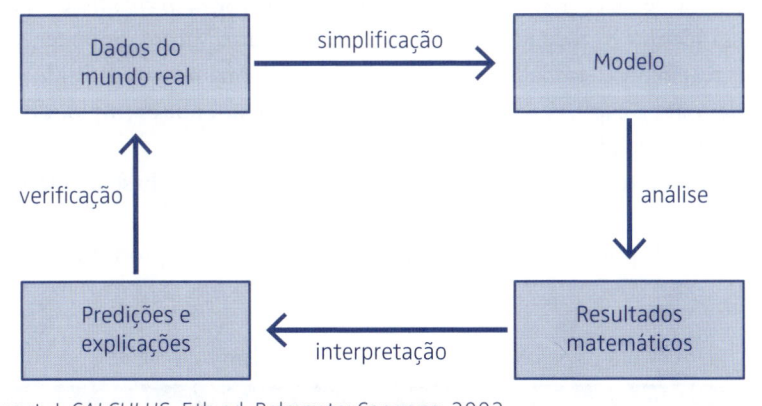

Dados do mundo real → simplificação → Modelo → análise → Resultados matemáticos → interpretação → Predições e explicações → verificação → Dados do mundo real

Fonte: Stewart, J. *CALCULUS*. 5th ed. Belmonte: Cengage, 2002.

Nessa figura tudo começa e termina no mundo real, nas características de interesse da realidade que se deseja modelar.

A ideia da modelagem pressupõe simplificação. Ela busca isolar da realidade as variáveis de fato relevantes para o comportamento estudado, portanto, desse ponto de vista é reducionista. A ideia é a de usar um conjunto mínimo de variáveis e seus relacionamentos para prever, explicar e descrever o aspecto de interesse, de uma forma que seja compreensível, gerenciável e propicie *insights* relevantes. Esse modelo propiciará a obtenção de resultados matemáticos, que devem ser analisados e interpretados quanto ao seu significado.

A partir dos resultados obtidos será possível a confecção de predições, novas hipóteses sobre a realidade e explicações a serem novamente confrontadas com a realidade. De suas possíveis discrepâncias surgirão alterações e aprimoramentos ao modelo, que propiciarão novas predições, explicações e hipóteses a serem testadas. E, de um ponto de vista prático, esse ciclo continua até que se tenha obtido aderência suficiente do modelo à realidade para usá-lo em situações práticas. Modelos voltados ao desenvolvimento de teorias continuariam esse ciclo infinitamente.

Um primeiro aspecto da modelagem matemática é o de reconhecer as variáveis de interesse e o de estabelecer os relacionamentos entre elas. Por exemplo, pode-se estar interessado em realizar predições quanto aos volumes de vendas esperados, dada a prática de determinado preço. Esse modelo tem sustentação teórica nas teorias econômicas que relacionam preço e volume. Por outro lado, é um modelo razoavelmente fácil de ser implementado, pois é possível obter dados de volumes de vendas e preços a partir dos registros da empresa.

Apesar de a teoria econômica afirmar que existe uma relação entre preço e volume de vendas, o entendimento de seus parâmetros depende de algum estudo extra. Assim, se volume = a + b × preço, como definir *a* e *b*? E, mais, esse é um modelo linear; seu resultado é uma função expressa na forma de uma linha reta. Torna-se necessário, então, medir sua acurácia. Outros modelos, não lineares, são possíveis. Torna-se necessário escolher entre eles.

Uma maneira de fazer isso é o uso da técnica de *análise de regressão*. O estudo aprofundado dessa técnica transcende o objetivo deste capítulo. Vamos entender, aqui, que a análise de regressão busca trabalhar a qualidade dos relacionamentos definidos para variáveis escolhidas para a explicação de determinado fenômeno, por exemplo, do volume de vendas dado determinado preço praticado.

Neste capítulo, a técnica será implementada e discutida com base na planilha eletrônica Microsoft Excel.

Suponham-se disponíveis os dados de vendas e preços do produto B, conforme a Tabela 2.19.

Tabela 2.19 Dados de preços de venda e volumes praticados para o produto B

Volume	Preço de venda (em R$)
2	37
4	36
6	35
8	34

(continua)

(*continuação*)

Volume	Preço de venda (em R$)
10	33
12	32
14	31
16	30
18	29
20	28
22	27
24	26
26	25
28	24
30	23
32	22
34	21
36	20
38	19
40	18

O objetivo é usar a técnica de regressão para estudar e definir o relacionamento entre essas duas variáveis: volume e preço de venda. Isso será feito com o auxílio dos *softwares* de análise do Microsoft Excel, conforme mostra a Figura 2.14.

Figura 2.14 *Software* para análise de regressão do Microsoft Excel

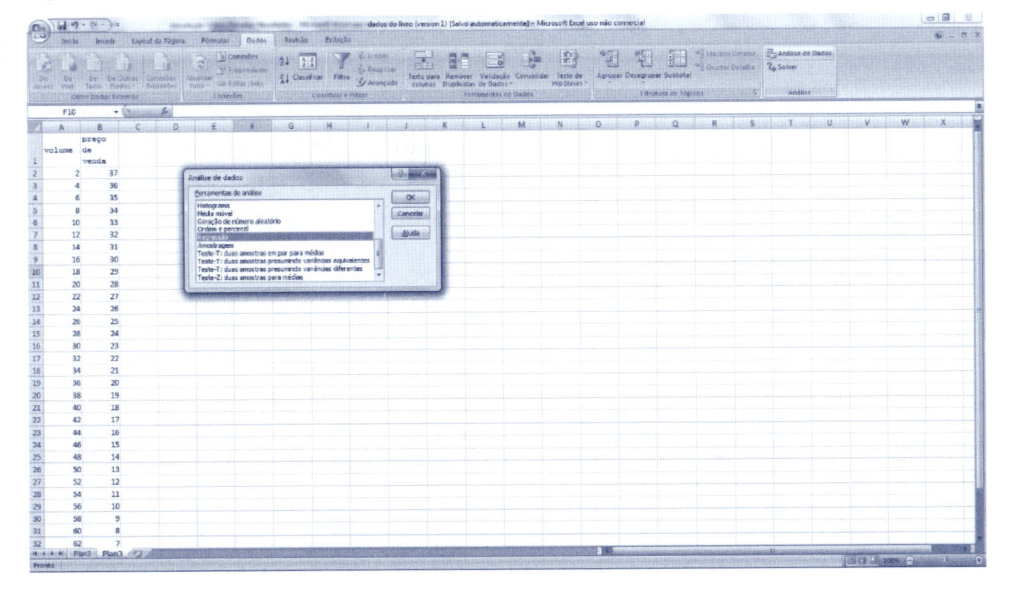

O passo seguinte envolve definir a variável dependente, volume de vendas, e a variável independente, preço de venda. A suposição é a de que a variável dependente depende de alguma forma do comportamento da variável independente, ou seja, o comportamento da variável independente explica o comportamento da variável dependente. Sabendo-se como é esse relacionamento, caso a variável independente esteja sob controle, pode-se influenciar o comportamento da variável dependente no sentido desejado. Assim, pode-se controlar o volume de vendas manipulando o preço de venda praticado.

Para definir as variáveis dependentes e independentes, assim como outros parâmetros de interesse, deve-se abrir a tela de dados do *software* de regressão do Excel. Na Figura 2.15, aparece já definido o preço de venda como variável independente para explicar o volume vendido.

Figura 2.15 Definição dos dados de preço de venda como dados da variável independente na explicação do volume vendido

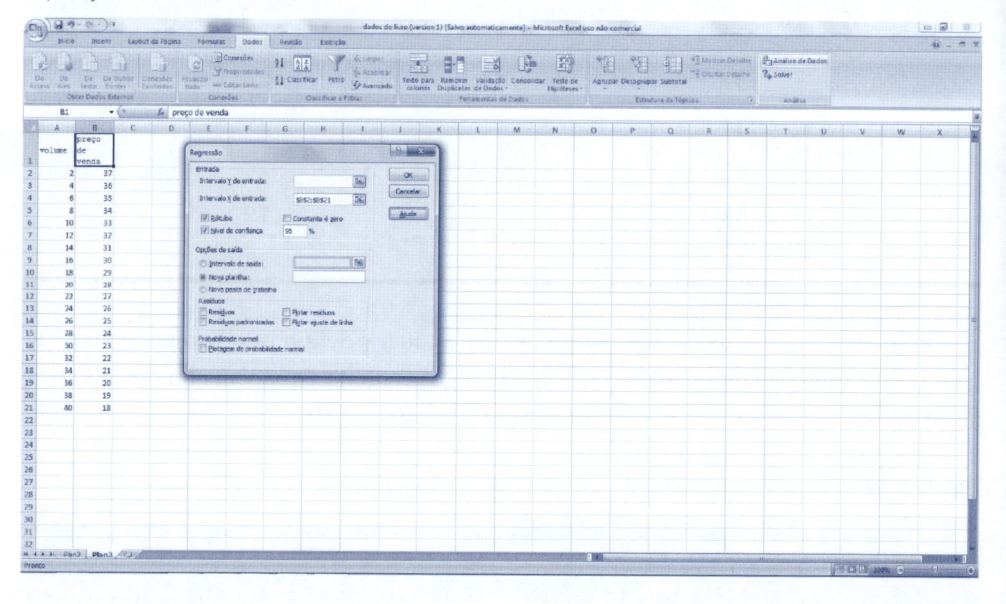

O próximo passo é definir o volume como a variável dependente, a variável a ser explicada e prevista. Na Figura 2.16 estão definidos os dados de volumes de venda disponíveis como variáveis dependentes e também o intervalo de saída dos dados de processamento do modelo de regressão.

No caso, os dados foram construídos a partir da equação da demanda; assim, o resultado da regressão reconstruiu a função inicial, definindo 76 como valor da demanda quando o preço de venda é igual a zero, e -2 como coeficiente de inclinação da reta em função do preço de venda. Assim, a equação da demanda seria: volume = 76 − 2*preço de venda, que é a nossa equação inicial, como deveria ser. As saídas do Excel para esses dados estão apresentadas na Figura 2.14.

Figura 2.16 Definição do intervalo de saída para os dados da regressão

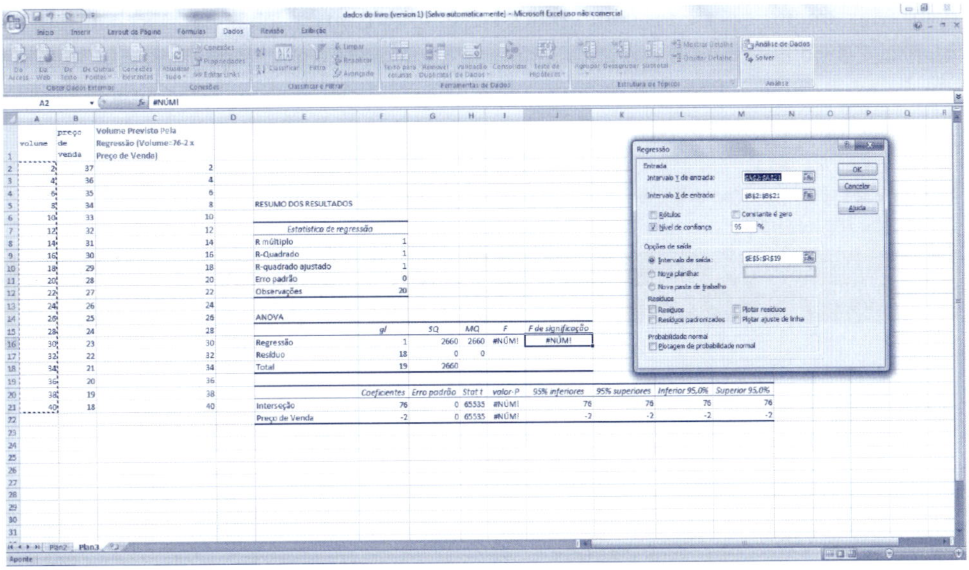

Nessa tabela, uma das estatísticas, referente ao teste F, aparece com uma mensagem de erro, em função do tipo de dado usado. Os coeficientes R2 e R ajustado aparecem com valor 1, que seria um ajustamento perfeito. Esses valores surgiram dessa forma pelo fato de os dados terem um ajuste perfeito, por terem sido gerados inicialmente de acordo com uma equação. A partir dos dados usados, foi obtida a saída exposta na Tabela 2.20.

Tabela 2.20 Saída do Excel para estudo de regressão

Resumo dos resultados	
Estatística de regressão	
R múltiplo	1
R-Quadrado	1
R-quadrado ajustado	1
Erro padrão	0
Observações	20

	Coeficientes	Erro padrão	Stat t	valor-P	95% inferiores	95% superiores	Inferior 95%	Superior 95%
Interseção	76	0	65535		76	76	76	76
Preço de venda	−2	0	65535		−2	−2	−2	−2

A partir desses dados pode-se definir a equação da demanda para o produto B. Ela será igual a $76 - 2 \times$ preço de venda de B; assim, demanda $= 76 - 2 \times PV_B$. Nessa tabela aparece ainda o valor de R^2, que é um indicador da qualidade da equação montada a partir dos parâmetros da regressão. Quanto mais perto de 1, melhor a qualidade do modelo. Ajustamentos perfeitos como o desse exemplo, com R^2 igual a 1, não ocorrem na prática. Como este foi um exemplo montado a partir da equação de demanda anterior, obteve-se esse ajuste. Para que se tenha ideia da qualidade do modelo, geralmente usa-se a equação obtida para "prever" valores conhecidos, como na Tabela 2.21.

Tabela 2.21 Comparação entre valores conhecidos da demanda e aqueles obtidos com o uso do modelo de regressão

Volume	Preço de venda	Volume previsto pela regressão (volume = 76 − 2 × preço de venda)
2	R$ 37,00	2
4	R$ 36,00	4
6	R$ 35,00	6
8	R$ 34,00	8
10	R$ 33,00	10
12	R$ 32,00	12
14	R$ 31,00	14
16	R$ 30,00	16
18	R$ 29,00	18
20	R$ 28,00	20
22	R$ 27,00	22
24	R$ 26,00	24
26	R$ 25,00	26
28	R$ 24,00	28
30	R$ 23,00	30
32	R$ 22,00	32
34	R$ 21,00	34
36	R$ 20,00	36
38	R$ 19,00	38
40	R$ 18,00	40

Assim, a partir de modelos de regressão, seria possível definir modelos matemáticos para o lucro, receita e custos. O interessante é que esses modelos poderiam ser objeto de análise matemática com vistas à otimização de resultados, receitas e minimização dos custos. Tais aspectos são objetos do que se denomina *análise marginal de custos, receitas* e *resultados*.

2.3 Análise marginal

A análise marginal é uma área da economia preocupada em entender como a variação de uma unidade no volume de produção afeta o custo, a receita e o lucro.

Tomando-se C(x) como o custo de se produzir x unidades de determinado bem, então o custo de se produzir a (x + 1)ésima unidade seria de C(x + 1) − C(x). Ou seja,

$$CM = \frac{C(x+h)-C(x)}{h} \quad (2.6)$$

Supondo-se um produto que possa ser dividido de acordo com a reta dos reais, então poderíamos supor h → 0; nesse caso, CM poderia ser igual ao custo marginal C'(x), conforme a Equação 2.7.

$$C'(x) = \lim_{h \to 0} \frac{C(x+h)-C(x)}{h} \quad (2.7)$$

Mostra-se que, ao nível de produção volume = x, o custo de se produzir uma unidade a mais é aproximadamente igual ao custo marginal.

2.3.1 Custo, receita e lucro marginal

Se C(x) é o custo total de se produzir x unidades de um bem, e R(x) é a função receita e L(x) = R(x) − C(x), a função lucro, então:

- A função custo marginal é CM(x) = C'(x);
- A função receita marginal é RM(x) = R'(x); e
- A função lucro marginal é LM(x) = L'(x).

Quanto ao custo médio e custo médio marginal, se C(x) é o custo total associado à produção de uma *commodity* particular, então, o custo médio é dado pela Equação 2.8.

$$Custo\ Médio(x) = \frac{C(x)}{x} \quad (2.8)$$

Derivando-se a fórmula do custo médio e impondo a condição de que a derivada seja igual a zero, para minimizá-lo obtém-se a Equação 2.9.

$$C'(x) = \frac{C(x)}{x} \qquad (2.9)$$

Em geral, se a receita oriunda das vendas de x unidades é R(x) e o custo de se produzir essas unidades é C(x), então o lucro é L(x) = R(x) − C(x). Assim, obtém-se a Equação 2.10.

$$L'(x) = (R(x) - C(x))' \qquad (2.10)$$

No ponto ótimo, como visto com o uso do Excel no início deste capítulo, o lucro marginal será igual a zero. A ideia básica é a de que antes do ponto ótimo haveria como aumentar o lucro, e o lucro marginal da próxima unidade vendida mostra isso ao ser positivo, soma mais valor ao lucro. Depois do ponto ótimo, já não há como adicionar valor, e cada unidade a mais estaria destruindo valor, daí o sinal negativo que o lucro marginal assumiria daí por diante. Assim, no ponto ótimo, o lucro marginal é zero, não se está destruindo valor nem criando. Assim, supondo-se L'(x) = 0, temos a Equação 2.11.

$$R'(x) = C'(x) \qquad (2.11)$$

Para o caso estudado, teríamos para os produtos A e B as Equações 2.12 a 2.16.

$$D_A = 24 - 1 \times PV_A \qquad (2.12)$$

$$resultado_A = PV_A^2 + 27{,}50 \times PV_A - 150 \qquad (2.13)$$

$$Resultado'_A = 2 \times PV_A + 27{,}50 \qquad (2.14)$$

$$Custo_A = 84 - 3{,}5 \times PV_A + 66 \qquad (2.15)$$

$$C'_A(PV) = -3{,}5 \qquad (2.16)$$

Nota-se que a derivada primeira da função custo será sempre negativa, o que implica ser a função custo uma função decrescente. Quanto maior o volume produzido, menor o custo total imputado a cada unidade.

Do ponto de vista do produto B, temos as Equações 2.17 a 2.21.

$$D_B = 76 - 2 \times PV_B \qquad (2.17)$$

$$Resultado_B = 72,4 \times PV_B - 1,8 \times PV_B^2 - 152 \qquad (2.18)$$

$$Resultado'_B = 72,4 - 3,6 \times PV_B \qquad (2.19)$$

$$Custo_B = 152 - 4 \times PV_B - 0,2 \times PV_B^2 \qquad (2.20)$$

$$C'_B(PV_B) = 3,6 - 0,4 \times PV_B \qquad (2.21)$$

2.4 Considerações finais

Foi possível, neste capítulo, observar a existência de múltiplos pontos de equilíbrio à medida que os volumes de produção variavam. Na prática, a mudança de escala, por si, pode levar a diferentes acordos comerciais com fornecedores, diferentes formas de financiamento e diferentes tecnologias implementadas, implicando diferentes custos variáveis.

De certa maneira, o custo variável também varia, possibilitando mais de um ponto de equilíbrio. Com a utilização da análise de regressão, é possível a construção de funções custo, receita e resultados, que podem ser otimizadas com a utilização da análise marginal.

Verificou-se, aqui, de um ponto de vista prático, que essa análise marginal pode ser desenvolvida de forma aproximada com o uso de planilhas eletrônicas e de forma exata por meio do instrumental de cálculo na forma da análise marginal de custos, receitas e resultados.

→ **Resumo** ←

Neste capítulo foi apresentada, de início, a ideia da existência de múltiplos pontos de equilíbrio. Esses pontos são possíveis quando se consideram mudanças em preços de venda, custos variáveis, tecnologia, de acordo com uma função resultado especificada. Na sequência, abordou-se a construção dessas funções com base nos dados disponíveis na empresa com a utilização de análise de regressão. O capítulo terminou apresentando aspectos da análise marginal e exemplos numéricos referentes ao caso inicialmente abordado.

Questões para estudo e pesquisa

1. É possível a existência de múltiplos pontos de equilíbrio?
2. Cite dois exemplos de eventos que poderiam gerar mais de um ponto de equilíbrio.
3. Qual é a importância de mais de um ponto de equilíbrio para o gestor da existência?
4. O que é análise marginal?
5. Em que momento, no caso apresentado com base na planilha eletrônica, considerou-se que em determinado intervalo havia ocorrido o nível ótimo de resultado? (Considerar o lucro marginal.)
6. Do ponto de vista da análise marginal, quando se diria que determinado resultado é o resultado ótimo?
7. Qual é o uso do Microsoft Excel no caso da ferramenta "análise de regressão"?
8. Considere a análise realizada no caso "Sorvetes para o verão". Qual é a diferença da análise realizada naquele caso, para as análises realizadas neste capítulo? (Considerar apenas o aspecto da margem de contribuição e do ponto de equilíbrio.)
9. Você considera útil a construção de funções custo, receita, resultado? Por quê?
10. Outras funções matemáticas para as atividades empresariais são possíveis? Cite pelo menos uma.

CAPÍTULO 3

Formação de preço e otimização do resultado

→ **Objetivo do capítulo**
Este capítulo tem como objetivo apresentar aspectos de interesse no tocante à formação de preço, como: impostos, custo de oportunidade e o retorno desejado, e a equação da demanda como função do preço.

→ **Visão geral do capítulo**
O capítulo aborda os impostos incidentes sobre a receita de vendas e a questão da margem de contribuição, além dos modelos de formação de preço com base no *target costing* e preço mais margem. Na sequência, são estudados aspectos relacionados à otimização do resultado. Para fins de estudo da otimização do resultado, entende-se que o preço e a demanda serão inversamente proporcionais, e, com base nessa ideia, é apresentado o conceito de *função demanda*. O capítulo termina com a abordagem de modelos de otimização para o resultado da empresa e a existência de equações da demanda e do resultado. Neste capítulo, a formação de preços é estudada com o uso do custeio direto, mais adequado à decisão gerencial.

→ **Palavras-chave**
Formação de preço; otimização de resultado; equação de demanda; equação de resultado.

3.1 Introdução

A decisão de preço envolve aspectos como margem de lucro desejada, relação do preço com a demanda pelo produto, posição da empresa no mercado e fatia de mercado desejada. Envolve também saber se a empresa é formadora ou tomadora de preços no mercado. A grande maioria das empresas é tomadora de preços, isto é, precisa adequar-se aos preços praticados e otimizar seus custos em relação a eles.

Pode ocorrer de a empresa ser tão eficiente que, mesmo obtendo a margem de lucro desejada sobre os custos, ainda pode praticar preços menores que os do mercado. Nesse caso, sua diretriz estratégica definirá que preço praticará, se o preço de mercado, obtendo uma margem maior, ou um preço menor, para conquistar uma fatia de mercado maior.

De maneira geral, os produtos têm demanda inversamente proporcional a seus preços. Quanto maior for seu preço, com tudo o mais se conservando como despesas de marketing, por exemplo, tenderão a apresentar menor volume de vendas.

As empresas conhecedoras desse fato tiram proveito dele em suas estratégias de preços. As montadoras, por exemplo, nos tempos de mercado mais protegido, quando havia apenas a Fiat, a Autolatina, a Gurgel e a Chevrolet no mercado, praticavam preços elevados, volumes menores e margens unitárias maiores. Com maior flexibilização do mercado a partir da década de 1990, o que possibilitou a entrada de algumas montadoras novas, as políticas de preços foram adequadas à nova realidade: preços e margens menores, e a necessidade de volumes maiores. Na verdade, o mercado mundial começa a ficar pequeno para o grande número de montadoras existentes, para que se alcance o retorno desejado sobre o capital investido.

A formação de preço está relacionada não só com aspectos dos custos, mas também com as diretrizes estratégicas da empresa: conquistar mercado, ampliar fatia, manter, aumentar margem, gerar caixa etc.

Com base nos dados sobre vendas passadas, pode-se, com o uso de modelos de regressão, construir equações que estabeleçam a demanda em função do preço. Uma função na qual o preço é a variável independente e a demanda é o volume vendido, a variável é dependente. Conhecendo-se a função demanda e a equação de formação de resultado do produto, pode-se otimizar o resultado da empresa de acordo com as estratégias estabelecidas.

As abordagens de *custo mais margem* e *preço de mercado com definição de um custo meta* são os dois enfoques básicos para a formação de preço de venda.

Um aspecto inicial de grande importância é o dos impostos sobre vendas, como ICMS, IPI e Cofins. Alguns setores, como o de energia, têm impostos adicionais sobre as vendas. O imposto de renda é cobrado sobre o resultado agregado total da empresa, e se sujeita a regras específicas que permitem o surgimento de deduções e adições que não se relacionam com as vendas; assim, não deve ser considerado no cálculo do preço de venda isoladamente.

3.2 Os impostos sobre as vendas

Como exemplos mais comuns de impostos incidentes sobre as vendas, temos:

- → Impostos sobre Produtos Industrializados (IPI);
- → Impostos sobre Circulação de Mercadoria e Serviços (ICMS);
- → Impostos sobre Serviços de Qualquer Natureza (ISS);
- → Imposto de Exportação (IE);
- → Programa de Integração Social (PIS);
- → Contribuição para o Financiamento da Seguridade Social (Cofins).
- → Contribuição Social Sobre Lucro Líquido (CSSL).

Alguns setores, como o de energia elétrica, podem ter tributos específicos. Em algumas situações especiais também podem ocorrer diferentes formas de tributação sobre vendas.

Suponha-se uma empresa comercial, sobre cuja receita bruta sejam cobrados ICMS, com alíquota de 17%, e Cofins, com uma alíquota de 3%. Com base nesses dados, para uma nota fiscal emitida no valor de R$ 900,00, teríamos a situação exposta na Tabela 3.1.

Tabela 3.1 Receita bruta, receita líquida e os tributos ICMS e Cofins

Item	Valor
Receita bruta	R$ 900,00
ICMS	−R$ 153,00
Cofins	−R$ 27,00
Receita líquida	R$ 720,00

Da receita bruta se subtraem os valores dos impostos que incidem de forma diretamente proporcional às vendas, no caso, ICMS e Cofins. É possível a Equação 3.1 para o cálculo da receita líquida.

$$RctaLqd = PV \times Qde - PV \times AliqICMS \times Qde - PV \times AliqCOFINS \times Qde \quad (3.1)$$

onde
$RctaLqd$ = receita líquida;
PV = preço de venda;
$PV \times Qde$ = receita bruta;
$AliqICMS$ = alíquota de ICMS;

AliqCOFINS = alíquota do Cofins; e
Qde = quantidade.

A receita líquida é o que de fato ficará na empresa, gerando o lucro econômico após a cobertura de custos, despesas e eventuais perdas. Com o conhecimento da equação de formação da receita líquida, pode-se calcular o preço de venda que deve ser cobrado para obtê-la, com o uso da Equação 3.2, obtida a partir da Equação 3.1, por simples desenvolvimento algébrico.

$$Rbruta = \frac{RctaLqd}{(1 - AliqICMS - AliqCOFINS)} \quad (3.2)$$

Do ponto de vista do preço de venda unitário, teríamos a Equação 3.3 ou a Equação 3.4, conforme se desejasse obter o preço de venda líquido ou o preço de venda bruto.

$$PvBruto = \frac{PvLqd}{(1 - AliqICMS - AliqCOFINS)} \quad (3.3)$$

ou

$$PvBruto \times (1 - AliqICMS - AliqCOFINS) = PvLqd \quad (3.4)$$

Considerando-se a Equação 3.4, caso se desejasse um preço de venda líquido de R$ 100,00, dada a margem de contribuição objetivada e a incidência dos impostos ICMS com alíquota de 17% e Cofins com alíquota de 3%, teríamos o cálculo da Equação 3.5:

$$PvBruto = \frac{R\$\ 100}{(1 - 0,17 - 0,3)} = R\$\ 125 \quad (3.5)$$

Como já foi dito, podem ocorrer outros impostos sobre vendas, em função do ramo de negócio ou volume de faturamento, ou, ainda, circunstâncias especiais definidas pelo agente arrecadador.

Outro aspecto a ser considerado é que a definição do preço de venda líquido unitário e da margem unitária depende do retorno desejado pelo negócio e dos objetivos a serem obtidos pela precificação, conforme abordado na Introdução deste capítulo. Um ponto relevante é que o preço calculado se relaciona com a definição do volume que será vendido. É uma relação probabilística, não determinística, mas é justa a expectativa de que um preço maior leva a um volume de vendas menor na maioria dos casos, supondo-se que todas as outras variáveis se mantenham constantes.

As empresas mantêm dados sobre os volumes de vendas e os preços; com isso, podem enxergar graficamente a flutuação da demanda em função das variações nos preços, e também podem definir equações modelando esse relacionamento.

3.3 Modelagem da função demanda

Daqui em diante, para melhor entendimento dos conceitos, o capítulo será desenvolvido com base em um exemplo, a tradicional Cia. Exemplo S.A., cujo objetivo é otimizar seu resultado comercializando dois produtos: o produto A e o produto B. Desse modo, estudará os dados disponíveis sobre os produtos: preço, demanda, custos e formação de resultado. Em um primeiro momento, a otimização do resultado será trabalhada sem a existência de restrições; em um segundo momento, a existência de restrições será incorporada ao modelo.

Estudando dados históricos sobre o preço de venda líquido e o volume vendido do produto A, a Cia. Exemplo S.A. elaborou a Tabela 3.2.

Tabela 3.2 Dados sobre preço e volume de vendas do produto A

PV	Volume de vendas
R$ 60,00	160.000,00
R$ 70,00	150.000,00
R$ 80,00	140.000,00
R$ 90,00	130.000,00
R$ 100,00	120.000,00
R$ 110,00	110.000,00
R$ 120,00	100.000,00
R$ 130,00	90.000,00
R$ 140,00	80.000,00
R$ 150,00	70.000,00
R$ 160,00	60.000,00
R$ 170,00	50.000,00
R$ 180,00	40.000,00

Com o uso de técnicas de regressão, definiu-se a função de demanda para o produto A, conforme apresentado na Equação 3.6.

$$Demanda_A = 220.000 - 1.000 \times PV_A \qquad (3.6)$$

Com base nesses dados e conhecedora de que o mercado potencial era de 220.000 unidades, se o produto fosse dado aos clientes a um preço de R$ 130,00, seriam vendidas 90.000 unidades. Cada real a mais faria com que a empresa perdesse 1.000 unidades, de tal forma que, ao preço de R$ 220,00, não haveria um único interessado na aquisição desse produto.

Para o produto B, elaborou-se a Tabela 3.3.

Tabela 3.3 Dados sobre o volume de vendas e o preço do produto B

PV	Volume de vendas
R$ 60,00	85.000,00
R$ 70,00	80.000,00
R$ 80,00	75.000,00
R$ 90,00	70.000,00
R$ 100,00	65.000,00
R$ 110,00	60.000,00
R$ 120,00	55.000,00
R$ 130,00	50.000,00
R$ 140,00	45.000,00
R$ 150,00	40.000,00
R$ 160,00	35.000,00
R$ 170,00	30.000,00
R$ 180,00	25.000,00
R$ 190,00	20.000,00
R$ 200,00	15.000,00

Com o uso de técnicas de regressão, definiu-se a Equação 3.7 de demanda para o produto B.

$$Demanda_B = 80.000 + 1.000 \times (150 - PV_B) \qquad (3.7)$$

Essa equação permite entender que, se o produto B fosse dado, existiria uma demanda potencial de 230.000 unidades. A cada real cobrado, esse mercado diminuiria de 1.000 unidades. Cobrando-se R$ 150,00, o mercado seria de 80.000 unidades. Cobrando-se R$ 230,00, não haveria um único interessado na aquisição desse produto.

Para definir o preço a ser praticado por esse produto, é necessário que se estude sua formação de resultado. Na Tabela 3.4 são apresentados dados de custo referentes a esse produto, e as margens de contribuição de cada um são calculadas na Tabela 3.5.

Na Tabela 3.6, são apresentados dados referentes às eventuais restrições de matéria--prima e de mão de obra disponível. A empresa sempre lida com algum tipo de restrição, seja de mão de obra, demanda, matéria-prima, capital etc. Assim, nesse estudo de formação de preços, também é interessante que se considerem os impactos da existência de restrições que não permitam o volume ótimo do ponto de vista do atendimento da curva de demanda identificada. Ou seja, caso não seja possível a produção nos volumes e preços identificados como aqueles que otimizariam o resultado econômico da entidade, qual seria a segunda melhor opção, supondo-se tudo o mais constante?

Tabela 3.4 Dados de custos para os produtos A e B

Produtos	Matéria-prima (unidade kg)		Serviços de mão de obra unidade (horas de MO)		Peças componentes	Comissão de venda	Custos fixos diretos do produto
	Quantidade	Valor	Quantidade	Valor	Valor	Percentual	Valor
A	1	R$ 10,00	2	R$ 40,00	R$ 20,00	R$ 8,50	R$ 2.000.000,00
B	2	R$ 20,00	1	R$ 20,00	R$ 10,00	R$ 18,00	R$ 2.500.000,00
	Unidade	R$ 10,00	Unidade	R$ 20,00		Total	R$ 4.500.000,00
Custos e despesas fixas da empresa							
Despesas fixas de vendas							R$ 500.000,00
Despesas fixas de administração							R$ 300.000,00
Custos fixos							R$ 300.000,00
Total							R$ 1.100.000,00

Tabela 3.5 Impostos diretos sobre vendas e alíquotas

Alíquotas de impostos	
ICMS	17,00%
Cofins	3,00%
Imposto de renda	15,00%
CSLL	9%

Tabela 3.6 Necessidades e disponibilidades de mão de obra (MO) e matéria-prima (MP)

Produto	Demanda de mercado	Necessidade de horas de serviços de MO	Necessidade de MP
A	90.000,00	180.000,00	90.000,00
B	45.000,00	45.000,00	90.000,00
Totais		225.000,00	180.000,00

Na Tabela 3.7 são apresentados os valores do uso de matéria-prima e de mão de obra.

Tabela 3.7 Restrições de matéria-prima e mão de obra a serem consideradas

Restrições		Considerando restrição de MP	Considerando restrição de MO	Considerando restrição de MO e MP
Matéria-prima	≤	60.000,00	180.000,00	60.000,00
Serviços de mão de obra	≤	225.000,00	40.000,00	40.000,00
Matéria-prima	≥	0	0	0
Peças componentes	≥	0	0	0
Serviços de mão de obra	≥	0	0	0

Para o estudo de um modelo prático de formação de preços, a questão será estudada em um primeiro momento supondo-se a ausência de restrições. Depois, serão estudados os casos em que existam restrições de matéria-prima ou de mão de obra. Em seguida, será estudado um caso em que existam restrições de mão de obra e de matéria-prima.

Além desses aspectos devem ser considerados dados referentes à análise da formação de resultado desses produtos, conforme a Tabela 3.8.

Tabela 3.8 Análise de resultados dos produtos A e B e projeção a um volume determinado

	Produto A		Produto B	
Preço de venda (PV)	R$ 170,00	R$ 15.300.000,00	R$ 180,00	R$ 8.100.000,00
Custos e despesas variáveis				
Mão de obra com serviços	R$ (40,00)	−R$ 3.600.000,00	R$ (20,00)	−R$ 900.000,00
Matéria-prima	R$ (10,00)	−R$ 900.000,00	R$ (20,00)	−R$ 900.000,00
Peças e componentes	R$ (20,00)	−R$ 1.800.000,00	R$ (10,00)	−R$ 450.000,00
Comissão de vendas	R$ (8,50)	−R$ 765.000,00	R$ (18,00)	−R$ 810.000,00
Margens unitárias	R$ 91,50	R$ 8.235.000,00	R$ 112,00	R$ 5.040.000,00
Custos fixos identificados no mês		R$ (2.000.000,00)		R$ (2.500.000,00)
Margem mensal do produto		R$ 6.235.000,00		R$ 2.540.000,00
Sem custos e despesas fixas				
Margem unitária por unidade de MP	R$ 91,50		R$ 56,00	
Margem unitária por unidade de MO	R$ 45,75		R$ 112,00	

Obs.: Considerando-se os PV nos patamares indicados na planilha estudo da formação do resultado, com 90.000 unidades do produto A e 45.000 unidades do produto B.

Verifica-se, pela Tabela 3.8, que ambos os produtos têm margens de contribuição positiva e, nos volumes apropriados, pagam seus custos de despesas fixos e contribuem para o lucro. O produto B apresenta uma margem de contribuição superior à do produto B. Com tudo o mais mantendo-se constante, o produto com a maior margem seria aquele a ser privilegiado nas decisões de produção e venda. O produto com a menor margem seria escolhido apenas quando a capacidade de produzir o produto de margem mais atrativa se esgotasse.

Na Tabela 3.8 também se verifica que os custos fixos identificados em relação às margens individuais foram considerados em relação ao volume produzido no período. Isso permite que sejam levados em conta os efeitos da modificação do volume no resultado a ser obtido. O rateio desses custos fixos identificados ao produto traria distorções nos casos em que existissem formações de estoque de um período para o outro.

3.4 A questão dos tributos

Um aspecto de grande interesse nas considerações sobre o preço de venda é a existência de impostos diretos sobre o faturamento, cobrados na forma de um percentual sobre esse preço de venda. O conjunto de tributos diretos sobre vendas e suas respectivas alíquotas podem variar em função de ramo de negócio, porte da empresa, existência de incentivos fiscais etc. Na Tabela 3.9 são apresentados os mais comuns.

Tabela 3.9 Alguns tributos sobre a receita

Tributo	Alíquota
ICMS – Impostos sobre a Circulação de Mercadorias e Serviços	Varia conforme o tipo de negócio
ISS – Impostos sobre Serviços de Qualquer Natureza	
PIS – Programa de Integração Social	
Cofins – Contribuição para o Financiamento da Previdência Social	
IPI – Impostos sobre Produtos Industrializados	Varia conforme o tipo de negócio.

No caso desenvolvido foram considerados os seguintes tributos e alíquotas:

Tributo	Alíquota
ICMS	17%
PIS/Cofins	1,25%
IPI	10%

O ICMS e o PIS/Cofins serão considerados dentro da nota; assim, para uma receita líquida desejada de R$ 735,75, por exemplo, teríamos um preço de venda de:

$$PV = \frac{R\$\ 735{,}75}{(1-0{,}17-0{,}0125)} = R\$\ 900{,}00$$

Assim,

$$PV = \frac{PV_l}{(1 - ICMS - PIS\_COFINS)} \quad (3.8)$$

onde
PV = preço de venda com ICMS, PIS e Cofins;
PV_l = preço de venda líquido (o valor que comporá a margem de contribuição deixada pelo produto para a empresa);
ICMS = alíquota de ICMS;
PIS_COFINS = Alíquota de PIS mais a alíquota do Cofins.

Considerando-se, na Equação 3.9, *IPI* como a alíquota de IPI cobrada sobre esse produto, teríamos a Equação 3.10 para o cálculo do preço de venda bruto, com os dados do exemplo proposto, considerando-se todos os impostos incidentes sobre as vendas:

$$PV_b = \frac{PV_l}{(1 - ICMS - PIS\_COFINS)} \times (1 + IPI) \quad (3.9)$$

Para os dados usados até aqui, temos:

$$PV_b = \frac{R\$\,735{,}75}{(1 - 0{,}17 - 0{,}0125)} \times 1{,}1 = R\$\,990{,}00 \quad (3.10)$$

Caso se tenha o preço de venda bruto e se deseje o preço de venda líquido, basta inverter a fórmula, conforme a Equação 3.11.

$$PV_l = \frac{PV_b}{(1 + IPI)} \times (1 - ICMS - PIS\_COFINS) \quad (3.11)$$

Com as variáveis definidas e os números usados até aqui, teríamos:

$$R\$735{,}75 = \frac{R\$990{,}00}{1{,}10} \times (1 - 0{,}17 - 0{,}0125) = PV_l \quad (3.12)$$

Assim, na formulação de sua política de preços, uma empresa deve considerar os impostos diretamente incidentes sobre o faturamento. Os consumidores de seus produtos são sensíveis ao preço cobrado e respondem a ele diminuindo o consumo à medida que ele aumenta.

3.4.1 O estudo da demanda e da formação do resultado dos produtos A e B

Suponha-se que o produto A tenha sua demanda configurada na forma da Equação 3.13. O conceito de equação de demanda foi discutido no Capítulo 2.

$$Demanda_A = 190000 + 1000 \times (180 - PV_A) \qquad (3.13)$$

Basicamente, essa equação dá uma expectativa de volume de vendas a determinado preço cobrado do consumidor. Se o preço de venda fosse 0 (zero), com o produto sendo fornecido gratuitamente, a demanda total seria de 90.130 unidades. A cada real a mais cobrado, o volume cairia de uma unidade. Cobrando-se R$ 180,00, a expectativa de vendas seria de 90.000 unidades. Cobrando-se acima de R$ 180,00, seriam vendidas sempre menos de 90.000 unidades, em um volume cada vez menor, até que a demanda fosse 0 (zero).

Agora, para responder qual volume deveria ser praticado, não basta conhecer a equação da demanda; é necessário ter um parâmetro de escolha. Esse parâmetro é o lucro que será obtido nos diferentes volumes. A decisão de preços se dá com base no resultado econômico a ser obtido de cada alternativa de volume e preço. Assim, é de grande interesse a definição da equação de resultado que será objeto de otimização, que será definida em função do preço de venda e da equação da demanda, considerando-se os dados de custo da Tabela 3.10.

Tabela 3.10 Dados de custo do produto A

Custos e despesas variáveis	
Mão de obra com serviços	R$ 40,00
Matéria-prima	R$ 10,00
Peças e componentes	R$ 20,00
Comissão de vendas	5% do preço de venda
Custos fixos identificados	R$ 2.000.000,00

O resultado do produto A seria dado em função da margem de contribuição de A vezes o volume vendido menos os custos fixos identificados, conforme a Equação 3.14.

$$Resultado_a = (MgCo_a) \times Demanda_a - Cfix_a \qquad (3.14)$$

onde
Resultado$_a$ = resultado do produto A;
MgCo$_a$ = margem de contribuição do produto A;
Demanda$_a$ = demanda do produto A a determinado preço; e
Cfix$_a$ = custos mais despesas fixas de A.

Mas,

$$MgCo_a = PV_a - C\,var_a \qquad (3.15)$$

onde
PV_a = preço de venda praticado para o produto A;
$Cvar_a$ = custos mais despesas variáveis do produto A.

Agora, ainda considerando-se a fórmula estabelecida para a demanda do produto A e a relação entre seus preços de venda bruto e líquido, também já estabelecida, tem-se que o resultado do produto A pode ser previsto conforme a Equação 3.16.

$$ResEcon_A = -950 \times 0{,}7432 \times PV_{bA}^2 + 421.500 \times 0{,}7432 \times PV_{bA} - 27.900.000 \quad (3.16)$$

onde
$ResEcon_A$ = resultado econômico do produto A;
PVb_A = preço de venda com impostos de A.

Dadas as alíquotas de impostos estabelecidas para esse caso, o faturamento líquido será igual a aproximadamente 0,7432 vezes o faturamento bruto, lembrando que faturamento é igual a preço de venda vezes quantidade vendida. Desse modo,

$$PV_l \cong 0{,}7432 \times PV_b$$

Assim,

$$Faturamento_l = 0{,}7432 \times PV_b \times Demanda$$

De posse da equação de resultados do produto A, torna-se possível sua gestão com vistas à otimização de seu resultado. É possível antecipar resultados para determinados volumes praticados ou previstos, e definir como objetivo da gestão de preços o volume que gerará o melhor resultado para a entidade. Com o uso da equação de resultado do produto A, podemos facilmente montar uma tabela como a Tabela 3.11.

Tabela 3.11 Preços de venda líquido, bruto, demanda, resultado

PV_{lA}	PV_{bA}	Demanda	Resultado
60	R$ 80,73	310.000,00	−R$ 7.270.000,00
80	R$ 107,65	290.000,00	−R$ 1.130.000,00
100	R$ 134,56	270.000,00	R$ 4.210.000,00
120	R$ 161,47	250.000,00	R$ 8.750.000,00
140	R$ 188,38	230.000,00	R$ 12.490.000,00
160	R$ 215,29	210.000,00	R$ 15.430.000,00

(continua)

(continuação)

PV$_{IA}$	PV$_{bA}$	Demanda	Resultado
180	R$ 242,20	190.000,00	R$ 17.570.000,00
200	R$ 269,11	170.000,00	R$ 18.910.000,00
220	R$ 296,02	150.000,00	R$ 19.450.000,00
240	R$ 322,94	130.000,00	R$ 19.190.000,00
260	R$ 349,85	110.000,00	R$ 18.130.000,00
280	R$ 376,76	90.000,00	R$ 16.270.000,00
300	R$ 403,67	70.000,00	R$ 13.610.000,00

Praticando-se, por exemplo, um preço de venda de R$ 60,00, teríamos um prejuízo de R$ 7.270.000,00. Esse prejuízo seria facilmente explicado, pois os custos e as despesas variáveis desse produto somariam R$ 73,00 (5% de R$ 60,00 + R$ 40,00 + R$ 10,00 + R$ 20,00, conforme a Tabela 3.11). Assim, a esse preço, cada unidade produzida e vendida implicaria uma perda de R$ 13,00 (R$ 60,00 − R$ 73,00). Essa perda, multiplicada pelo volume de 310.000 unidades menos os custos fixos identificados ao produto, geraria o prejuízo de R$ 7.270.000,00, que aparece na primeira linha da Tabela 3.11.

Conforme o preço de venda vai aumentando, as margens oferecidas pelo produto começam a ficar melhores, e ele passa a contribuir positivamente para o resultado. No entanto, à medida que os preços sobem, a demanda pelo produto cai, menos pessoas se tornam dispostas a adquiri-lo. Cada real a mais no preço, tudo o mais se mantendo constante, implica alguns compradores a menos. Assim, intuitivamente percebe-se que existe uma troca entre o tamanho da margem de contribuição obtida e o volume vendido. À medida que o preço de venda aumentasse muito, apesar de a margem de contribuição unitária aumentar teoricamente, teríamos tão poucos compradores que o produto não pagaria seus custos fixos nem contribuiria para o resultado da empresa. Assim, novamente, parece haver um equilíbrio entre preço e volume para obtenção de resultado.

Margens muito pequenas permitem a prática de volumes de vendas maiores, mas podem demandar volumes de vendas muito grandes para que se obtenha um retorno objetivado. Margens muito grandes geram volumes pequenos e, eventualmente, podem não fornecer margem suficiente para cobrir custos e despesas fixas e gerar o retorno pretendido. O resultado do produto A em função do preço de venda está apresentado para um pequeno intervalo de valores na Figura 3.1. Nesse gráfico observa-se que, no caso 1, que corresponde ao preço de venda de R$ 60,00 com um prejuízo de R$ 7.270.000, à medida que o preço de venda foi sendo aumentado, o resultado melhorou, chegando a um valor máximo para um preço em torno de R$ 220,00, que corresponde à nona observação na figura. A partir desse ponto, o resultado começa a diminuir.

Figura 3.1 Resultado do produto A

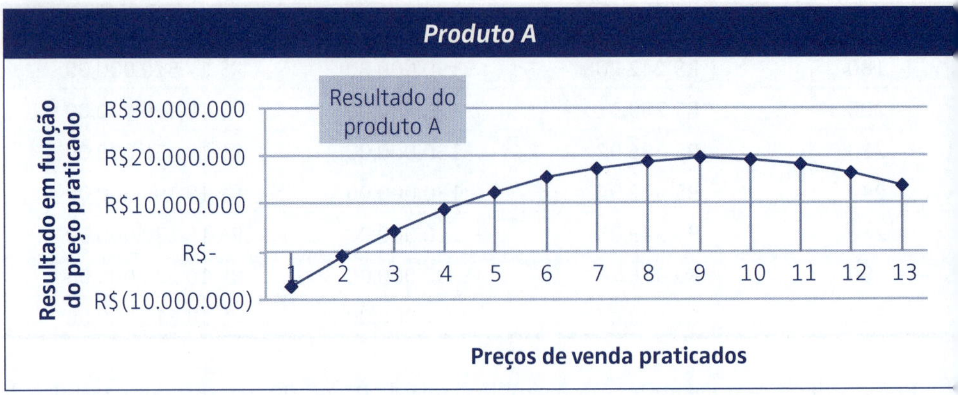

Produto A

(gráfico: Resultado em função do preço praticado vs. Preços de venda praticados, com valores de R$(10.000.000) a R$30.000.000 no eixo vertical e 1 a 13 no eixo horizontal)

Com o uso da equação de resultado, é possível identificar o preço exato a ser praticado nessas condições para que se obtenha o lucro máximo com esse produto. Essa equação aparece na forma de uma equação do segundo grau. O primeiro termo da equação de resultados: $-950*PV^2$, que mostra que ela será uma parábola de "boca" para baixo, com seu valor máximo ocorrendo entre as raízes da equação, os preços em que o resultado é 0 (zero). Assim, no caso do produto A, existem dois pontos de equilíbrio, em $PV_a = R\$\ 108,94$ e $PV_a = R\$\ 488,05$. Pode-se observar, na Figura 3.1, que entre esses dois valores a curva vai aumentando de valor até determinado ponto, a partir do qual o resultado começa a declinar. Esse ponto onde a curva do resultado para de aumentar e começa a declinar é o ponto de máximo da curva do resultado de A. Conforme visto no Capítulo 1, nesse ponto a derivada primeira da equação de resultado será igual a 0 (zero).

A derivada primeira da equação de resultado de A corresponde à Equação 3.17.

$$\frac{d}{dx}\left(-950(0,7432x)^2 + 421.500(0,7432x) - 27.900.000\right) = \qquad (3.17)$$
$$313.259, -1.049, 46x$$

Assim, a derivada primeira do resultado econômico de A será igual a 0 (zero) para

$$PV_a = \frac{313.259}{1.049,46}$$

ou seja, para $PV_A \cong R\$\ 298,49$

Será obtido o melhor resultado com esse produto, considerando-se o preço de venda bruto para o produto A.

Assim, para o produto A, na ausência de outros aspectos de interesse, como as restrições de matéria-prima ou de mão de obra, o problema da formação do preço estaria bem encaminhado.

3.4.2 Produto B

Os mesmos estudos poderiam ser feitos para o produto B. Para este, a equação da demanda obtida, conforme já discutido, seria a Equação 3.18.

$$Demanda_B = 80.000 + 500 \times (70 - 0,7432 \times PV_{bB}) \quad (3.18)$$

Dados para a análise da formação de resultado do produto B são apresentados na Tabela 3.12.

Tabela 3.12 Formação do resultado do produto B

Produto B	
Preço de venda	R$ 180,00
Custos e despesas variáveis	
Mão de obra com serviços	R$ (20,00)
Matéria-prima	R$ (20,00)
Peças e componentes	R$ (10,00)
Comissão de vendas	R$ (0,10)
Margens unitárias	R$ 129,90
Custos fixos identificados no mês	
Margem mensal do produto	

De posse dos dados da Tabela 3.12, podemos elaborar a equação de resultado de B, de acordo com a Equação 3.19.

$$ResEcon_B = -450 \times PV_{lB}^2 + 128.500 \times PV_{lB} - 8.250.000 \quad (3.19)$$

ou

$$ResEcon_B = -248,56 \times PV_{bB}^2 + 95.498,8636 \times PV_{bB} - 8.250.000 \quad (3.20)$$

A derivada primeira do resultado de B está apresentada na Equação 3.21.

$$\frac{d(ResEcon_b)}{d(PV_{bB})} = -497,12 \times PV_b + 95.498,8636 \quad (3.21)$$

A derivada primeira será igual a 0 (zero) para um preço de venda PV_{bB} = R$ 192,11, aproximadamente. Nesse ponto, será alcançado o resultado máximo com o produto B.

O fato de tanto o resultado do produto A quanto o do produto B serem modelados por meio de uma parábola facilitou o processo de descoberta dos pontos de máximos.

Nesses exemplos da derivada primeira, há um sinal negativo e, para o produto B, é igual a $-497,12$, o que indica que a função está voltada para baixo, e o ponto em que a derivada primeira é 0 (zero) é um ponto de máximo.

As Equações 3.16 e 3.17, apresentadas anteriormente, correspondem às equações para a equação da formação do resultado do produto B, com base nos preços de venda líquido e bruto, respectivamente. Essa equação, quando resolvida, mostra a existência de dois pontos de equilíbrio para o produto. O primeiro ocorre aproximando os valores para duas casas decimais, quando PV_{bB} = R$ 131,16, e o segundo para PV_{bB} = 253,07.

A equação também permite visualizar o resultado a ser gerado pelo produto B, em função dos preços de venda praticados. Parte desses resultados pode ser observada na Tabela 3.13.

Tabela 3.13 Resultado do produto B em função do preço de venda praticado

PV_{lB}	PV_{bB}	Demanda	Resultado
60	R$ 80,73	85.000,00	−R$ 2.160.000,00
70	R$ 94,19	80.000,00	−R$ 1.460.000,00
80	R$ 107,65	75.000,00	−R$ 850.000,00
90	R$ 121,10	70.000,00	−R$ 330.000,00
100	R$ 134,56	65.000,00	R$ 100.000,00
110	R$ 148,01	60.000,00	R$ 440.000,00
120	R$ 161,47	55.000,00	R$ 690.000,00
130	R$ 174,92	50.000,00	R$ 850.000,00
140	R$ 188,38	45.000,00	R$ 920.000,00
150	R$ 201,83	40.000,00	R$ 900.000,00
160	R$ 215,29	35.000,00	R$ 790.000,00
170	R$ 228,75	30.000,00	R$ 590.000,00
180	R$ 242,20	25.000,00	R$ 300.000,00
190	R$ 255,66	20.000,00	−R$ 80.000,00
200	R$ 269,11	15.000,00	−R$ 550.000,00

A Figura 3.2 ajudará a entender melhor o comportamento do resultado em função do preço de venda praticado.

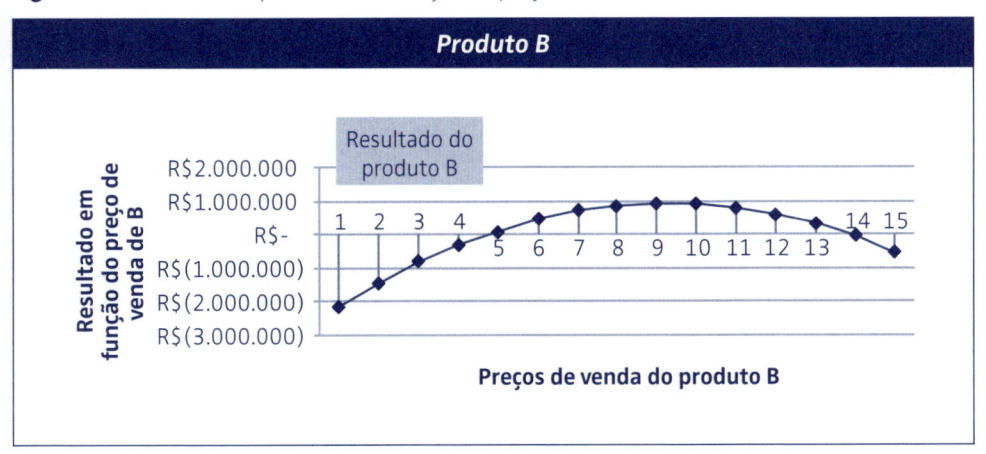

Figura 3.2 Resultado do produto B em função do preço de venda

[Gráfico: Produto B — Resultado em função do preço de venda de B × Preços de venda do produto B, com valores no eixo y de R$(3.000.000) a R$2.000.000 e no eixo x de 1 a 15]

Da mesma forma que o produto A, o resultado do produto B também se dá na forma de uma parábola de "boca" para baixo, com seu valor máximo entre as raízes. Conforme já visto no Capítulo 2, esse ponto pode ser calculado igualando-se a derivada primeira da equação de formação de resultado a 0 (zero). Assim, os próximos passos serão calcular a derivada primeira dessa equação e, em seguida, seu ponto de máximo.

A derivada primeira é apresentada na Equação 3.22.

$$\frac{d(ResEcon_B)}{dPV_B} = -497,1920 * PV_B + 95.498,36 \qquad (3.22)$$

Essa equação tem resultado 0 (zero) para PV_b = R$ 192,11, em valores aproximados para centavos.

A empresa pode escolher trabalhar maximizando seu resultado ou em volumes e preços diferentes daqueles que gerariam o resultado ótimo; assim, pode escolher entre os dois pontos de equilíbrio (o preço menor e o volume maior), ou o preço maior e o volume menor. Essas escolhas dependem das políticas, da missão e das diretrizes estratégicas da empresa. A política de preços e os objetivos da precificação se iniciam no seu plano estratégico. A empresa, por exemplo, pode ter como diretriz estratégica ampliar suas fatias de mercado praticando volumes maiores.

3.4.3 O resultado global

Do ponto de vista da empresa como um todo, devem ser consideradas as margens dos dois produtos, e os custos e despesas fixos identificáveis não de um produto em particular, mas da empresa como um todo. Na ausência de restrições, bastaria somar os resultados ótimos de cada produto para obter o resultado apresentado na Tabela 3.14.

É muito provável a existência de restrições, uma ou mais circunstâncias que impedem o funcionamento ótimo da empresa ou de sua atividade. Na ocorrência de restrições, a entidade deve se organizar para obter o melhor resultado possível, considerando-se a limitação. Existe mesmo um enfoque gerencial: a Teoria das Restrições, que propõe maneiras eficientes e razoavelmente simples de lidar com elas. A ideia básica é otimizar o uso do elemento limitante.

Tabela 3.14 Formação do resultado da entidade considerando-se os produtos A e B

	Produto A	Produto B	Total
Receita de venda com os impostos	R$ 44.226.166,75	R$ 8.378.622,23	R$ 52.604.788,98
(−) Impostos			
IPI	R$ (4.020.560,61)	R$ (761.692,93)	R$ (4.782.253,54)
Subtotal	R$ 40.205.606,14	R$ 7.616.929,30	R$ 7.822.535,44
ICMS	R$ (6.834.953,04)	R$ (1.294.877,98)	R$ (8.129.831,02)
Cofins	R$ (502.570,08)	R$ (95.211,62)	R$ (597.781,69)
Receita de venda líquida dos impostos	**R$ 32.868.083,02**	**R$ 6.226.839,70**	**R$ 39.094.922,72**
(−) Custos e despesas variáveis			
Mão de obra com serviços	R$ (5.926.545,84)	R$ (872.273,41)	R$ (6.798.819,25)
Matéria-prima	R$ (1.481.636,46)	R$ (872.273,41)	R$ (2.353.909,87)
Peças e componentes	R$ (2.963.272,92)	R$ (436.136,70)	R$ (3.399.409,62)
Comissão de vendas	R$ (1.643.404,15)	R$ (622.683,97)	R$ (2.266.088,12)
(=) Margem de contribuição	R$ 20.853.223,65	R$ 3.423.472,21	R$ 24.276.695,86
(−) Custos e despesas fixas identificadas	R$ (2.000.000,00)	R$ (2.500.000,00)	R$ (4.500.000,00)
(=) Margem de contribuição após custos e despesas fixas identificadas	**R$ 18.853.223,65**	**R$ 923.472,21**	**R$ 19.776.695,86**
(−) Custos e despesas fixos			
Despesas administrativas			R$ (300.000,00)
Despesas de vendas			R$ (500.000,00)
Custos fixos de produção			R$ (300.000,00)
Resultado antes da CSLL e do IR			R$ 18.676.695,86
Provisão para imposto de renda			R$ (2.801.504,38)
Provisão para a CSLL			R$ (1.680.902,63)
(=) Resultado			**R$ 14.194.288,86**

No caso da existência de alguma restrição, como a de matéria-prima, devemos maximizar a produção e a venda do produto que gerasse a maior margem pelo fator de produção. Isso funciona bem quando se consideram os preços estaticamente, ou seja, quando estes se mantêm constantes para determinada faixa de volumes. Quando essa faixa pode variar ou preços e volumes variam muito rapidamente, torna-se necessário usar instrumentos mais sofisticados oriundos da pesquisa operacional, ou, ainda, do cálculo, como é o caso do *Multiplicador de Lagrange*.

3.4.4 Multiplicador de Lagrange

Note-se que o resultado global da empresa foi dado pelos resultados individuais dos produtos A e B menos os custos e despesas fixos identificados não aos produtos individualmente, mas sim à empresa como um todo. Assim, o resultado da empresa, nesse exemplo, seria dado por:

$$ResEcon_A + ResEcon_B - CDFix_{Emp} = ResEcon_{Emp} \qquad (3.23)$$

Figura 3.3 Gráfico do resultado econômico da empresa global

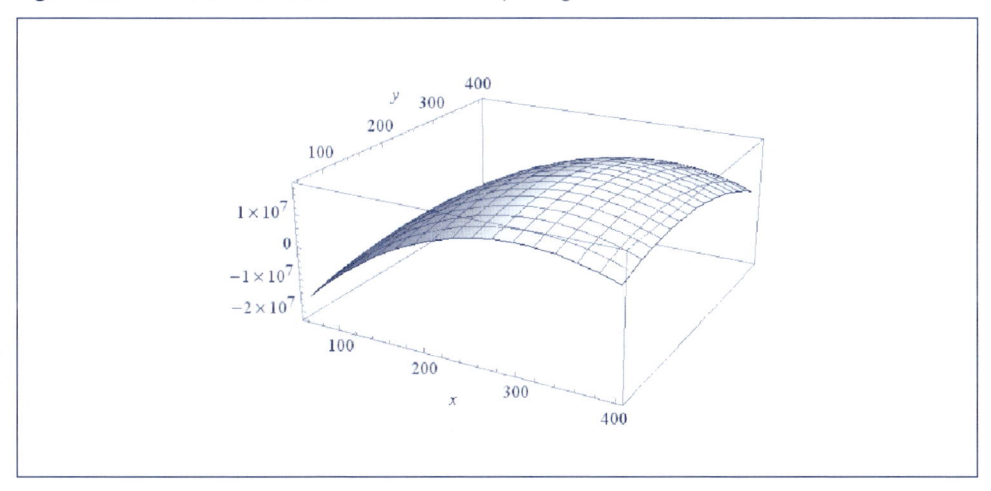

$$\text{grad}\left(-524.703x^2 + 313251.x - 248.56y^2 + 95498.9y - 37250000\right) =$$
$$\{313251. - 1049.41x,\ 95498.9 - 497.12y\} \qquad (3.24)$$

O gradiente, calculado na Equação 3.24, com o uso das derivadas primeiras da equação de resultado da empresa em relação ao PV_{bA} e PV_{bB} (preço de venda bruto de A e preço de venda bruto de B) aponta a direção de maior crescimento do resultado dessa empresa.

Essas derivadas também são usadas para o cálculo do que se denomina Multiplicador de Lagrange, um método de cálculo usado para otimizar funções na existência de algum fator limitante. Esse método exige que se defina a função $f(x_1, x_2, ..., x_n)$ que se deseja otimizar e $g(x_1, x_2, ..., x_n) = K$, outra função de $(x_1, x_2, ..., x_n)$, definindo K como a restrição a que o sistema se sujeita. No caso, nossos x são os preços de venda brutos de A e B, e K as quantidades de mão de obra e de matéria-prima disponíveis. A ideia básica desse método é igualar a derivada de f em relação a cada uma de suas variáveis e igualar às derivadas de g para cada uma de suas variáveis, multiplicando as derivadas de $g(x_1, ..., x_n)$ por uma constante λ. Assim,

$Df/dx_1 = \lambda\, Dg/dx_1$

...

$Df/dx_n = \lambda\, Dg/dx_n$

com

$G(x_1, x_2, ..., x_n) = K$

O resultado dessa empresa, antes dos tributos sobre o lucro, na ausência de restrições, corresponde à soma dos resultados individuais menos os custos e despesas fixos não identificáveis aos produtos.

O resultado dessa empresa, antes dos tributos sobre o lucro, seria dado pela Equação 3.25.

$$ResEcon_{Empresa} = -524{,}7032 \times PV_{bA}^2 + 313251{,}1364 \times PV_{bA} - 248{,}56 * PV_{bB}^2 \\ + 95.498{,}8636 * PV_{bB} - 37.250.000 \quad (3.25)$$

Essa equação pode ser visualmente representada por uma superfície como na Figura 3.2, e o melhor resultado seria alcançado pelos preços: $PV_{bA} = 783.127.841/2.623.516 =$ R\$ 298,5032 e $PV_{bB} = 238.747.159/1.242.800 =$ R\$ 192,1042. Uma vez que corresponde à soma dos resultados dos produtos A e B menos os custos e as despesas fixas, esses preços são os mesmos que maximizariam os resultados de cada produto individualmente.

Note-se que esse problema de otimização, à medida que se abandona a ideia de preços e volumes fixos e se lida com a realidade de que preços, volumes e custos correspondem a uma realidade dinâmica e interdependente, precisa ser tratado em um contexto mais geral, no qual múltiplos pontos de equilíbrio, margens de contribuição e volumes podem ser praticados.

3.4.5 A existência de restrição: aplicação do Multiplicador de Lagrange

Supondo-se agora a existência de algum tipo de limitação, por exemplo, de matéria-prima, em vez dos 260.000kg necessários para a produção do volume ótimo, suponha-se a disponibilidade de apenas 200.000kg.

Expressando a restrição matematicamente, ela é igual a:

$$g\left(PV_{bruto_A}, PV_{bruto_b}\right) = Demanda_A \times Consumo_{MP_A} + Demanda_B \times Consumo_{MP_B} \quad (3.26)$$
$$= 200.000 kg$$

Neste livro, será abordada a questão da otimização do resultado, condicionada à existência de algum tipo de restrição de duas maneiras: a primeira com a utilização do que se denomina Multiplicador de Lagrange, já mencionado, e a segunda com o uso do Solver do Microsoft Excel, um algoritmo que incorpora técnicas de programação linear para a solução de problemas de otimização.

Para o problema em questão, o Multiplicador de Lagrange abrange as definições das derivadas da função resultado, que se deseja otimizar, em função do PV_{bA} e do PV_{bB} e das derivadas da função restritiva, e também em função das mesmas variáveis, conforme a Equação 3.27:

$$\frac{\delta ResEconEmpresa_{PV_{bA}}\left(PV_{bA}, PV_{bB}\right)}{\delta PV_{bA}} = \lambda \times g_{PV_{bA}}\left(PV_{bA}, PV_{bB}\right) \quad (3.27)$$

$$\frac{\delta ResEconEmpresa_{PV_{bB}}\left(PV_{bA}, PV_{bB}\right)}{\delta PV_{bB}} = \lambda \times g_{PV_{bB}}\left(PV_{bA}, PV_{bB}\right) \quad (3.28)$$

Com,

$$g\left(PV_{bA}, PV_{bB}\right) = K \quad (3.29)$$

Onde K é o valor da restrição do recurso, cujo uso é preciso otimizar. Nesse exemplo, K equivale a 200.000kg de matéria-prima e ResEconEmpresa (PV_{bA}, PV_{bB}) é a função resultado como uma variável dependente dos preços de venda dos produtos A e B, a ser otimizada.

Calculando os valores dessas funções para os dados do problema em questão, teríamos o grupo de Equações 3.27, 3.28, 3.29 – já vistas –, 3.30, 3.31, 3.32, 3.33 e 3.34.

$$ResEconEmpresa = -524{,}703 \times PV_{bA}^2 - 248{,}56 \times PV_{bB}^2 + 313.251{,}1364 \times PV_{bA}$$
$$+ 95.498{,}8636 \times PV_{bB} - 37.250.000 \qquad (3.30)$$

Para essa equação cujo resultado se deseja otimizar, calculam-se as derivadas em relação ao preço de venda bruto de A e de B, os dois produtos negociados pela empresa.

$$ResEconEmpresa_{PV_{bA}} = 313.251{,}1364 - 1.049{,}41 \times PV_{bA} \qquad (3.31)$$

$$ResEconEmpresa_{PV_{bB}} = 313.251{,}1364 - 1.049{,}41 \times PV_{bB} \qquad (3.32)$$

A restrição relacionada à matéria-prima disponível é obtida substituindo-se as equações da demanda em g(PV$_{bA}$, PV$_{bB}$) e simplificando-se. Assim, seria obtida a Equação 3.33.

$$Demanda_{MP_{(A+B)}} = 400.000 - 743{,}2 \times PV_{bA} - 743{,}2 \times PV_{bB} \qquad (3.33)$$

A Equação 3.33 representa o consumo possível de matéria-prima, considerando o total disponível de 200.000kg e calculado em função do preço de venda bruto praticado e seus efeitos na demanda pelos produtos A e B, conforme foi indicado na Equação 3.26.

É necessário o cálculo das derivadas parciais da equação da demanda para que se possa proceder à otimização do resultado considerando-se o Multiplicador de Lagrange. Assim, obtêm-se as Equações 3.34 e 3.35.

$$g_{PV_{bA}}\left(PV_{bA}, PV_{bB}\right) = -743{,}2 \qquad (3.34)$$

e

$$g_{PV_{bB}}\left(PV_{bA}, PV_{bB}\right) = -743{,}2 \qquad (3.35)$$

Agora, igualando-se as derivadas parciais da função resultado que se deseja otimizar às derivadas parciais da função restrição, multiplicadas por um número λ, conforme sistema composto pelas Equações 3.36 e 3.37.

$$313.251{,}1364 - 1.049{,}41 \times PV_{bA} = -\lambda \times 743{,}2 \qquad (3.36)$$

e

$$95.498{,}8636 - 497{,}12 \times PV_{bB} = -\lambda \times 743{,}2 \qquad (3.37)$$

Capítulo 3 Formação de preço e otimização do resultado

De posse dessas duas igualdades, podemos expressar PV_{bB} em função do PV_{bA}, conforme a Equação 3.38, e substituí-lo em $g(PV_{bA}, PV_{bB})$. Assim,

$$PV_{bB} = 2,1109 \times PV_{bA} - 438,02 \quad (3.38)$$

Substituindo-se esse valor na Equação 3.33, obtém-se a Equação 3.39.

$$400.000 - 743,2 \times PV_{bA} - 743,2 \times (2,1109 \times PV_{bA} - 438,02) = 0 \quad (3.39)$$

Permitindo

$$PV_{bA} = R\$313,81 \quad (3.40)$$

Substituindo-se o PV_{bA}, assim calculado na Equação 3.38, obtém-se:

$$PV_{bB} = 2,1109 \times 313,8105 - 438,0200 = R\$224,40 \quad (3.41)$$

Substituindo-se esses preços na Equação de resultado 3.30, obtém-se o resultado de R$ 18.293.857,98, o melhor resultado possível, considerando a restrição existente. Esse resultado é apresentado na Tabela 3.15.

A utilização do Multiplicador de Lagrange envolveu:

→ identificar as variáveis e sua função a ser maximizada;
→ identificar a função restrição, considerando as variáveis da função anterior;
→ diferenciar, considerando cada variável de interesse, as funções restrição e otimizada;
→ igualar, para cada derivada da função a ser otimizada, a derivada correspondente da função restrição, considerando sempre a mesma variável; e
→ resolver o sistema de equações assim obtido por eliminação.

Tabela 3.15 Demonstração do resultado ótimo de acordo com o uso do Multiplicador de Lagrange

	Produto A	Produto B	Total
Receita de venda com os impostos	R$ 42.924.521,60	R$ 7.093.746,35	R$ 50.018.267,95
(−) IPI	−R$ 3.902.324,70	−R$ 644.901,81	−R$ 4.547.226,51
(=) Receita de venda com ICMS e Cofins	R$ 39.023.247,03	R$ 6.449.018,09	R$ 45.472.265,12

(*continua*)

(*continuação*)

	Produto A	Produto B	Total
ICMS	−R$ 6.633.952,00	−R$ 1.096.333,08	−R$ 7.730.285,07
Cofins	−R$ 487.790,59	−R$ 80.612,73	−R$ 568.403,31
Receita de venda líquida dos impostos	**R$ 31.901.504,45**	**R$ 5.272.072,29**	**R$ 37.173.576,74**
(−) Custos e despesas variáveis			
Mão de obra com serviços	−R$ 5.471.570,17	−R$ 632.205,31	−R$ 6.103.775,49
Matéria-prima	−R$ 1.367.892,54	−R$ 632.205,31	−R$ 2.000.097,86
Peças e componentes	−R$ 2.735.785,09	−R$ 316.102,66	−R$ 3.051.887,74
Comissão de vendas	−R$ 1.595.075,22	−R$ 527.207,23	−R$ 2.122.282,45
(=) Margem de contribuição	**R$ 20.731.181,42**	**R$ 3.164.351,78**	**R$ 23.895.533,20**
(−) Custos e despesas fixas identificadas	−R$ 2.000.000,00	−R$ 2.500.000,00	−R$ 4.500.000,00
(=) Margem de contribuição após custos e despesas fixas identificadas	**R$ 18.731.181,42**	**R$ 664.351,78**	**R$ 19.395.533,20**
(−) Custos e despesas fixos			
Despesas administrativas			−R$ 300.000,00
Despesas de vendas			−R$ 500.000,00
Custos fixos de produção			−R$ 300.000,00
Resultado antes da CSLL e do IR			R$ 18.295.533,20
Provisão para Imposto de Renda			−R$ 2.744.329,98
Provisão para a CSLL			−R$ 1.646.597,99
(=) Resultado			**R$ 13.904.605,23**

Esse resultado foi calculado com base em um volume de vendas de 136.689 unidades para o produto A e 31.610 unidades para o produto B. Gerando um consumo de matéria-prima de 136.789kg para A e de 63.220kg para B, considerando os valores aproximados e também os dados iniciais do caso, segundo os quais cada unidade de A consumiria 1kg de matéria-prima e cada unidade de B consumiria 2kg.

Esse mesmo problema pode ser resolvido, conforme já dito, com o uso do Solver do Microsoft Excel, conforme mostrado na Figura 3.4.

Figura 3.4 Uso do Solver do Microsoft Excel

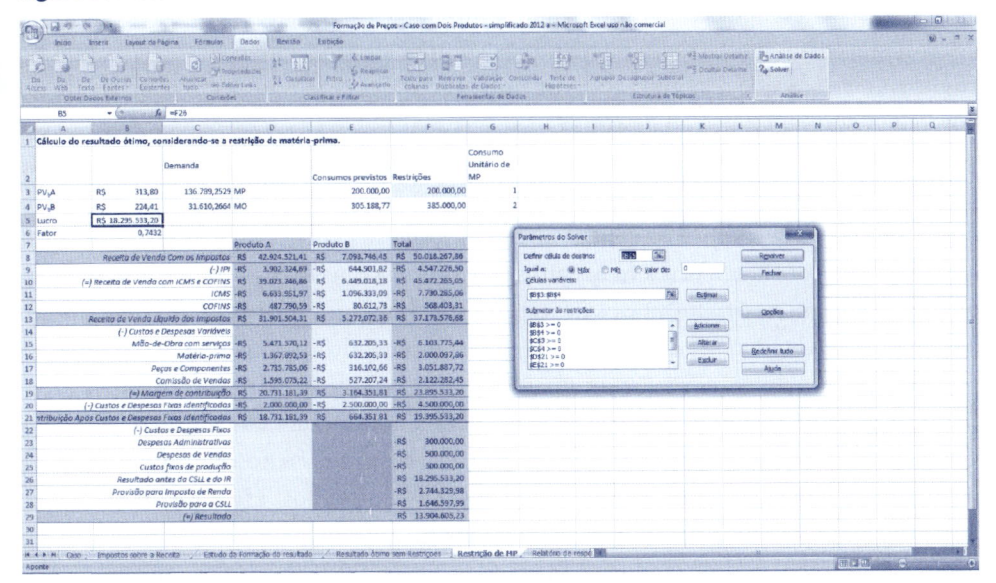

Na Figura 3.4, observa-se a definição da célula B5 como a célula que traz a fórmula cujo resultado se deseja o maior possível.

As células B3 e B4 trazem os valores a serem calculados pelo Solver para os preços de venda de A e de B, com vistas à otimização de resultados. As células C3 e C4 incorporam os volumes que seriam negociados dos produtos A e B, dados os preços definidos. Por fim, a célula E3 apresenta o cálculo da quantidade de matéria-prima consumida dado determinado preço, com base na equação da demanda definida no início.

A célula F4 apresenta o volume de matéria-prima disponível para a produção de A e B, no exemplo, 200.000kg. No intervalo abrangido pelas células A8 a F29, é apresentada uma demonstração do resultado com base nos volumes propostos, abrangendo o cálculo da margem de contribuição para os produtos individuais e o resultado após se considerarem os custos e as despesas fixas não identificáveis, bem como os tributos sobre o lucro para a empresa como um todo.

Tanto do ponto de vista da utilização do Multiplicador de Lagrange quanto da utilização do Solver do Microsoft Excel, é possível o tratamento de mais de uma restrição simultaneamente. Outros modelos de otimização – maximização e minimização – estão disponíveis, oriundos de um ramo da matemática conhecido como pesquisa operacional. Entre eles, estão: *Goal Programming*, Programação Linear e Programação Não Linear. Do ponto de vista desse caso, falta estudar a questão da concessão de prazos quando da venda.

3.4.6 Concessão de prazos e margem de contribuição

Concedem-se prazos para venderem mais, pois prazos e descontos no preço de venda são equivalentes. De posse de um prazo maior para pagar uma compra, o comprador pode aplicar o recurso e obter um resultado que equivaleria a um abatimento no preço. Caso esteja sem recursos em caixa no momento da compra, evitaria a necessidade de captação, cujo custo encareceria a compra. Novamente, o prazo geraria um ganho equivalente do ponto de vista econômico ao desconto.

As empresas, desse ponto de vista, concedem prazos para aumentar seu volume de vendas. Uma questão é se os prazos concedidos deverão gerar um resultado financeiro por si mesmo ou se o objetivo com as taxas praticadas na concessão de prazos será unicamente o de cobrir os custos financeiros dos prazos concedidos. Ou, seja, a margem obtida com a concessão dos prazos deveria ser a mesma que a margem de contribuição obtida no caso de uma negociação à vista, ou a empresa deseja uma margem financeira positiva, adicionalmente à margem operacional? Claro, todos desejam margens positivas; a questão é que uma política agressiva para obtenção de margens financeiras nas vendas pode levar a uma diminuição no volume vendido, efeito oposto ao desejado na grande maioria das vezes em que os prazos são concedidos. Há, no entanto, casos históricos em que empresas usaram as margens financeiras para gerar o resultado do negócio, contrabalançando margens operacionais negativas. Supermercados no período de hiperinflação brasileira parecem ser um bom exemplo, no tocante a algumas de suas linhas de produtos.

Dependendo das políticas e diretrizes estratégicas da empresa, ela pode ter a definição de que o resultado financeiro com a concessão de prazos a seus clientes deveria ser suficiente para a obtenção com a venda à prazo da mesma margem que seria obtida em um negócio à vista, como se vê na Equação 3.42.

$$MgCo_{Vista} = MgCo_{Prazo} \qquad (3.42)$$

onde
$MgCo_{Vista}$ = margem de contribuição total do produto à vista; e
$MgCo_{Prazo}$ = margem de contribuição total do produto a prazo.

A margem de contribuição no caso de uma venda à vista é definida conforme a Equação 3.43, a seguir.

$$MgCo_{Vista} = PVV \times fator - CDVAR - CMS \times fator \times PVV \qquad (3.43)$$

onde
PVV = preço de venda à vista;

CDVAR = custos e despesas variáveis;
CMS = comissão sobre venda; e
Fator = (1 − ICMS − PIS/Cofins).

Nesse estudo, a variável *fator* permite apresentar o valor líquido dos impostos proporcionais à receita.

No caso de uma venda a prazo, a margem total deixada pelo produto, considerando a margem financeira calculada com base no custo de captação para recursos no montante do preço à vista, cujo recebimento estaria sendo adiado e que deveria ser reposto para a satisfação – mesmo que teórica – das necessidades de caixa do período.

A Equação 3.44 apresenta o cálculo da margem do produto nessa situação. Nessa primeira abordagem, a comissão de vendas foi paga sobre o valor do preço à vista líquido dos impostos diretos sobre vendas.

$$MgCo_{Prazo} = PVP \times fator - CDVAR - CMS \times PVV \times fator - Cfin \qquad (3.44)$$

onde
PVP = preço de venda no prazo. PVP = PVV × (1 + Juros);
CDVAR = custos e despesas variáveis;
Fator = (1 − ICMS − PIS/Cofins);
CMS = comissão de vendas; e
Cfin = custo financeiro do financiamento concedido. No caso, igual a txCapta × PVV, ou txCapta × PVP.

Há pelo menos duas possibilidades de interpretação para os custos financeiros. A primeira delas supõe *o preço à vista da venda* como o *valor financiado*. Nesse caso, a relação entre a taxa de juros a ser cobrada sobre o preço de venda, objetivando a obtenção de margem total igual à obtida pela venda à vista seria a relação dada pela Equação 3.45.

$$Juros = \frac{txCapta}{fator} \qquad (3.45)$$

Essa fórmula estabelece uma relação entre os juros a serem cobrados do cliente no prazo concedido e a taxa de captação para a empresa no mesmo período de tempo. A ideia é que o custo do financiamento deve ser considerado, isto é, mesmo que a empresa de fato não necessite captar recursos no período, o custo do capital, na forma de um custo de oportunidade, deve ser considerado.

Quadro 3.1 Dedução algébrica da relação entre juros cobrados do cliente e a taxa de captação da empresa

Definindo-se o resultado da venda a vista como igual ao resultado da venda a prazo se obtém:

$$MgCo_{Vista} = MgCo_{Prazo}$$

com

$$MgCo_{Vista} = PVV \times fator - CDVAR - CMS \times fator \times PVV$$

e

$$MgCo_{Prazo} = PVP \times fator - CDVAR - CMS \times fator \times PVV$$

Definindo-se o preço praticado no prazo (PVP) como o preço de venda à vista mais os juros cobrados se tem:

$$PVP = PVV \times (1 + juros)$$

O custo financeiro (Cfin) é definido como o custo para a empresa do prazo concedido ao cliente para pagamento, conforme a seguir:

$$Cfin = \frac{txCap \times PVV \times (1 + juros)}{(1 + txCap)}$$

Da igualdade entre os resultado à vista e a prazo se obtém:

$$PVV \times fator = PVV \times (1 + juros) \times fator - \frac{txCap \times PVV \times (1 + juros)}{(1 + txCap)}$$

Simplificando e isolando a variável *juros*, obtém-se:

$$Juros = \frac{txCap}{(1 + txCap) \times fator - txCap}$$

com
$MgCo_{Vista}$ = Resultado da venda à vista;
$MgCo_{Prazo}$ = Resultado da venda a prazo;
PVV = Preço da venda à vista;
PVP = Preço da venda a prazo;
Juros = Juros cobrados do cliente pelo prazo concedido; e
txCap = Taxa de captação paga pela empresa pelos recursos que usou no lugar daqueles cujo recebimento adiou.

Deve também ser notado que foram assumidas premissas:

1. A comissão de vendas foi calculada sobre o valor à vista da venda. Esta é uma definição da empresa. Aqui, supôs-se que o vendedor deve ser indiferente em relação ao prazo de venda praticado.
2. As taxas de captação e de juros foram calculadas para o prazo concedido como um todo.

Para dar um exemplo dessa situação, considerem-se os dados da Tabela 3.16.

Tabela 3.16 Dados para cálculo do exemplo

Dados	
Preço de venda à vista	R$ 100,00
Fator	74%
IPI	10%
ICMS	17%
PIS/Cofins	9%
Juro cobrado	5,4054% ao mês
Taxa de aplicação	2% ao mês
Taxa de captação	4% ao mês
Prazo	1 mês
Comissão de vendas	5%

Para esses dados aplica-se a fórmula para o cálculo dos juros a serem usados para a obtenção do preço no prazo praticado.

$$Juros = \frac{0,04}{0,74} \times 100 = 5,4054\% \qquad (3.46)$$

O que geraria na venda a prazo, aos valores expostos na Tabela 3.17.

Tabela 3.17 Exemplo do resultado obtido com o preço a prazo definido conforme Equação 3.46

Demonstração de resultado	À vista	A prazo
Produto Exemplo		
Preço de venda com impostos	R$ 110,00	R$ 115,9459
(−) IPI	−R$ 10,00	−R$ 10,5405
Preço de venda sem IPI	**R$ 100,00**	**R$ 105,4054**
(−) ICMS	−R$ 17,0000	−R$ 17,9189

(*continua*)

(*continuação*)

Demonstração de resultado	À vista	A prazo
(−) PIS/Cofins	−R$ 9,0000	−R$ 9,4865
(=) Preço de venda sem impostos	R$ 74,0000	R$ 78,0000
(−) Custos e despesas variáveis	−R$ 50,0000	−R$ 50,0000
(=) Margem de contribuição	**R$ 24,0000**	**R$ 28,0000**
Receita financeira	R$ −	R$ −
(−) Custo financeiro	R$ −	−R$ 4,0000*
(=) Margem de contribuição financeira	R$ −	−R$ 4,0000
Resultado da venda	**R$ 24,0000**	**R$ 24,0000**

* 4% de $ 100,00. Custo financeiro com base no preço à vista

Assim, ao se cobrar um preço de venda a prazo, antes do IPI, de R$ 105,4054, obteve-se a margem total de R$ 24,00 – a mesma que seria obtida em uma venda à vista do produto em estudo.

É importante que sejam percebidas as premissas por trás da forma como foi praticado o preço a prazo. Além do cálculo do custo financeiro sobre o preço à vista, entende-se também que a gestão dos impostos não é feita no cálculo do preço de venda. A ideia é de que existe uma gestão tributária na entidade.

Outras premissas dizem respeito ao papel da área financeira, que atua como um banco interno da empresa, e ao papel da margem financeira de vendas para a área de vendas. A gestão dos impostos sobre as vendas envolve decisões que transcendem a área de vendas.

Impostos como o ICMS e o IPI são impostos sobre o valor adicionado. Confronta-se o imposto cobrado na venda com aquele pago na compra, e o que se paga é a diferença. Dependendo da data da venda, pode ser necessário financiar o pagamento do ICMS por um tempo maior ou menor, até o recebimento das vendas. Então, supõe-se que a área de vendas tome o dinheiro para o pagamento dos impostos até a data do recebimento da área financeira, o banco interno, pagando juros pela captação. No exemplo, supõe-se que essa captação para pagamento do ICMS teve a duração exata do prazo de recebimento das vendas. A área financeira faz a gestão total desses tributos. A gestão da área de vendas diz respeito apenas aos tributos sobre as vendas.

Outro aspecto de interesse é o dos objetivos com a decisão financeira. A empresa pode escolher entre ter prejuízo do ponto de vista financeiro (talvez objetivando aumentar volume de vendas mais rapidamente, manter com o financiamento a mesma margem da venda à vista), e obter um resultado financeiro que represente um resultado adicional à margem operacional. No exemplo, foram usadas as seguintes premissas:

→ Deseja-se manter a margem da venda à vista;
→ Deseja-se praticar o menor preço de venda possível, desde que gerando a rentabilidade planejada;
→ A comissão de vendas é paga sobre a venda líquida de impostos e outras deduções;
→ O custo financeiro foi calculado sobre o valor da venda à vista; e
→ A empresa tem custo com financiamento dos clientes expresso em sua taxa de captação. A suposição é de que até o recebimento da venda este seria o valor a ser captado.

Uma segunda forma de entender o custo financeiro seria supor que o valor financiado não é o valor do preço à vista, mas antes o montante que será recebido ao final do prazo concedido. Esse conceito, surpreendente em um primeiro momento, apoia-se na ideia de que vários itens de custo e também impostos são calculados e, algumas vezes, pagos com base nesse valor futuro e antes de seu recebimento. De outro ponto de vista, esse é o valor que está, de fato, sendo financiado e cujo custo de capital deve ser pago. Com essa suposição, a taxa de juros seria cobrada do cliente com base na suposição de um custo de capital expresso conforme a Equação 3.47.

$$Cfin = txCap \times \frac{PVP}{(1+txCap)} \qquad (3.47)$$

onde
Cfin = custo financeiro do prazo concedido;
PVP = preço de venda no prazo; e
txCap = taxa de captação disponível à empresa para o período do prazo concedido.

Novamente com a suposição de que as margens de contribuição à vista e no prazo praticado deveriam ser iguais e com custo financeiro calculado sobre o preço no prazo concedido, obtém-se a relação expressa pela Equação 3.48 para definição do juro a ser cobrado do cliente pelo prazo concedido.

$$Juros = \frac{txCap}{fator \times (1+txCap) - txCap} \qquad (3.48)$$

As premissas adotadas para a definição dessa fórmula são as mesmas já mencionadas, com o custo financeiro calculado com base no valor presente do preço de venda no prazo concedido. Deve-se notar que o valor presente foi calculado com base no custo de captação da empresa, um valor que expressa o custo de oportunidade para a empresa do recurso utilizado para financiar o cliente. Nas duas situações, existe a suposição de que a gestão dos tributos e a gestão dos preços de vendas são eventos distintos.

Para os mesmos dados do exemplo anterior, seria obtida a taxa de juros de 5,4825% no período financiado, conforme a Equação 3.49.

$$Juros = \frac{0,04}{0,74 \times (1+0,04) - 0,04} \times 100 \cong 5,4825\% \quad (3.49)$$

Essa taxa aplicada sobre o preço à vista antes da cobrança do IPI levaria a um preço igual a R$ 100,00 × 1,0054825 = R$ 105,48. Sobre esse preço seria aplicada ainda a alíquota do IPI de 10%, levando a um preço final de R$ 116,03 para o consumidor. Tal situação está exemplificada na Tabela 3.18.

Tabela 3.18 Demonstração do resultado considerando-se o custo financeiro calculado sobre o preço de venda a prazo

Demonstração de resultado	À vista	A prazo
Produto Exemplo		
Preço de venda com impostos	R$ 110,00	R$ 116,0307
(−) IPI	−R$ 10,00	R$ 10,5482
Preço de venda sem IPI	**R$ 100,00**	**R$ 105,4825**
(−) ICMS	−R$ 17,00	−R$ 17,9320
(−) PIS/Cofins	−R$ 9,00	−R$ 9,4934
(=) Preço de venda sem impostos	R$ 74,00	R$ 78,0570
(−) Custos e despesas variáveis	−R$ 50,00	−R$ 50,00
(=) Margem de contribuição	**R$ 24,00**	**R$ 28,0570**
Receita financeira	R$ −	R$ −
(−) Custo financeiro *	R$ −	−R$ 4,0570*
(=) Margem de contribuição financeira	R$ −	−R$ 4,0570
Resultado da venda	**R$ 24,00**	**R$ 24,00**

* Custo financeiro com base no preço de venda a prazo, sem IPI: $0,04 \times \dfrac{105,4825}{1,04} \approx 4,0570$.

Esse resultado pode ser visualizado de forma mais analítica na Tabela 3.19, em que o resultado foi separado em componentes operacionais e componentes financeiros. Os acréscimos nos impostos diretos sobre vendas foram tratados como diminuições da margem operacional. Deve-se notar que a gestão desses impostos traz novos resultados financeiros que poderiam ser tratados em uma área de responsabilidade sobre a gestão de tributos.

Tabela 3.19 A margem de contribuição do produto apresentada analiticamente na forma de uma margem operacional e uma margem financeira

Demonstração de resultado		Memória de Cálculo
Produto Exemplo		
Preço de venda com impostos	R$ 110,00	$105{,}48 + 10{,}55 = 116{,}03$
(−) IPI	−R$ 10,00	$0{,}10 \times 105{,}48 \approx 10{,}55$
Preço de venda sem IPI	**R$ 100,00**	$100{,}00 \times (1{,}054825) \approx 105{,}48$
(−) ICMS	−R$ 17,00	$0{,}17 \times 100{,}00 = 17{,}00$
(−) Aumento tributação ICMS	−R$ 0,93	$0{,}17 \times 5{,}4825 \approx 0{,}93$
(−) PIS/Cofins	−R$ 9,00	$0{,}09 \times 100{,}00 = 9{,}00$
(−) Aumento de tributação PIS/Cofins	−R$ 0,49	$0{,}09 \times 5{,}4825 \approx 0{,}49$
(=) P. venda sem impostos	R$ 72,57	$100{,}00 - 17{,}00 - 0{,}93 - 9{,}00 - 0{,}49 = 72{,}57$
(−) Custos e despesas variáveis	−R$ 50,00	Dados do caso.
(=) Margem de contribuição	**R$ 22,57**	$72{,}57 - 50{,}00 = 22{,}57$
Receita financeira	R$ 5,48	$5{,}4825 \times 100{,}00 \approx 5{,}48$
(−) Custo financeiro	−R$ 4,06	$0{,}04 \times \dfrac{105{,}4825}{1{,}04} \approx 4{,}05$
(=) Margem de contribuição financeira	R$ 1,43	$5{,}48 - 4{,}05$
Resultado da venda	**R$ 24,00**	$22{,}57 + 1{,}43$

Essa separação entre componentes operacionais e componentes financeiros é útil para o gestor de preços, que, assim, poderá estabelecer sua política de preços de maneira mais objetiva, conhecida a contribuição de cada aspecto destes para o resultado do produto.

3.5 Considerações finais

Neste capítulo foram apresentadas algumas técnicas para a formação do preço de venda. Observou-se que a definição do preço de venda se relaciona aos aspectos estratégicos mais fundamentais de uma entidade. Seus componentes técnicos de cálculos e taxas surgem das definições de diretrizes e políticas estratégicas da entidade. Os cálculos realizados são feitos com base em premissas sobre taxas de oportunidade a serem usadas, finalidade da política de preços, entre outras, que surgem das estratégias da empresa na busca de explorar suas vantagens competitivas para gerar valor econômico. O objetivo não é automatizar a definição do preço; mesmo que, em nível operacional, isso pudesse ser feito, em alguma esfera da organização deve ocorrer a reflexão sobre seus objetivos.

Tributos como IPI, ICMS, PIS e Cofins têm um papel fundamental na definição do preço. Apesar de cada venda gerar algum valor tributável, parece mais adequado que a gestão dos tributos mereça atenção à parte, de uma área com a missão de fixar políticas e diretrizes tributárias para a empresa como um todo. Um último aspecto, não tratado neste capítulo, diz respeito ao papel da área financeira, que nesse caso, seria a balizadora das taxas de oportunidade da empresa disponíveis para todas as áreas, incluindo a de vendas. Essa área seria o banco interno disponibilizando os recursos usados pelas áreas a taxas que refletissem os objetivos e disponibilidades reais da empresa do ponto de vista financeiro.

Resumo

Neste capítulo abordou-se a questão da formação do preço de venda. Em um primeiro momento, foi novamente enfatizado que a decisão deve se dar com base no resultado econômico gerado e ocorre circunstanciada pelas diretrizes, políticas e objetivos estratégicos da entidade. A decisão de preços foi vista como relacionada à decisão de volume. Não se decide apenas o preço, mas o preço e o volume. Deve ser escolhido o volume que gere o melhor resultado para a entidade, considerados os aspectos estratégicos do objetivo da política de preços da entidade. Abordou-se a composição do preço levando em conta os tributos mais comuns de incidência direta sobre vendas, como ICMS, PIS, IPI e Cofins. Por fim, foi abordado o aspecto da concessão de prazos e do cálculo do preço de venda no prazo, tendo em vista o custo do capital para a entidade. O capítulo foi finalizado com a apresentação de um modelo para o estudo do preço de venda, que separou a margem operacional, referente aos valores à vista, da margem financeira, o resultado financeiro pela concessão dos prazos.

Questões para estudo e pesquisa

1. Você considera que a formação do preço de venda é apenas uma questão técnica, de cálculo? Justifique sua resposta.
2. A incidência do IPI e do ICMS aparece destacada de forma diferente na nota fiscal de um produto. Essa diferença tem impactos no cálculo do preço de venda. Discorra sobre isso.
3. Pesquise as alíquotas de ICMS para os seguintes produtos: uísque, cigarros mentolados, livros didáticos, remédios.
4. Dar prazo e dar desconto no preço, tudo o mais sendo mantido, são equivalentes. Explique.

5. Nos exemplos desenvolvidos neste capítulo, o cálculo da taxa de juros a ser cobrada pelos prazos tinha o único objetivo de manter com o prazo as mesmas margens da venda à vista. Você considera possível a existência de outras políticas de preços? Dê um exemplo. Explique os objetivos que tais políticas poderiam ter, e tente fornecer exemplos.
6. Restrições como limitações de demanda, ou da quantidade de materiais disponíveis têm impactos na decisão de preços? Explique.
7. O custo financeiro, para o cálculo do preço de venda em uma venda a prazo foi calculado de duas formas diferentes. Explique a diferença entre elas. Qual você considera mais adequada? Justifique sua resposta.
8. Preço e volume são componentes relacionados em uma decisão. Discorra sobre essa afirmação.
9. Variáveis são quantidades de interesse que podem se modificar. Às vezes, elas se modificam em função do tempo, da região geográfica ou de outra característica qualquer. Existem variáveis dependentes e variáveis independentes. Considerando preço e volume, qual seria a variável dependente e qual seria a variável independente, na sua opinião? Justifique. Crie um exemplo com uma série de 10 variáveis de preço e volume e construa um gráfico.
10. Existem várias técnicas voltadas à otimização do resultado, tendo vista os vários tipos de restrições possíveis, como a do Multiplicador de Lagrange, técnicas de pesquisa operacional, como a Programação Linear, entre outras. Faça uma breve pesquisa sobre o Solver do Excel. Qual é sua relação com essas técnicas?

CAPÍTULO 4

O sistema empresa

→ **Objetivo do capítulo**
Este capítulo tem por objetivo apresentar o estudo de uma entidade produtiva sob um enfoque sistêmico.

→ **Visão geral do capítulo**
A entidade produtiva, como uma entidade de negócios, é estudada sob um enfoque sistêmico, isto é, como um conjunto de partes inter-relacionadas com um objetivo comum. Após uma breve introdução ao pensamento sistêmico, faz-se a abordagem da empresa sob esse enfoque. Para o entendimento da empresa, estudam-se seus subsistemas: institucional, sistema de gestão, sistema de informação, sistema físico e operacional, sistema social e sistema organizacional, de acordo com as definições que serão dadas no decorrer do capítulo. Uma particularidade do enfoque sistêmico é o entendimento de que o estudo de um sistema envolve não apenas o sistema em si, mas também suas fronteiras e interfaces, assim como o ambiente que o rodeia.

→ **Palavras-chave**
Eficácia; subsistemas do sistema empresa; ambiente próximo; ambiente remoto; sistema empresa.

4.1 Introdução

É sabido que o ambiente de negócios tem impacto na vida da empresa. Se a economia está aquecida, é mais fácil fazer negócios, vender e obter financiamentos; com a economia estagnada, ou em recessão, é mais difícil obter recursos, os juros sobem e as vendas diminuem.

Assim, é intuitiva a noção de que o ambiente causa impactos positivos e negativos em uma entidade de negócios. Esta é uma consequência de a empresa ser um sistema aberto. Em grande parte, o que acontece na empresa pode ser mais bem interpretado com o conhecimento do ambiente no qual ela se insere e de suas interfaces com ele.

Em uma análise feita sob o enfoque sistêmico, o sistema é estudado em termos de suas partes componentes, seus subsistemas e de seus relacionamentos com seu ambiente. Atualmente, a complexidade das relações no ambiente empresarial, devido a constantes mudanças socioeconômicas, oportunidades globais, mercados com grande concorrência, incertezas políticas, avanços tecnológicos e até questões geográficas, exige um profundo conhecimento acerca do ambiente de negócios.

O sistema empresa congrega um alto grau de interdependência para que os resultados almejados sejam alcançados. A forma de raciocínio por sistemas influencia positivamente a compreensão de diversos assuntos do contexto organizacional. Três características geralmente observadas na definição de um sistema abrangem sua composição na forma de partes relacionadas que constituem um todo, o fato de ele ter um objetivo próprio que integra e justifica a reunião de suas partes, e sua delimitação de acordo determinado contexto de análise. Esta afirmação merece um destaque: *o sistema é definido de acordo com o objetivo de estudo*. Assim, o sistema pode ser a empresa, caso o objetivo de estudo seja a empresa; ou pode ser a área de compras, caso o objetivo do estudo seja a área de compras. Ou pode ser o sistema de contabilidade, ou o sistema de controle de benefícios do RH – tudo depende da finalidade da análise.

Sistemas também são classificados como *estáticos* ou *dinâmicos*, conforme desempenhem atividades e se modifiquem, ou não se modifiquem nem realizem atividades, de acordo com a passagem do tempo.

Esses sistemas, quando analisados do ponto de vista da busca do equilíbrio, podem assumir a característica de serem *homeostáticos*. Eles são estáticos em relação ao ambiente externo e dinâmicos em relação ao ambiente interno, por exemplo: refrigerador, um organismo vivo, uma empresa. Assim, são sistemas que mantêm um equilíbrio com o ambiente onde se inserem, à custa de trabalho interno realizado. Necessitam interagir com o ambiente em busca dos recursos despendidos nessa manutenção de equilíbrio. Recebem do ambiente, por exemplo, informações, materiais, componentes, matérias-primas, pessoas, treinamento, tecnologias, financiamentos na forma de capital dos acionistas, empréstimos e financiamentos, além de *feedback*; e devolvem ao ambiente produtos, serviços, empregos, impostos, conhecimentos, desafios, tecnologias, recursos financeiros e também *feedback*.

Catelli[1] acrescenta que o ambiente externo da empresa é um conjunto de entidades que, direta ou indiretamente, impacta ou é impactado por sua atuação, caracterizando-o como ambiente remoto e ambiente próximo, definidos da seguinte forma:

- **Ambiente remoto**: composto por entidades que não se relacionam diretamente com a empresa, mas têm algum tipo de influência sobre ela, como governo, órgãos regulatórios, entidades de classe, associações empresariais, sindicatos, entre outras.
- **Ambiente próximo**: composto pelas entidades que fazem parte do segmento específico da empresa, como concorrentes, fornecedores, clientes e consumidores, além de entidades com influência na gestão de variáveis importantes, como preços, volumes, qualidade, prazos, taxas de financiamentos etc.

As organizações são, fundamentalmente, um conjunto de pessoas, competências e tecnologias; corporificam um complexo sistema social no qual ocorrem trocas internas e externas de recursos, conhecimento e informações.

4.2 O sistema empresa

Uma empresa é um sistema, pois corresponde a um conjunto de partes que interagem com o propósito de cumprir sua missão. Trata-se de um sistema aberto, posto que efetua trocas com o ambiente, do qual recebe recursos e informações, usados para que ela continue existindo e operando organizadamente.

O sistema empresa atua no sentido de cumprir sua missão. Para tanto, leva produtos e serviços ao mercado com o objetivo de satisfazer necessidades que identificou no ambiente em que atua. A ideia é satisfazer essas necessidades usando as "competências" específicas de que dispõe. Em troca, recebe receita, que representa a validação de seus esforços no mercado. Após a reposição dos recursos consumidos no período, essa receita é usada para investir, possibilitando à empresa adaptar-se às modificações ambientais.

O valor de seus ativos advém de dois aspectos básicos: seu valor de mercado e sua capacidade de auxiliá-la a cumprir sua missão, no contexto da empresa.

O ambiente de atuação da empresa é aquele em que existe competição pelos clientes e pelos recursos. Esse ambiente tem mudado a uma velocidade cada vez maior, devido ao impacto das tecnologias e da atuação das próprias organizações. O comportamento do sistema empresa encontra muitas de suas explicações no ambiente em que está inserido.

---

[1] CATELLI, A. *Controladoria*: uma abordagem da gestão econômica GECON. 2. ed. São Paulo: Atlas, 2001.

Existe um nível ótimo de eficiência para uma empresa, dentro de determinada capacidade operacional. Cada subsistema deve realizar seus processamentos de forma a permitir que a empresa atinja eficiência e eficácia ótimas.

Suas entradas e saídas têm de estar em consonância com as capacidades de absorção e as disponibilidades existentes no meio ambiente.

A empresa coloca seus produtos e serviços no mercado, obtendo sua receita, que é usada para obter novos recursos a serem empregados no próximo ciclo produtivo. Esse giro corresponde a um estado de estabilidade em que a empresa necessita estar continuamente se adaptando às mudanças ambientais.

O mecanismo de *feedback* possibilita à organização adaptar-se e ajustar seus percursos. Entende-se que existem vários desses mecanismos. Um mecanismo básico é a receita gerada pela colocação de seus produtos e serviços – seja a empresa como um todo, em relação a seu ambiente, sejam os diversos subsistemas, como compras, estoques, produção, armazém de produtos acabados e vendas, em relação uns com os outros. Todas as atividades desempenhadas devem adicionar valor à empresa. Conforme já foi dito, para cumprir sua missão, a empresa deve estruturar as várias atividades que desempenha. Todas as atividades desempenhadas devem adicionar valor à empresa.

A definição do sistema pode se dar de acordo com os objetivos do estudo. Desse ponto de vista, a empresa pode ser estudada considerando-se, por exemplo, as funções empresariais como subsistemas de interesse, ou outros tipos de sistemas como os de informação ou de crenças e valores. Uma definição interessante seria a visão do sistema empresa como sendo composto de seis grandes subsistemas: subsistema institucional, sistema organizacional, sistema sócio-político-psico-cultural, sistema de gestão, sistema de informação e sistema físico e operacional.

4.3 O sistema físico e operacional

Esse subsistema abrange a realidade operacional, física, do negócio. Diz respeito às máquinas, equipamentos, processos, estruturas, construções, agrupados para o desempenho das tarefas e relacionados de alguma maneira preestabelecida, segundo a qual seus processos se juntam para possibilitar à empresa atingir seu objetivo.

O sistema físico e operacional corresponde às máquinas e equipamentos, e às pessoas em seus processamentos físicos, necessários para a disponibilização dos produtos e serviços da empresa.

4.3.1 Gestão operacional

O ciclo operacional corresponde ao conjunto de eventos que abrangem o período compreendido entre a compra e o recebimento da venda, conforme exemplo dado na Figura 4.1.

Figura 4.1 A gestão operacional

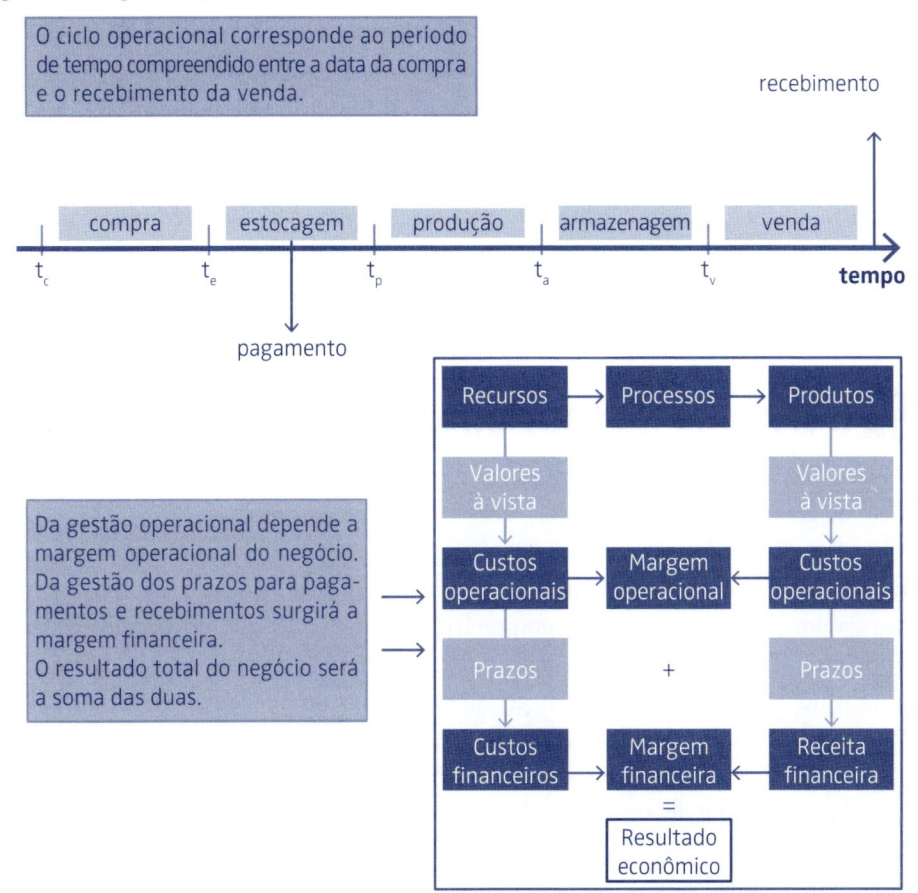

O ciclo operacional corresponde ao período de tempo compreendido entre a data da compra e o recebimento da venda.

| compra | estocagem | produção | armazenagem | venda | recebimento |

$t_c \quad t_e \quad t_p \quad t_a \quad t_v \quad$ **tempo**

pagamento

Da gestão operacional depende a margem operacional do negócio. Da gestão dos prazos para pagamentos e recebimentos surgirá a margem financeira.
O resultado total do negócio será a soma das duas.

Recursos → Processos → Produtos

Valores à vista ——— Valores à vista

Custos operacionais → Margem operacional ← Custos operacionais

Prazos + Prazos

Custos financeiros → Margem financeira ← Receita financeira

= Resultado econômico

Suponha-se uma empresa comercial, a Comercial QQR Ltda., que compre sua mercadoria por R$ 50.000 e a venda por R$ 100.000. Percebe-se que, caso ela realize apenas uma operação de compra e venda desse tipo por ano, ao final de um ano terá lucrado R$ 50.000. Caso realize uma operação a cada 6 meses, lucrará R$ 100.000, e a cada três meses, R$ 200.000; o lucro aumenta de maneira diretamente proporcional ao giro do negócio. Quanto menor for o ciclo operacional, maior será o retorno, supondo-se que tudo o mais seja constante.

Cada ramo de negócio tem seu ciclo operacional, abrangendo diferentes períodos de tempo. Assim, o ciclo operacional da construção civil (mais longo) é diferente do ciclo operacional de uma pizzaria (mais curto). Em cada um desses ramos, as empresas atuam para enxugar esse ciclo operacional, diminuindo períodos de estocagem, produção, armazenagem e otimizando o ciclo financeiro de pagamentos e recebimentos, buscando obter prazos maiores para pagamento e prazos menores para o recebimento, considerando seu custo de oportunidade e as taxas de juros praticadas.

As empresas lutam constantemente para reduzir os custos das atividades que não adicionam valor diretamente para o cliente. O próprio período abrangido pela atividade é um custo considerado. Tempo é dinheiro, uma vez que o capital tem custo.

Nessa busca da excelência operacional são comuns o uso de indicadores como *benchmarking* e preços de transferência. Por exemplo: Kanban na gestão dos estoques, indicando o momento da reposição, indicadores de prazos médios de recebimento e pagamento, assim como indicadores do giro de estoques. Modelos de indicadores mais completos abrangem aspectos operacionais financeiros e econômicos, variando dos tradicionais índices de liquidez, estrutura de capital e rentabilidade aos modelos como fatores críticos de sucesso (FCS) e o *Balanced Scored Card* (BSC).

4.4 O sistema institucional

O sistema institucional constitui-se por meio dos subsistemas de crenças e valores, do modelo de gestão adotado e da missão declarada para a empresa.

O modelo de gestão é o conjunto de crenças e valores relacionados às convicções sobre como administrar uma empresa para que ela tenha sucesso. Consiste na conversão das crenças, valores e expectativas dos empresários em diretrizes que orientarão os demais componentes do sistema empresa para que os resultados desejados sejam alcançados. Este trabalho[2] apoia-se no modelo de gestão econômica no que tange o uso do resultado econômico como indicador da eficácia.

Outro elemento componente do sistema institucional é a missão, caracterizada por Oliveira[3] como "[...] a determinação do motivo central do planejamento estratégico, ou seja, de 'aonde a empresa quer ir'. Corresponde a um horizonte dentro do qual a empresa atua ou poderá atuar".

Guerreiro[4], em seu trabalho sobre gestão econômica, define *missão* como a principal razão da existência do sistema empresa. Nas palavras dele:

> [...] existe, porém, um objetivo fundamental do sistema empresa, que se constitui na verdadeira razão de sua existência, que caracteriza e direciona o seu modo de atuação, que independe das condições ambientais do momento, bem como de suas condições internas, e assume um caráter permanente: é a sua missão.

Assim, a missão é um elemento aglutinador e uma justificativa para as ações de uma entidade produtiva.

---

[2] GUERREIRO, R. *Modelo conceitual de sistema de informação para gestão econômica: uma contribuição à teoria da comunicação da contabilidade.* Tese (Doutorado). FEA-USP, 1989.
[3] OLIVEIRA, D. P. P. *Planejamento estratégico.* São Paulo: Atlas, 1987.
[4] GUERREIRO, 1989, p. 155.

4.5 Sistema organizacional

O sistema organizacional diz respeito à organização montada formalmente para a empresa. Nele, estão definidas as maneiras pelas quais os recursos serão agrupados em atividades e áreas de responsabilidade, o grau de centralização, a definição da amplitude de gestão, a utilização das funções de assessoria, a formalização dos graus de autoridade e responsabilidade dentro da empresa. Esse subsistema acaba sendo consubstanciado no organograma empresarial.

4.6 Sistema sócio-político-psico-cultural

O sistema sócio-político-psico-cultural diz respeito à cultura organizacional da empresa, às pessoas e seus relacionamentos.

4.7 O sistema de gestão

O sistema de gestão diz respeito ao processo administrativo de planejamento, execução e controle, a suas fases e à maneira como ele está estruturado formalmente.

Como o sistema empresa está sujeito à característica da equifinalidade, precisa escolher entre as várias maneiras disponíveis para alcançar seus objetivos e cumprir sua missão. Essa escolha é feita pelos gestores, os responsáveis pelo processo decisório dentro da empresa, caracterizados por Guerreiro[5] como os responsáveis por decisões econômicas.

As várias alternativas de ação identificadas são examinadas, e é escolhida aquela que apresente a maior expectativa de resultado econômico.

A gestão tem sido definida como responsável por três grandes funções básicas: planejar, executar e controlar. Como só se executa aquilo que se decide, temos que o processo de planejamento, que corresponde à tomada antecipada de decisões, tem grande impacto no desempenho da empresa.

O ideal é que a escolha entre as várias alternativas disponíveis para o cumprimento da missão seja feita com o auxílio de simulações. Deve-se notar que o ambiente em que as empresas atuam é dinâmico e está sujeito a turbulências, por causa da competição. Nesse ambiente, sobreviverão apenas as empresas mais flexíveis, adaptáveis e com maior capacidade de crescimento.

O sistema empresa necessita ser eficiente e eficaz. A eficiência está relacionada a uso adequado dos recursos, obtenção de custos competitivos e procedimentos corretos, a um padrão de consumo de recursos com o qual o consumo real seja comparado. Já a eficácia relaciona-se à identificação da ação correta a ser empreendida, do objetivo adequado a ser perseguido.

---

[5] GUERREIRO, 1989.

A empresa precisa de lucro para sobreviver, e o acionista tem de ser remunerado adequadamente. Para isso, a empresa deve identificar oportunidades atrativas em termos de lucro no mercado, necessidades a que possa atender de maneira competitiva, dadas as suas características físicas, operacionais, culturais etc.

4.8 A integração do sistema de gestão com o sistema de informação

É importante, do ponto de vista do objetivo de estudar a contabilidade gerencial, que se destaque o relacionamento entre o processo decisório e o sistema de informações.

Para que as decisões tomadas dentro de um processo gerencial sejam eficazes, precisam do apoio de um sistema de informações que se integre a esse processo, como representado na Figura 4.2.

Figura 4.2 Relacionamentos entre o sistema físico, o sistema de gestão e o sistema de informação

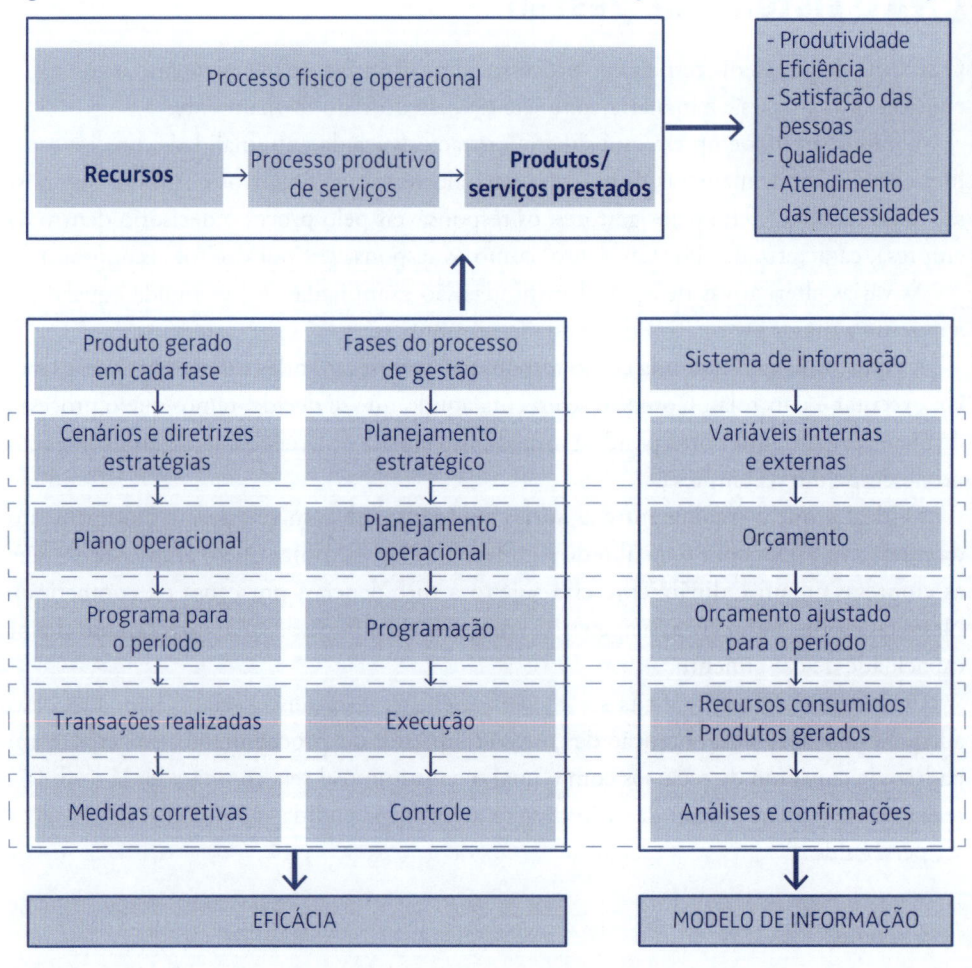

Produto gerado em cada fase	Fases do processo de gestão	Sistema de informação
Cenários e diretrizes estratégias	Planejamento estratégico	Variáveis internas e externas
Plano operacional	Planejamento operacional	Orçamento
Programa para o período	Programação	Orçamento ajustado para o período
Transações realizadas	Execução	- Recursos consumidos - Produtos gerados
Medidas corretivas	Controle	Análises e confirmações
EFICÁCIA		MODELO DE INFORMAÇÃO

Processo físico e operacional: Recursos → Processo produtivo de serviços → Produtos/serviços prestados

- Produtividade
- Eficiência
- Satisfação das pessoas
- Qualidade
- Atendimento das necessidades

4.8.1 O sistema de informações

O sistema de informações diz respeito a pessoas, equipamentos, programas e procedimentos voltados à disponibilização das informações necessárias ao processo decisório dentro do sistema de gestão.

Parte importante do processo de *feedback* é o sistema de informações que capta as modificações geradas na empresa e no ambiente por sua atuação, comunicando-as aos tomadores de decisão, que decidem o que é preciso, com base em novos parâmetros que incorporam o resultado de suas ações (decisões passadas).

Esse processo permite à entidade corrigir seu rumo e mudar seu desempenho, adaptando-se às modificações internas e ambientais.

Os sistemas de informações ambientais ligam-se ao registro e armazenamento de variáveis ambientais.

As transformações incessantes e profundas do ambiente de negócios trazem implicações importantes para as organizações. Mesmo onde estão disponíveis, essas informações nunca se apresentam de forma estruturada e sistematizada; pelo contrário, elas são sempre fragmentadas, desconexas, vagas e, devido a essas características, difíceis de lidar, interpretar e utilizar no processo decisório.

Em alguns estudos na área de monitoração ambiental, o ambiente organizacional é subdividido nos seguinte setores:

- **Setor cliente**: refere-se às entidades que adquirem os produtos ou serviços da organização;
- **Setor concorrência**: abrange as entidades que competem com a entidade em estudo;
- **Setor tecnológico**: envolve capacitação científica e tecnológica;
- **Setor regulatório**: envolve desenvolvimentos políticos e reguladores;
- **Setor econômico**: envolve dados de conjuntura econômica;
- **Setor sociocultural**: refere-se às crenças e valores da população.

Do ponto de vista econômico, entende-se que a empresa atua em dois mercados: o mercado de recursos, no qual a empresa obtém os recursos que utiliza, e o mercado de produtos, no qual ela coloca seus produtos e serviços. Em ambos os mercados existe competição.

É óbvia a grande variedade de dados ambientais que deveria ser contemplada no processo de planejamento estratégico. Deve-se notar também que o peso dado a cada um desses fatores varia de acordo com a organização e com o administrador.

4.8.2 Sistemas de informações operacionais

O sistema de informações operacionais compreende o sistema de informações dedicado ao registro físico das transações. Geralmente, sob o controle do gestor de cada área, é seu sistema de apoio para o registro e o armazenamento de dados referentes aos volumes transacionados, datas, condições praticadas etc., permitindo o controle em nível operacional.

4.8.3 Sistema de informações para gestão econômica

Esse sistema obtém seus dados dos sistemas de informações operacionais e os trata do ponto de vista econômico. Permite a decisão econômica sobre os eventos de determinada área de responsabilidade.

Para Guerreiro[6], o sistema de informação para a gestão econômica:

> [...] é o conjunto de subsistemas de pré-orçamentação, orçamentos, custos e contabilidade que reflete as decisões tomadas por ocasião do planejamento em termos monetários e, posteriormente, confronta os resultados reais com os planejados, possibilitando então as ações de controle.

O sistema de informação para gestão econômica contempla ainda os seguintes aspectos, citando Catelli e Guerreiro[7]:

> [...] O sistema de informação deve ser estruturado sob conceito de banco de dados: planos de contas, plano de áreas de responsabilidade/centro de resultados, contabilidade gerencial e contabilidade societária.
>
> As informações e relatórios devem atender aos conceitos e ao modelo de decisão dos usuários: modelo de informação com base no modelo de decisão e modelo de mensuração.
>
> A mensuração das transações deve ser efetuada com a utilização de conceitos econômicos: valor de mercado, reconhecimento da receita pela produção dos bens e serviços, custo de oportunidade, valor à vista, equivalência de capitais.
>
> Aos recursos, produtos/serviços das atividades diversas devem ser atribuídos, respectivamente, custos e receitas com base no valor de mercado: preço de transferência, preço e custos correntes.

Ainda segundo Guerreiro[8]:

> [...] o modelo assume uma configuração própria para cada tipo de evento econômico, tanto no nível dos dados de entrada, quanto do processamento e das informações de saída.

Essas características fazem o modelo ser facilmente adaptável aos eventos econômicos de indústrias, empresas comerciais e prestadoras de serviços.

---

[6] GUERREIRO, 1989, p. 275.
[7] CATELLI, A.; GUERREIRO, R. Mensuração de atividades: comparando "ABC" x "GECON". *Caderno de Estudos FIPECAFI*. São Paulo, n. 8, p. 1-13, 1993. p. 110.
[8] GUERREIRO, 1989, p. 283.

Estudando esse sistema do ponto de vista conceitual, verificamos que sua estruturação baseia-se em quatro grandes modelos: modelo de acumulação, modelo de mensuração, modelo de decisão e modelo de informação.

O modelo de informação

O modelo de informação corresponde ao modelo conceitual de informação a ser fornecida para embasar as decisões dos gestores. É um sistema conceitual que relaciona os subsistemas modelo de mensuração e modelo de decisão, com o objetivo de permitir a eficácia do gerente em seu processo decisório.

Esse modelo de informação (Figura 4.3) é influenciado e moldado pelos modelos de mensuração e de decisão adotados, uma vez que essa informação deve ser elaborada com tais características[9].

Figura 4.3 O modelo de informação engloba os modelos de decisão e de mensuração

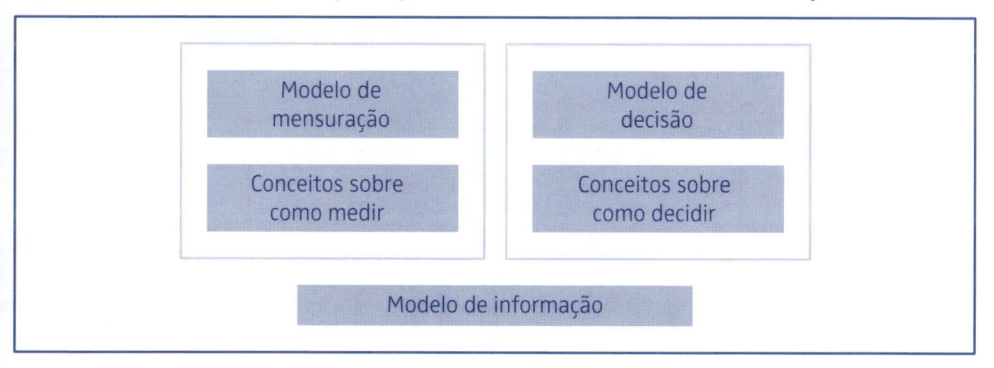

```
┌─────────────────────────────────────────────────────────┐
│   ┌──────────────────┐      ┌──────────────────┐        │
│   │   Modelo de      │      │   Modelo de      │        │
│   │   mensuração     │      │   decisão        │        │
│   └──────────────────┘      └──────────────────┘        │
│   ┌──────────────────┐      ┌──────────────────┐        │
│   │  Conceitos sobre │      │  Conceitos sobre │        │
│   │  como medir      │      │  como decidir    │        │
│   └──────────────────┘      └──────────────────┘        │
│           ┌──────────────────────────────┐              │
│           │    Modelo de informação      │              │
│           └──────────────────────────────┘              │
└─────────────────────────────────────────────────────────┘
```

O sistema de informações elaborado para suprir essas informações, por sua vez, será impactado pelo modelo de informação adotado. Esse modelo deverá suprir todas as fases do processo decisório – planejamento, execução e controle – e abranger as variáveis identificadas nos modelo decisórios dos tomadores de decisão, medindo-as de acordo com os conceitos adotados para o cálculo do resultado econômico em cada fase do processo de gestão.

O modelo de acumulação

O modelo de acumulação é um subsistema do modelo de informação proposto, cuja missão é permitir a geração de informação de resultado, de acordo com os critérios pelos quais a decisão é tomada e com as entidades (objetos) de decisão envolvidas, como a área de responsabilidade, o produto, o cliente, a região geográfica, a atividade, o evento etc.

A acumulação de receita e despesas deve se dar de acordo com critérios úteis à tomada de decisão, e todo evento em uma empresa deve ter um gestor responsável por ela.

---

[9] GUERREIRO, 1989, p. 138.

Segundo Glautier e Underdown[10], os custos são acumulados de duas formas: em termos de seu relacionamento com uma pessoa (avaliação de desempenho) e dos produtos (resultados).

No modelo de acumulação proposto, à determinada atividade seriam imputados os custos e a receita controláveis pelo gestor dessa atividade. Esses custos e essa receita seriam acumulados em sua área de responsabilidade, seja de produto, cliente, mercado, agência, atividade etc.

O modelo de decisão

Diz respeito ao modelo conceitual, que especifica em quais conceitos a decisão deve se apoiar. Nesse modelo, podem ser especificadas as variáveis contempladas no processo decisório, caso se trate do modelo de decisão encarado de forma restrita, ou contempladas as variáveis envolvidas no processo decisório, além do seu modelo de mensuração, quando estivermos falando do modelo de decisão ampliado. Esse modelo de decisão é apresentado na Figura 4.4 e corresponde à definição de um processo de escolha aplicado a eventos de interesse tendo por pano de fundo a busca da eficácia organizacional.

Figura 4.4 O modelo de decisão

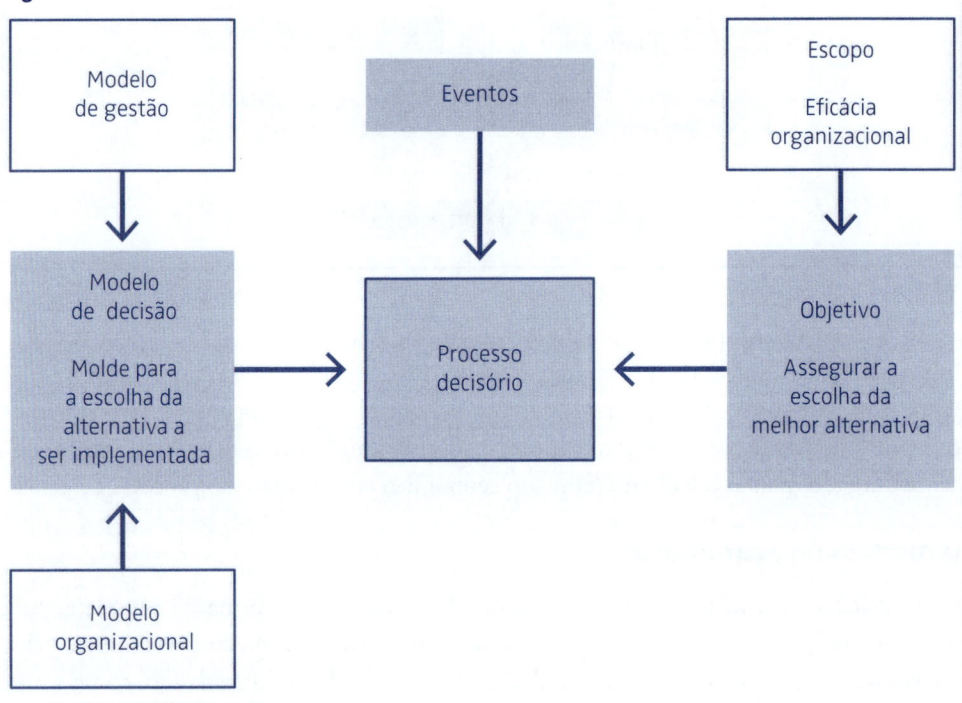

Fonte: Oliveira, 1994, p. 132

Com vistas à eficácia gerencial, são fixados os critérios de avaliação, que têm impacto no modelo de decisão dos gestores das áreas. Também atuando sobre o modelo de decisão dos gestores das áreas está o modelo organizacional, a maneira como os recursos da empresa estão estruturados.

---

[10] GLAUTIER, M. W. E.; UNDERDOWN, B. Accounting Theory and Practice. 4. ed. London: Pitman, 1991.

A interação de todos esses fatores é decisiva para a determinação das variáveis e do critério de mensuração considerados dentro do modelo de decisão.

Esse modelo surge para assegurar que a alternativa escolhida seja efetivamente a melhor, tendo como pano de fundo a necessidade de atingir a eficácia organizacional. Para isso, deve ser capaz de permitir a escolha da alternativa que mais contribua para a eficácia da organização. Dentro do modelo de gestão econômica, isto é feito considerando-se o resultado econômico das alternativas.

O modelo de mensuração

O modelo de mensuração corresponde ao modelo conceitual de como deveriam ser atribuídos valores às características dos eventos, transações e objetos de interesse de medição. Guerreiro afirma[11]:

> A mensuração de objetos ou eventos não se restringe a uma base de tempo: tomadores de decisões necessitam de informações relativas a eventos e objetos do passado, presente ou futuro.

Ainda segundo Guerreiro[12], as diretrizes para caracterização do modelo de mensuração de gestão econômica são as seguintes:

- → Tipo de decisão a ser tomada;
- → Identificar o sistema relacional empírico;
- → Identificar a característica de interesse de medição;
- → Identificar a unidade de mensuração;
- → Definir a base conceitual (critérios de mensuração);
- → Identificar o sistema relacional numérico;
- → Analisar o sistema de mensuração caracterizado à luz do *purpose view* (informação adequada) e do *factual view* (confiabilidade, validade, tipo de escala e significado numérico).

4.9 Escala de mensuração monetária

Contabilidade e moeda estão intrinsecamente ligadas. A moeda é a escala de mensuração utilizada na contabilidade, o desenvolvimento da moeda ao longo da história afetou o desenvolvimento da contabilidade e vice-versa.

Com um conteúdo de informação, a moeda é o meio usado para transmitir a ideia de valor. Suas características – como a possibilidade de ser subdividida em unidades, seu uso genérico por todos em uma sociedade e sua certificação enquanto unidade de valor – possibilitam sua utilização pela contabilidade como uma escala de medida a ser aplicada aos eventos e objetos de contabilização.

---

[11] GUERREIRO, 1989, p. 77.
[12] GUERREIRO, 1989, p. 93.

Para Swanson e Miller[13], o entendimento da moeda como meio de informação e de comunicação é fundamental para que os sistemas de informações contábeis meçam os diversos processos da organização com totalidades coerentes. A esse respeito, os autores sustentam que: "O conceito de moeda é tão importante para a contabilidade que os sistemas de informação contábeis podem ser vistos como extensões do sistema monetário [...]", posto que a moeda é uma medida que incorpora os relacionamentos sociais envolvidos entre os diversos atores integrantes de uma transação.

A informação na forma de moeda – o preço recebido – é um instrumento poderoso de que a sociedade dispõe para guiar os agentes econômicos individuais em direção à satisfação de suas necessidades, uma vez que essa informação tem mais chances de fazer uma entidade gerar um serviço ou produto necessário com maior eficácia do que qualquer outra forma de comunicação.

Figura 4.5 O modelo de mensuração

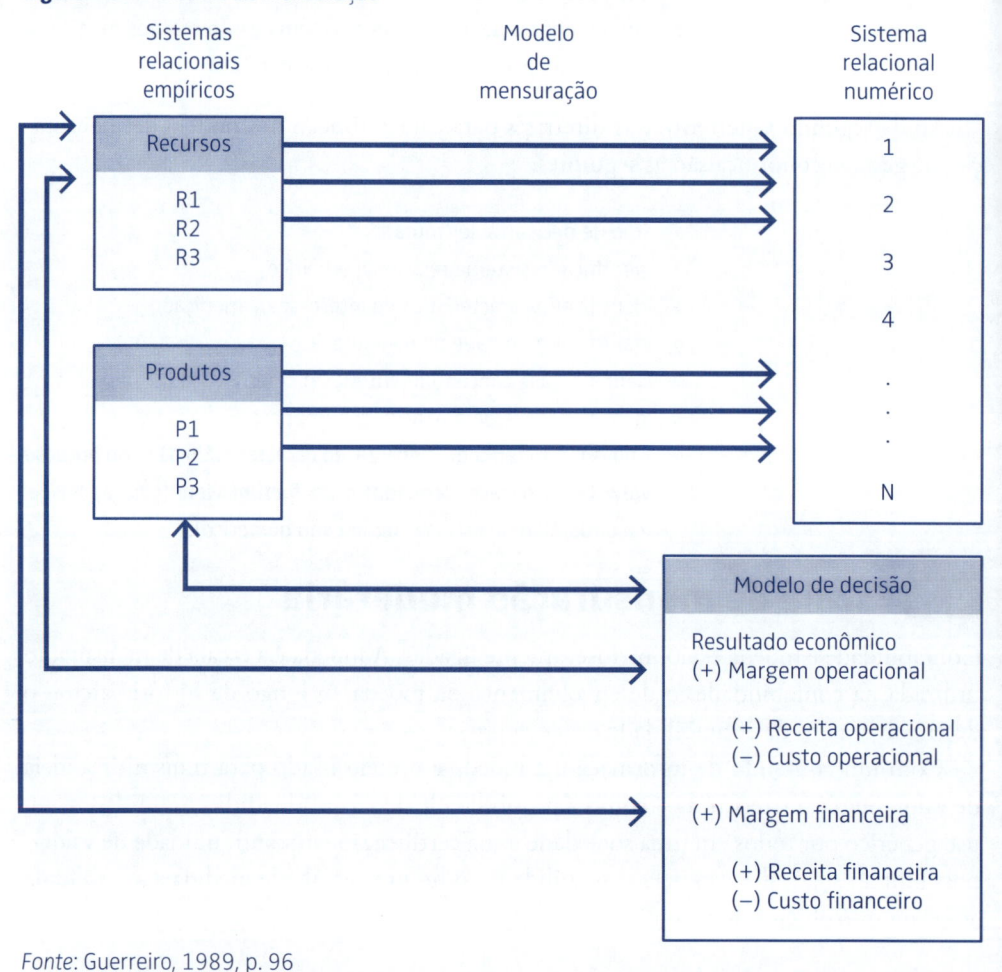

Sistemas relacionais empíricos | Modelo de mensuração | Sistema relacional numérico

Recursos
R1
R2
R3

Produtos
P1
P2
P3

1
2
3
4
.
.
.
N

Modelo de decisão

Resultado econômico
(+) Margem operacional

(+) Receita operacional
(−) Custo operacional

(+) Margem financeira

(+) Receita financeira
(−) Custo financeiro

Fonte: Guerreiro, 1989, p. 96

---

[13] SWANSON, G. A.; MILLER, J. G. *Measurement and interpretation in accounting*: a living systems theory approach. New York: Quorum Books, 1989.

4.10 Considerações finais

O enfoque sistêmico, para o estudo da realidade de entidades produtivas, rende *insights* importantes como o da importância fundamental do ambiente para as definições de procedimentos e definições assumidas internamente à entidade.

Foi também apresentada a noção de que a caracterização do sistema, o tipo de enfoque a ser dado em sua definição, depende dos objetivos decisórios e de análise. Quanto à realidade empresarial, foram apresentadas as possibilidades de caracterizar funções produtivas, como compras, produção, finanças, etc., e subsistemas – físico e operacional, organizacional, institucional, de gestão e de informação. Essa forma de análise pode ser aplicada à entidade como um todo e a cada uma de suas áreas de responsabilidade. Dentre os seis subsistemas da segunda forma apresentada, foram foco deste estudo o sistema de informação e seus relacionamentos com o processo decisório e o sistema físico e operacional.

→ Resumo ←

Neste capítulo foi aplicado o raciocínio sistêmico à realidade das entidades produtivas. O enfoque sistêmico se propõe a ser um enfoque universal, aplicável a vários aspectos da realidade. A aplicação desse enfoque à realidade das entidades econômicas permitiu identificar subsistemas como os das funções produtivas: compra, produção, estoques, vendas, armazenagem, finanças, RH etc. Também permitiu o estudo da empresa e suas áreas de responsabilidade como divididas nos seguintes subsistemas: sociopolítico, organizacional, institucional, de gestão, físico e operacional, e de informação. Foi destacada, como objeto de estudo deste livro, a importância dos relacionamentos entre o processo decisório, o sistema físico e o sistema de informações.

→ Questões para estudo e pesquisa ←

1. Quais são as implicações da utilização do enfoque sistêmico à realidade das entidades econômicas?
2. Considere a afirmação: o enfoque sistêmico é útil por permitir o estudo do sistema de forma isolada do ambiente que o circunda. Concorda ou discorda? Justifique.
3. Conceitue eficiência.
4. Conceitue eficácia.
5. Discorra sobre a importância do lucro no contexto da busca da eficácia.
6. Qual é a relação entre decisão e informação?
7. Qual é a relação entre sistema de informações gerenciais e processo decisório?
8. Defina modelo decisório.
9. Defina modelo de informação.
10. Qual é a relação entre modelo de informação e sistema de informação?

CAPÍTULO 5

O processo orçamentário e as principais funções organizacionais

→ **Objetivo do capítulo**
O objetivo geral deste capítulo é apresentar métodos e características do orçamento, bem como aspectos do processo orçamentário para sua elaboração.

→ **Visão geral do capítulo**
Este capítulo se inicia conceituando o processo orçamentário como uma ferramenta essencial para a eficácia da gestão. Apresenta alguns tipos de orçamentos discutidos na literatura e na prática das organizações. Na sequência, aborda, de maneira sucinta, benefícios e críticas relacionadas ao orçamento.

→ **Palavras-chave**
Orçamento; controle; eficácia; planejamento; contabilidade e orçamento.

5.1 Introdução

Os conceitos de *planejamento* e *orçamento* são vitais para a sobrevivência de uma organização em um ambiente dinâmico e complexo como o atual. Contabilidade e orçamento são os instrumentos básicos de controle. Do ponto de vista da gestão econômica interna de uma entidade, o sistema de informação contábil, medindo o resultado realizado, e o sistema orçamentário, espelhando as metas planejadas, se justificam como instrumentos para o alcance da eficácia. Mesmo do ponto de vista da gestão pública, a relação entre planejamento, contabilidade e orçamento é importante para a gestão pública, com vistas ao crescimento econômico e ao desenvolvimento social.

É nesse contexto que o tema *processo orçamentário* será discutido neste capítulo.

5.2 Aspectos conceituais e benefícios do orçamento

O orçamento é uma expressão formal e quantitativa dos planos de uma entidade. Do ponto de vista prático, na maioria das vezes é a quantificação econômico-financeira do plano para o próximo exercício. Várias organizações fazem planos operacionais quantificados para mais de um ano, de acordo com os projetos que pretendam implementar.

Do ponto de vista prático, o orçamento envolve algum grau de formalização e deve gerar um documento: o *orçamento*, conjunto de relatórios que envolve receitas e custos das várias áreas organizacionais e da organização como um todo, e que deve identificar responsáveis por todos os itens de resultado da organização, nos vários níveis hierárquicos. Os eventos organizacionais devem sempre ter um responsável por ele.

Segundo a definição de orçamento, ele deve acompanhar a estrutura de responsabilidade e controle organizacional, de acordo com a estrutura de áreas de responsabilidade, centros de custos, de resultados e de investimentos. Para que seja eficaz, torna-se necessário promover sua integração com o sistema de informação contábil, que deve contemplar o mesmo plano de áreas de responsabilidades, plano de contas e estrutura de produtos, por exemplo. Os orçamentos das áreas são consolidados na forma de demonstração de resultados, balanço patrimonial e fluxo de caixa para toda a organização.

Entre os diversos benefícios do orçamento, segundo Welsch[1], destacam-se os seguintes:

→ Coordenação das atividades de maneira apropriada.
→ Tomada de decisões antecipada sobre o curso de ações.

---

[1] WELSCH, G. A. *Orçamento empresarial*. 4. ed. São Paulo: Atlas, 1986.

- → Definição das funções e responsabilidades de cada área de resultado da empresa.
- → Utilização dos recursos disponíveis de modo mais eficiente.
- → Avaliação do progresso da realização dos objetivos e do desempenho das áreas e de seus gestores.

A confecção do orçamento é, em si mesma, um projeto que exige negociação e articulação para que seja gerado um documento efetivo. Em organizações bem estruturadas, existe uma área, denominada *Controladoria*, que coordena esse processo. Desde a definição dos participantes e forma de participação até as bases conceituais de mensuração e informação adotadas, esse processo pode variar em um espectro que vai do relativamente informal, executado por uma pequena empresa com análises mais qualitativas e simples, até um procedimento detalhadamente elaborado, que leva diversos meses, envolvendo projeções estatísticas e pesquisa operacional, empregado por grandes empresas.

Nesse contexto, o orçamento é a expressão, em termos econômico-financeiros, dos planos da administração para a empresa para determinado período. Isso funciona como instrumento de controle de gestão de três maneiras:

- → Possibilitando a congruência de objetivos dos gestores das diferentes áreas de responsabilidade com os objetivos organizacionais.
- → Como balizador da decisão gerencial com o objetivo de atender as estratégias organizacionais[2].
- → Como componente viabilizador do controle, fornecendo as metas contra as quais o desempenho será comparado.

Bons sistemas orçamentários têm um papel fundamental no sistema de planejamento e controle, associados a um sistema contábil consistente com sua base conceitual. Quando construídos dessa maneira, orçamento e contabilidade possibilitam conhecer e analisar as variações entre os resultados obtidos e aqueles planejados, uma vez que o sistema de informação contábil mede os resultados dos desempenhos realizados, enquanto o orçamento reflete os resultados dos eventos planejados.

O orçamento é o instrumento que permite o controle em seu mais amplo sentido, ou seja, o controle econômico dos desempenhos, o controle econômico da gestão.

5.3 Críticas ao processo orçamentário[3]

Críticas aos orçamentos e suas limitações são comuns ao longo do tempo. Os estudiosos apontam sua importância, dificuldades de implantação e limitações. Sobre esses tópicos podem ser consultados autores como Kaplan, Welsch, Horngren, Hansen e Mowen, ou Vatter.

---

[2] A esse respeito, ver RANA, G. P. *O cumprimento do orçamento como indicador de alcance da estratégia*. Dissertação (Mestrado). Pontifícia Universidade Católica, São Paulo, 2010.
[3] Todo este tópico foi escrito com base em GIMENEZ, L.; OLIVEIRA, A. B. S. Pesquisa ação: a implantação de orçamento base zero em uma prestadora de serviços de locação de equipamentos para movimentação de carga. *Revista Hermes*, São Paulo, 2013.

Possíveis efeitos colaterais da existência de um sistema orçamentário na empresa podem ser encontrados em autores como Hofsted, Jelineck, Argirys. No entanto, na maioria das vezes, as críticas não buscam invalidar o orçamento, mas aprimorá-lo, enumerando possíveis barreiras a serem transpostas na implementação, na elaboração, na execução e no controle.

Brookson[4] salienta que em algumas empresas o orçamento é visto como algo a ser temido, e não como ferramenta para melhorar o desempenho, por incorporar interesses conflitantes. Com esse objetivo, entretanto, sustenta que a prevenção desses conflitos é possível quando se produzem orçamentos realistas. Pol Rana[5], define parâmetros necessários para que o orçamento esteja alinhado com a estratégia da organização. Variáveis como comunicação, uma área de controladoria e de um processo estruturado de planejamento são importantes para um processo orçamentário que contribua para a eficácia da organização.

Um grupo de pesquisa, que mais tarde se tornou uma consultoria de sucesso com a marca BBRT (*Beyond Budgeting Round Table*), defendia técnicas alternativas ao orçamento para o controle empresarial. Alegando que o orçamento carece de uma gestão comando-controle, entenderam como alternativas ao orçamento o *empowerment,* levando as decisões para os níveis mais baixos da organização, por estarem mais inclinados a atuar com o cliente, compreendendo suas necessidades, adotando ações para saná-las, agregando valor para a empresa, como os exemplos das empresas Ahlsell, Leyland Trucks e o banco Handelsbanken.

A técnica do BBRT entende a governança como um conjunto de práticas administrativas transparentes e como forma de descentralizar e otimizar a decisão, uma vez que todos os interessados compartilham o mesmo sistema de informações.

No entanto, apesar do título (*Orçando além da mesa-redonda*[6]) e das críticas ao orçamento, algum tipo de orçamento e processo orçamentário continua existindo. O instrumento financeiro que serve de base para tomada de decisão ou mensuração no Beyond Budgeting é o Rolling Forecast, que define parâmetros mutáveis, segundo condições ambientais para determinado período, a que se acrescenta um período em lugar de outro concluído.

5.4 Estrutura básica do orçamento

Quando nos referimos ao orçamento da companhia para o ano, estamos falando do *orçamento mestre*, que é um plano financeiro abrangente composto de vários orçamentos individuais de departamentos e de atividades.

Um orçamento mestre pode ser dividido em orçamentos *operacionais* e *financeiros*. *Orçamentos operacionais* se preocupam com as atividades das várias áreas operacionais de uma empresa, como venda, produção, estoques, finanças, RH etc. Além do aspecto econômico, do impacto patrimonial dos planos orçados, torna-se necessário também um orçamento de caixa. *Orçamentos financeiros* se preocupam com as entradas e as saídas de

---

[4] BROOKSON, S. *Como elaborar orçamentos*. São Paulo: Publifolha, 2000.
[5] RANA, 2010.
[6] Tradução livre do autor.

caixa, e também com a posição financeira. As entradas e saídas de caixa planejadas são detalhadas em um orçamento de caixa.

Geralmente, o orçamento mestre é preparado para o período de um ano. Os orçamentos anuais são desdobrados em orçamentos abrangendo períodos menores de tempo, contemplando ajustes nos planos; podem ser trimestrais e/ou mensais. O uso de períodos mais curtos busca permitir a tomada de decisão oportuna e possibilita aos gestores tomar decisões corretivas comparando os dados dos desempenhos realizados até o momento com os dados orçados.

Figura 5.1 Algumas variáveis orçamentárias

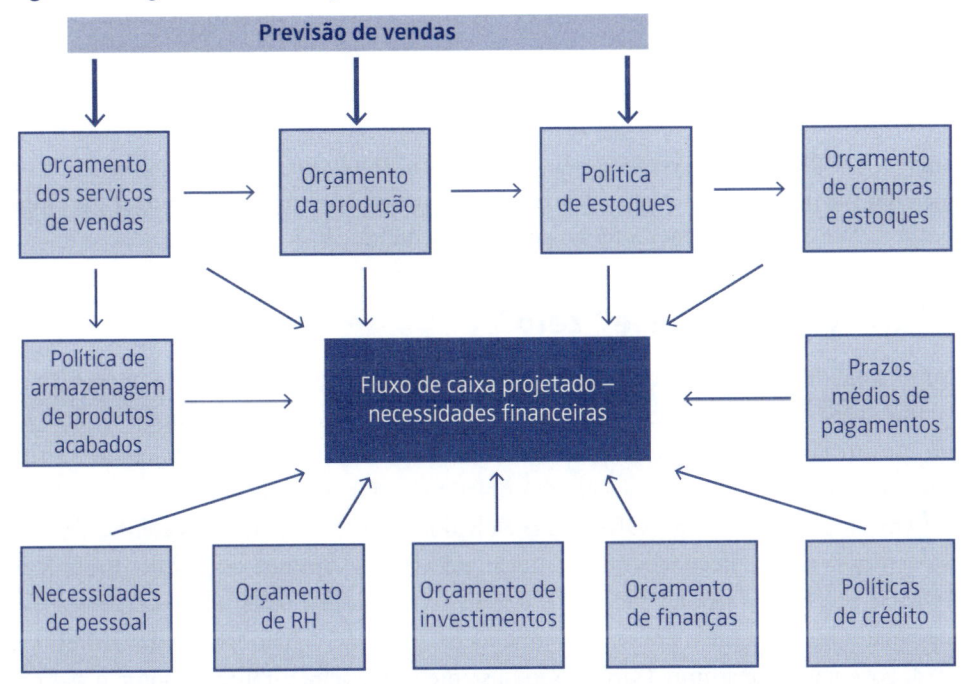

```
                          Previsão de vendas
           ┌───────────────────┬──────────────────┬───────────────────┐
           ↓                   ↓                  ↓                   ↓
    ┌─────────────┐     ┌─────────────┐    ┌─────────────┐    ┌─────────────┐
    │ Orçamento   │     │ Orçamento   │    │  Política   │    │ Orçamento   │
    │ dos serviços│ →   │ da produção │ →  │ de estoques │ →  │ de compras  │
    │  de vendas  │     │             │    │             │    │ e estoques  │
    └─────────────┘     └─────────────┘    └─────────────┘    └─────────────┘

    ┌─────────────┐                                            ┌─────────────┐
    │ Política de │     ┌─────────────────────────────┐        │   Prazos    │
    │armazenagem  │ →   │  Fluxo de caixa projetado – │ ←      │  médios de  │
    │de produtos  │     │  necessidades financeiras   │        │ pagamentos  │
    │  acabados   │     └─────────────────────────────┘        └─────────────┘
    └─────────────┘

    ┌───────────┐  ┌───────────┐  ┌──────────────┐  ┌───────────┐  ┌───────────┐
    │Necessidades│  │ Orçamento │  │ Orçamento de │  │ Orçamento │  │ Políticas │
    │ de pessoal │  │  de RH    │  │investimentos │  │ de finanças│  │ de crédito│
    └───────────┘  └───────────┘  └──────────────┘  └───────────┘  └───────────┘
```

Do ponto de vista de sua apresentação e organização, o orçamento é um documento abrangente que contempla individualmente as áreas de responsabilidade no que se denominam *módulos orçamentários*, e a organização como um todo na forma do orçamento mestre.

5.5 Tipos de orçamento

Com o intuito de fazer do orçamento uma ferramenta eficiente, com o tempo as empresas desenvolveram diferentes modelos para a chegar ao modelo que melhor atendesse a seu *business*.

5.5.1 Orçamento de tendências

Esse tipo de orçamento se caracteriza pela utilização de dados do passado para realizar as projeções para o próximo exercício; é, portanto, mais um enfoque de planejamento do que um tipo de orçamento.

Apesar de definir o orçamento do período seguinte em termos conceituais, esse tipo de orçamento traduz a visão de planejamento que entende as tendências em vigor até o momento em que continuarão a vigorar no período planejado. Na grande maioria das vezes, essa visão se aplica. No entanto, em alguns momentos, essas tendências se rompem, e é exatamente aí que estão as grandes oportunidades e ameaças ao negócio. Por isso, em um enfoque mais pragmático do processo orçamentário, este não se limita ao reconhecimento e ao uso de tendências passadas por médias móveis, modelos de regressão ou outra técnica do tipo.

O orçamento calcado em um processo de planejamento estruturado com base em cenários – explorando dados do passado para o entendimento das tendências, mas examinando sua pertinência nos cenários previstos – parece ser o modo mais eficaz para lidar com o risco e a incerteza inerentes ao ambiente econômico.

5.5.2 Orçamento base "zero"[7]

Com a finalidade de inovar os princípios do *orçamento de tendências*, que se baseava nos eventos do passado para estabelecer projeções para o futuro, propôs-se um novo modelo, que consistiria em partir de uma base "zero", no qual todos os gastos devessem ser justificados, além de estarem alinhados com os objetivos estratégicos da empresa.

O orçamento base "zero" (OBZ), desenvolvido pelo norte-americano Peter Pyhrr, consiste em uma análise detalhada para alocação de recursos, em que os gestores necessitam explicitar por que os valores pleiteados devem ser aprovados pelos administradores. Foi implantado inicialmente na Texas Instruments Inc., em 1970, e no Estado da Geórgia em 1973, governado por Jimmy Carter. Não obstante, a primeira publicação sobre o assunto ocorreu em 1970, na revista acadêmica *Harvard Business Review*.

A filosofia e os procedimentos adotados pelo OBZ são resumidos por Pyhrr como[8]:

> [...] o processo exige que cada administrador justifique detalhadamente todas as dotações solicitadas em seu orçamento, cabendo-lhe justificar onde gastará o dinheiro.

No OBZ, um orçamento se inicia sempre do zero, no sentido de que os recursos são destinados a determinada atividade não com base em seus valores históricos, mas de

---

[7] GIMENEZ; OLIVEIRA, 2013.
[8] PYHRR, P. A. *Orçamento base zero*: um instrumento administrativo prático para avaliação das despesas. São Paulo: Interciência, 1981.

acordo com a expectativa de consumo obtida por meio de detalhada análise de sua composição, similar a um projeto, porém com a perspectiva de curto e longo prazos.

A análise dos processos proporciona a oportunidade de promover melhorias, permitindo visualizar e eliminar atividades desnecessárias, que não agregam valor ao cliente ou ao negócio e que, uma vez eliminadas, não resultam em perdas, mas, ao contrário, em economia de recursos indevidamente consumidos.

A análise principia na elaboração dos pacotes de decisão que permitem aos gestores estabelecer prioridades, avaliar hipóteses, alternativas e mensurar o custo-benefício, e aos administradores aprovar ou rejeitar a(s) atividade(s).

Uma crítica feita a essa técnica é a de que seria muito trabalhosa e consumidora de recursos em sua implementação. A esse respeito deve-se notar que tal modelo foi concebido em uma época em que, por um lado, as mudanças ambientais eram mais lentas, diminuindo as razões para que se questionassem as tendências anteriores, e a tecnologia de informática ainda não havia alcançado o desenvolvimento posterior, que barateou o custo de processamento de dados e telecomunicações.

As diminuições nos custos de processamento e as rápidas transformações no ambiente de negócios tornam menos dispendioso e mais importante o questionamento das tendências e das formas anteriores de realizar atividades, assim como das próprias atividades em si. A adoção de *benchmarking* é uma prática corrente na busca de manutenção da competitividade.

5.5.3 Pacotes de decisão

Um conceito de fundamental importância no OBZ é o de pacote de decisão. Segundo Pyhrr[9]:

> Pacote de decisão é um documento que identifica e descreve uma atividade específica de modo que a administração possa: 1) avaliá-la e priorizá-la em relação a outras atividades que concorram para a obtenção de recursos limitados e 2) decidir aprová-la ou rejeitá-la.

Um pacote de decisão é elaborado para uma atividade operacional, empreendimento ou programa. Pacotes bem elaborados são detalhados, com os respectivos custos e receitas, e conseguem transmitir aos administradores os benefícios e riscos envolvidos.

Os pacotes de decisão são preparados em um enfoque sistêmico. Mesmo referindo-se a determinada atividade, precisam considerar as implicações em outras áreas da cadeia produtiva.

A preparação dos pacotes de decisão inicia-se com a identificação das operações e suas atividades. Conforme Pyhrr[10]:

---

[9] PYHRR, 1973, p. 6.
[10] PYHRR, 1973, p. 12.

[...] após ter dividido suas operações atuais em atividades que servirão de base para o preparo dos pacotes de decisão, o administrador começará a indagar quais são as necessidades para o próximo ano.

A divisão das operações em atividades permite:

- conhecer os processos que determinam a atividade, atuar sobre eles para avaliar, racionalizar e efetuar alterações que impliquem melhorias para o cliente ou para o processo em si;
- reduzir processos ou atividades redundantes;
- visualizar a oportunidade de redução de custos;
- eliminar atividades desnecessárias à criação de valor;
- distribuir recursos de maneira racional e estritamente necessária às atividades;
- aproveitar oportunidades de ampliação de negócios que crie ou aumente o valor da atividade.

A gestão de valor, nesse método, começa na elaboração dos pacotes de decisão e das variações no orçamento flexível. Os gestores imbuídos da filosofia desse objetivo buscarão as melhores alternativas para remunerar o acionista, definindo o volume de recursos necessários para o exercício da função. O alinhamento entre orçamento e geração de valor ocorre quando:

- os recursos são usados especificamente para o desempenho da função;
- há medidas de desempenho relacionadas à utilização dos recursos;
- há comparação entre o desempenho previsto para o pacote e o realizado;
- o *feedback* do aprendizado do processo é incorporada ao pacote de decisão.

Requisitos para implantação

Pyhrr[11] apresenta o OBZ como destinado às áreas administrativas e comerciais das indústrias, bem como ao setor público, e reconhece a inadaptabilidade para o custeio de mão de obra e material direto.

Originalmente desenvolvido para a indústria, respeitadas as diferenças dos segmentos, a técnica é aplicável em empresas de outros segmentos. A eficiência do processo está condicionada à definição de um modelo de informações adequado à elaboração dos pacotes, ao papel dos administradores e à existência e definições de um modelo de controle mais eficaz.

Priorização dos pacotes de decisão

Após a elaboração dos pacotes, com diferentes maneiras e recursos para realizar funções, os administradores iniciam o processo de alocação de recursos limitados aos pacotes, etapa denominada *priorização*.

---

[11] PYHRR, 1973, p. 19.

A ordem de escolha e alocação de recursos deverá estar em consonância com o planejamento estratégico da organização e os recursos direcionados em volumes necessários à execução da atividade. A priorização dos pacotes de decisão tem como escopo a manutenção das atividades necessárias aos níveis de recursos cabíveis.

A priorização dos pacotes de decisão não necessariamente cabe à alta administração, sendo possível a realização nos níveis organizacionais intermediários por equipes formadas e treinadas para ajudá-los.

Contribuições do OBZ

Ao elaborar o OBZ, Peter Pyhrr pretendia vencer o desafio da alocação de recursos devido aos decrescentes lucros e à pressão por preços baixos. A primeira intenção foi a alocação de recursos limitados por meio de uma metodologia orçamentária diferente do orçamento empresarial, e trouxe em seu bojo alguns aspectos relevantes:

- → Busca de uma *despolitização* do processo de alocação de recursos, porque os pacotes de decisão, ou documentos que identificam e descrevem uma atividade específica, tendem a conduzir o gestor a decisões mais racionais, reduzindo as subjetividades e o jogo político.
- → Utilização do orçamento variável: orçamento ajustado ao volume de produção para as categorias mão de obra, material direto e custos indiretos de fabricação.
- → Preocupação com atividades antecipando o custeio por atividade, que viria a ser desenvolvido por Kaplan e Norton.
- → Reestruturação: ainda que não em sua completude, o OBZ antecipou a reengenharia, popularizada por Hammer e Champy[12], definida como:

> [...] repensar fundamental e a reestruturação radical dos processos empresariais que visam alcançar drásticas melhorias em indicadores críticos e contemporâneos de desempenho, tais como custos, qualidade, atendimento e velocidade.

O próprio questionamento dos autores lembra o processo do OBZ, a saber: "por que fazemos o que fazemos?" ou "por que fazemos dessa forma?". Essas perguntas fundamentais forçam as pessoas a examinar regras e suposições tácitas subjacentes à maneira como conduzem suas atividades.

A definição de Hammer e Champy[13] é perfeitamente aplicável à concepção do OBZ. Recapitulemos: para elaborar os pacotes de decisão, os gestores precisam verificar a melhor maneira de realizar as atividades, momento em que repensam os processos com foco na redução de custos, porque a noção de que os recursos são limitados torna-se mais proeminente. Repensar processos envolve normas, procedimentos, políticas, materiais e recursos envolvidos.

---

[12] HAMMER, M.; CHAMPY, J. *Reengineering the corporation*: a manifest for business revolution. New York: Harper Collins Publishers, Inc., 1993.
[13] HAMMER; CHAMPY, 1993.

Críticas ao OBZ

Ao longo do tempo, o OBZ recebeu diversas críticas, sendo a principal delas a dificuldade na elaboração, pela demanda de tempo dos gestores para analisar as múltiplas funções que compõem seus departamentos. Hope e Fraser[14], apesar de reconhecer sua utilidade, afirmam:

> O processo era tão burocrático e consumidor de tempo que poucas companhias o utilizaram mais de uma vez. Além do mais, como a previsão orçamentária tradicional, o OBZ se estruturava embasado na hierarquia organizacional. Dessa maneira, reforçava as barreiras funcionais e falhava em focar as oportunidades de aprimorar os processos dos negócios.

O avanço da tecnologia (melhoria nos equipamentos, aplicativos e sistemas de informações) reduziu sobremaneira a dificuldade quanto ao tempo gasto. Contudo, é importante lembrar que os níveis hierárquicos das empresas atuais em nada se parecem com os da década de 1970, quando o OBZ foi elaborado. Assim, o processo orçamentário, usando técnicas e conceitos do OBZ, poderia ser adaptado para um ambiente atual dotado de:

- → descentralização do processo decisório;
- → delegação de autoridade e responsabilidade;
- → foco na inovação ou a promoção de ideias arriscadas na melhoria dos produtos, serviços e processos;
- → foco na qualidade e relacionamento com clientes;
- → foco na geração de valor adicionado para o acionista.

5.5.4 Orçamento estático

Esse tipo de orçamento se baseia em volumes fixos de produção ou de vendas. O referido modelo não permite alterações; ou seja, uma vez concluído e divulgado, ele permanecerá estático e norteará as ações da empresa.

O orçamento estático pressupõe um nível de atividade a ser praticado; as variações são aferidas ao final do período. Assim, são calculadas variações totais em relação a volumes e preços originalmente planejados. Não são realizadas adaptações nos totais desse orçamento.

O acompanhamento, o controle e a análise das variações acabam ficando comprometidos, uma vez que não são feitos ajustes no plano.

5.5.5 Orçamento flexível

A ideia básica em relação ao orçamento flexível é a capacidade de ajustar o plano de acordo com as mudanças no cenário econômico. Assim, o plano e o orçamento são passíveis

---

[14] HOPE, J.; FRASER, R. *Beyond budgeting*: how managers can break free from the annual performance trap. Massachusetts: Harvard Business School Press, 2003.

de ajuste em razão de modificações quanto à tecnologia, demanda, taxa de juros, por exemplo.

A realidade do orçamento flexível torna necessário que, na avaliação de desempenho, se considerem os impactos das alterações feitas. Afinal, agora o desempenho é medido por uma régua que muda de tamanho conforme o ambiente se modifica.

Ao reconhecer os impactos das mudanças ambientais no desempenho, busca-se um instrumento mais eficaz para a fixação de metas e o controle. Em momentos de crise, por exemplo, seu não reconhecimento e a fixação de metas de lucros irreais, sem os recursos necessários para sua consecução, levariam ao descrédito e à falta de compromisso. Quando variações relevantes são previstas, os totais orçados são ajustados de acordo com o novo nível de atividade e os novos valores reais de receita e de custo.

Os orçamentos flexíveis auxiliam os gerentes a entender melhor as causas das variações orçamentárias e permitem a fixação de metas mais realistas, possibilitando um compromisso efetivo com seu alcance e tornando a avaliação de desempenho também mais efetiva.

5.5.6 Orçamento empresarial e seus suborçamentos

O orçamento empresarial se relaciona ao conjunto de orçamentos das áreas da organização, interligados, e está em consonância com os planos e metas da entidade.

A Figura 5.2 ilustra um orçamento global. Nesse contexto, o orçamento empresarial é um plano econômico-financeiro que se forma a partir de diversos orçamentos das áreas e atividades da empresa.

Figura 5.2 Exemplo de orçamento global

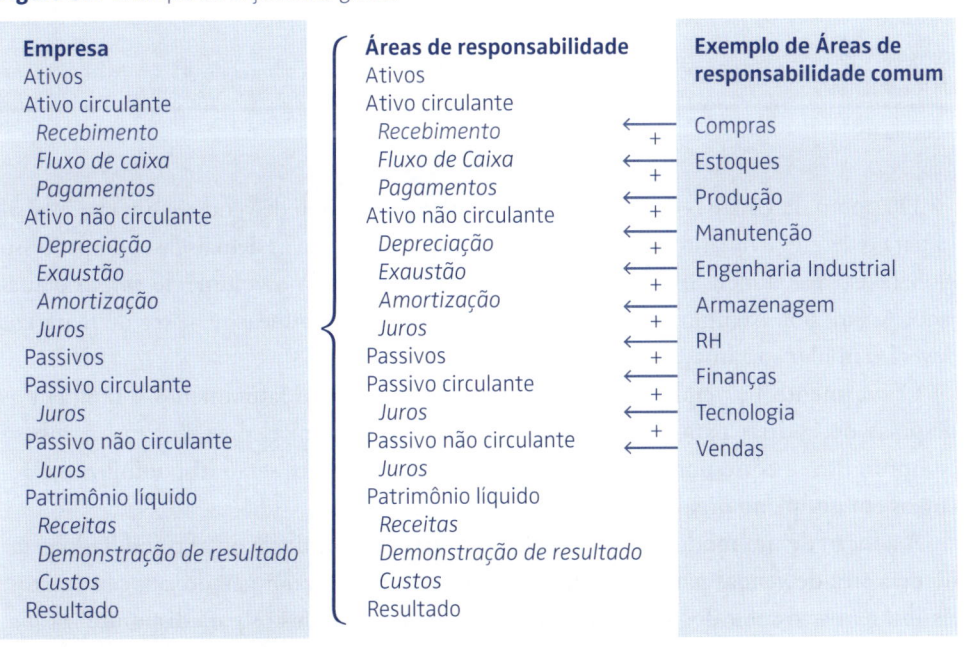

Empresa	Áreas de responsabilidade	Exemplo de Áreas de responsabilidade comum
Ativos	Ativos	
Ativo circulante	Ativo circulante	
Recebimento	*Recebimento*	Compras
Fluxo de caixa	*Fluxo de Caixa*	Estoques
Pagamentos	*Pagamentos*	Produção
Ativo não circulante	Ativo não circulante	Manutenção
Depreciação	*Depreciação*	Engenharia Industrial
Exaustão	*Exaustão*	Armazenagem
Amortização	*Amortização*	RH
Juros	*Juros*	Finanças
Passivos	Passivos	Tecnologia
Passivo circulante	Passivo circulante	Vendas
Juros	*Juros*	
Passivo não circulante	Passivo não circulante	
Juros	*Juros*	
Patrimônio líquido	Patrimônio líquido	
Receitas	*Receitas*	
Demonstração de resultado	*Demonstração de resultado*	
Custos	*Custos*	
Resultado	*Resultado*	

As várias peças orçamentárias componentes do orçamento global da empresa comportam os orçamentos das áreas operacionais, como: produção, vendas, finanças, RH etc., e compreendem aspectos de custeio das atividades e de investimento; aspectos financeiros, de fluxo de caixa; e aspectos econômicos, de resultado, além de aspectos patrimoniais.

O orçamento deve contemplar as estimativas de receita, custos, despesas e investimentos necessários para a consecução das atividades econômicas projetadas, assim como fluxos de caixa esperados e situação patrimonial prevista, a partir da definição dos objetivos, das metas e das estratégias da empresa.

5.5.7 Orçamento de vendas

Após a definição dos objetivos e metas e da avaliação dos fatores internos e externos, é possível fazer uma previsão de vendas, que permitirá a elaboração do orçamento de vendas. A Tabela 5.1 traz um exemplo dessas projeções. Como visto no Capítulo 2, a política de vendas envolve definir preço e volume. Despesas de marketing podem atuar no sentido de permitir um volume maior a um mesmo preço praticado.

Tabela 5.1 Projeção de vendas

	Projeção anual de vendas				
	Trimestre				Total anual
Dados	1	2	3	4	
Unidades	10.000,00	8.000,00	11.000,00	11.000,00	40.000,00
Preço de venda unitário	R$ 250,00	R$ 250,00	R$ 250,00	R$ 250,00	R$ 250,00
Projeção de faturamento*	R$ 2.500.000,00	R$ 2.000.000,00	R$ 2.750.000,00	R$ 2.750.000,00	R$ 10.000.000,00

* Em mil R$.

Do ponto de vista das outras áreas empresariais, a previsão de vendas é uma peça básica para o desenvolvimento do planejamento, pois condiciona as demais fases do processo global. As áreas dimensionarão suas atividades considerando o volume de *output* planejado. Assim, por exemplo, as fábricas dimensionarão sua produção, e a área de materiais deverá estipular sua atuação considerando essas metas.

O orçamento de vendas envolve a previsão de vendas e faturamento e também as despesas necessárias para alcançar o faturamento almejado. É previsão, mas também compromisso, e corresponde a um objetivo para cujo alcance serão disponibilizados recursos em um plano organizado de ação.

A adoção de um modelo de preços de transferência permitiria orçar o resultado gerado pela área de vendas para a organização, considerando o valor gerado e os seus custos. Assim, tem-se o valor dos serviços da área de vendas e seus custos para disponibilizá-los.

Tabela 5.2 O Valor agregado pelos serviços de vendas

Valor dos serviços da área de vendas	
(−) Custos dos serviços prestados	
Resultado da área de vendas	

5.5.8 Orçamento de produção

A confecção do orçamento de produção leva em consideração a meta de vendas, que vai determinar as quantidades de produtos ou serviços que devem ser fabricados ou desempenhados para atender ao volume de vendas projetado. Nessa etapa será necessário projetar o estoque, os custos e as despesas envolvidas no processo produtivo. A Tabela 5.3 traz um exemplo de projeção da necessidade de produção.

Tabela 5.3 Variáveis do orçamento da área de produção

Orçamento de produção					
Descrição	Trimestre				Total anual
	1	2	3	4	
Vendas (em unidades)	10.000,00	8.000,00	11.000,00	11.000,00	40.000,00
(+) Estoques de produtos acabados definidos	500	1000	2000	500	500
(=) Total necessário no período	10.500,00	9.000,00	13.000,00	11.500,00	40.500,00
(−) Estoque inicial de produtos acabados	500	500	1000	2000	500
(=) Unidades a serem produzidas	10.000,00	8.500,00	12.000,00	9.500,00	40.000,00

O orçamento de produção objetiva descrever a quantidade de unidades que precisam ser produzidas para atender às necessidades de vendas e satisfazer os requisitos de estoque de produtos acabados, conforme a política da empresa. Assim, as unidades a serem produzidas serão obtidas a partir da definição das unidades em estoque final, acrescidas das unidades a serem vendidas e diminuídas das unidades desejadas no estoque de produtos acabados. Com base nessas definições são preparados os orçamentos de materiais diretos, de mão de obra e de custos indiretos de fabricação.

5.5.9 Orçamento de matéria-prima

O orçamento de matéria-prima corresponde à projeção dos volumes a serem comprados e estocados, nos vários períodos, de todas as matérias-primas necessárias à fabricação dos produtos nos volumes planejados no orçamento de vendas.

Tabela 5.4 Compras de matéria-prima

Orçamento de compras de matéria-prima anual					
Descrição	Trimestre				Total anual
	1	2	3	4	
Produção planejada para o período em unidades	10.000,00	8.500,00	12.000,00	9.500,00	40.000,00
(x) Qtde. da matéria-prima por unidade (g)	100,00	100,00	100,00	100,00	100,00
(=) Necessidade de MP no período (kg)	1.000,00	850,00	1.200,00	950,00	4.000,00
(−) Estoque disponível no início do período (kg)	200,00	100,00	300,00	200,00	200,00
(+) Estoque final de MP a ser mantido (kg)	100,00	300,00	200,00	100,00	100,00
(=) Qtde. de MP a ser comprada (kg)	900,00	1.050,00	1.100,00	850,00	3.900,00
(x) Custo unitário por grama de MP em R$	R$ 500	R$ 650	R$ 520	R$ 480	R$ 542
(=) Compras projetadas para o período em R$	R$ 450.000	R$ 682.500	R$ 572.000	R$ 408.000	R$ 2.112.500

A disponibilidade dos materiais componentes dos produtos é de vital importância para a empresa. Sua negociação é importante, e uma das preocupações dessa etapa diz respeito à qualidade, aos custos e à oportunidade da entrega para que não haja descontinuidade do processo produtivo.

5.5.10 Orçamento de mão de obra direta

A Tabela 5.5 exemplifica um orçamento de mão de obra direta (MOD). Para a confecção do orçamento de mão de obra direta, é essencial que exista envolvimento dos gerentes de produção, pois nessa etapa do orçamento de produção serão considerados todos os custos com salários de pessoal inclusos no processo produtivo, como horas extras, contratações e demissões.

Tabela 5.5 Variáveis componentes do orçamento de mão de obra direta

	Orçamento de mão de obra direta anual				
Descrição	Trimestre				Total anual
	1	2	3	4	
Volume planejado de produção	10.000,00	8.500,00	12.000,00	9.500,00	40.000,00
(x) Qtde. de MOD por unidade produzida (horas)	0,25	0,25	0,25	0,25	0,25
(=) Qtde. de horas necessárias de MOD	2.500,00	2.125,00	3.000,00	2.375,00	10.000,00
(−) Salário por hora (considerar obrigações trabalhistas)	R$ 50,00	R$ 50,00	R$ 50,00	R$ 50,00	R$ 50,00
(=) Total do custo com MOD	R$ 125.000	R$ 106.250	R$ 150.000	R$ 118.750	R$ 500.000

O orçamento de mão de obra direta permite estimar a necessidade de recursos humanos, considerando os aspectos de custos com seleção, treinamento, organização e controle.

5.5.11 Orçamento de custos indiretos de fabricação

Todos os itens de produção que por sua natureza ou finalidade não podem ser denominados matéria-prima ou mão de obra direta são definidos como custos indiretos de fabricação (CIF), isto é, são os custos para que se tenha capacidade de produzir, custos de estrutura.

De maneira geral, eles são divididos em *custos fixos* e *custos variáveis*, e a estimativa desse tipo de custo é complexa, pois determinados custos podem ser fixos até certo nível de produção e depois se tornar variáveis ou vice-versa.

Tabela 5.6 Orçamento dos CIF

	Orçamento dos custos indiretos de fabricação				
Descrição	Trimestre				Total anual
	1	2	3	4	
Horas de MOD	0,25	0,25	0,25	0,25	0,25
Qtde. de MP	100,00	100,00	100,00	100,00	100

(continua)

(continuação)

Descrição	Orçamento dos custos indiretos de fabricação				Total anual
	Trimestre				
	1	2	3	4	
Volumes	10.000,00	8.500,00	12.000,00	9.500,00	9500
CIF variáveis (Volume ×(QMP + HMOD) × R$0,20*	R$ 200.500,00	R$ 170.425,00	R$ 240.600,00	R$ 190.475,00	R$ 802.000,00
CIF fixos	R$ 150.000,00	R$ 150.000,00	R$ 150.000,00	R$ 150.000,00	R$ 600.000,00
CIF total	R$ 350.500,00	R$ 320.425,00	R$ 390.600,00	R$ 340.475,00	R$ 1.402.000,00

* Várias maneiras para o cálculo do CIF variável seriam possíveis de acordo com a realidade operacional do negócio.

** O valor $0,20 é um número inventado, exemplificando uma taxa média de absorção dos CIF, supondo-se sua dependência das HMOD e do volume produzido.

Maher[15] afirma que, para os custos indiretos, as estimativas são complexas, em razão das diferentes naturezas dos custos e do comportamento desses custos com relação ao nível de produção. Aqueles que variam em proporção direta com a produção denominam-se *custos indiretos de fabricação variáveis*; entretanto, alguns variam em degraus, como, por exemplo, os custos com supervisão; outros custos são fixos e permanecem inalterados até que haja aumento da capacidade de produção ou que sejam alterados por mudanças nas políticas empresariais.

5.5.12 Orçamento de despesas operacionais

A operação de uma empresa pressupõe que são necessários gastos para administrar e vender os produtos. O orçamento de despesas operacionais pode ser composto por despesas administrativas, vendas, tributárias e financeiras.

A administração das despesas operacionais é de extrema importância. As entidades econômicas buscam reduzi-las constantemente com o objetivo de continuar competitivas.

5.5.13 Orçamento de despesas de vendas

O orçamento de despesas de vendas compreende todos os dispêndios necessários para as atividades comerciais da empresa.

Segundo Hansen e Mowen[16], as despesas de vendas podem ser "desdobradas em componentes fixos e variáveis", sendo classificadas como *variáveis* as despesas como comissões,

---

15 MAHER, M. Contabilidade de custos: criando valor para a administração. São Paulo: Atlas, 2000.
16 HANSEN, D. R.; MOWEN, M. M. *Gestão de custos*: contabilidade e controle. São Paulo: Pioneira-Thomson, 2001.

fretes e suprimentos, e como *fixas* as despesas com salário de pessoal, depreciação, propaganda, entre outras.

5.5.14 Orçamento de despesas administrativas

Esse é o último dos orçamentos das despesas operacionais, pois, em sua essência, o orçamento das despesas administrativas compreende as demais despesas necessárias para a execução das atividades de apoio, e de maneira geral elas são fixas, pois não estão ligadas à atividade fim da empresa.

As despesas administrativas englobam os consumos de recursos necessários para o desempenho das atividades da empresa, como pessoal, viagens, telefone, correio, fax, material de escritório, depreciação dos bens de escritório, seguros, taxas, energia elétrica, entre outros.

5.5.15 Orçamento de financiamento

Concluídas as etapas anteriores do processo orçamentário, chega-se à fase de consolidação de todos os orçamentos elaborados até o momento para que possam ser projetados os resultados futuros, por meio da avaliação de todas as receitas e despesas.

Essa etapa do processo orçamentária dá origem ao orçamento financeiro, pois nela serão obtidos os demonstrativos econômico-financeiros, como: demonstrativo de resultado, orçamento de caixa e balanço patrimonial.

5.5.16 Orçamento de despesas financeiras e tributárias

A atividade comercial e o ato de auferir receitas estão sujeitas à tributação por meio de taxas, impostos ou contribuições. As saídas de caixa dessa natureza são intituladas *despesas tributárias* e reguladas por meio de leis e da própria Constituição brasileira.

Para a continuidade das atividades e a administração dos recursos financeiros da empresa, é necessário utilizar serviços de instituições financeiras ou mesmo captar recursos com elas. Dessa forma, faz-se necessário estimar as despesas financeiras que ocorrerão no período orçado, as quais farão parte do orçamento de despesas financeiras. Alguns dos exemplos clássicos de despesas financeiras são: juros, despesas bancárias, financiamentos, empréstimos, entre outros.

5.5.17 Orçamento de caixa

O orçamento de caixa é a demonstração dos pagamentos e recebimentos realizados ou planejados, e ela é necessária para que a empresa tenha uma visão geral de suas disponibilidades financeiras, possibilidade a aplicação ou de captação, conforme a Tabela 5.7.

Tabela 5.7 Orçamento de caixa

Descrição	Orçamento de caixa				Consolidado do Ano
	Trimestres				
	1	2	3	4	
Saldo inicial de caixa	R$ —	R$ 1.577.000,00	R$ 2.470.325,00	R$ 4.110.225,00	R$ —
Recebimentos de vendas	R$ 2.500.000,00	R$ 2.000.000,00	R$ 2.750.000,00	R$ 2.750.000,00	R$ 10.000.000,00
Outros recebimentos	R$ —	R$ —	R$ —	R$ —	R$ —
Total dos recebimentos do período	R$ 2.500.000,00	R$ 2.000.000,00	R$ 2.750.000,00	R$ 2.750.000,00	R$ 10.000.000,00
Saldo total de caixa disponível	R$ 2.500.000,00	R$ 3.577.000,00	R$ 5.220.325,00	R$ 6.860.225,00	R$ 10.000.000,00
Desembolsos					
Pagamento de compras	R$ 450.000,00	R$ 682.500,00	R$ 572.000,00	R$ 408.000,00	R$ 2.112.500,00
Pagamento de salários	R$ 125.000,00	R$ 106.250,00	R$ 150.000,00	R$ 118.750,00	R$ 500.000,00
Pagamento dos CIF	R$ 348.000,00	R$ 317.925,00	R$ 388.100,00	R$ 337.975,00	R$ 1.402.000,00
Total de desembolsos	R$ 923.000,00	R$ 1.106.675,00	R$ 1.110.100,00	R$ 864.725,00	R$ 4.014.500,00
Recebimentos menos pagamentos do período	R$ 1.577.000,00	R$ 893.325,00	R$ 1.639.900,00	R$ 1.885.275,00	R$ 5.985.500,00
Saldo de caixa para o período seguinte	R$ 1.577.000,00	R$ 2.470.325,00	R$ 4.110.225,00	R$ 5.995.500,00	R$ 5.985.500,00

O orçamento de caixa é um instrumento para a gestão financeira da entidade. Permite otimizar o resultado econômico, agregando o resultado financeiro ao resultado operacional. De um ponto de vista mais imediato, busca assegurar recursos monetários suficientes para atender às operações da empresa estabelecidas nas outras peças orçamentárias, embasando políticas de captação e aplicação.

Na elaboração do orçamento de caixa serão utilizadas as projeções de vendas, produção e despesas operacionais considerando os prazos médios de recebimento de vendas, estocagem e pagamento de compras, bem como as futuras aquisições de itens do ativo imobilizado, os aumentos de capital social da empresa e as participações em empresas coligadas e/ou controladas.

5.5.18 Demonstrativo de resultado

O orçamento formaliza um plano de lucro para a entidade, além de ser um instrumento de controle, receitas, custos e despesas são identificados e considerados. Considerando-se esses aspectos, a demonstração de resultado (DRE) é uma das demonstrações contábeis essenciais do ponto de vista do orçamento, abrangendo o cálculo das receitas operacionais e não operacionais, assim como o dos custos dos produtos e das atividades para todos os níveis organizacionais.

Tabela 5.8 Resultado orçado para o período

Demonstração do resultado	
Receita de vendas	R$ 10.000.000,00
(−) CPV = EI + compras − EF	R$ 2.164.500,00
Lucro bruto	R$ 7.835.500,00
(−) Despesas operacionais	R$ 1.902.000,00
Lucro do período	R$ 5.933.500,00

5.5.19 Balanço patrimonial

É possível projetar o balanço patrimonial para ter uma visão geral dos ativos e passivos resultantes das projeções orçamentárias.

Os balanços orçados combinam a posição patrimonial expressa no balanço de início do período com a posição patrimonial, resultado do cumprimento do orçamento, materializado na DRE orçada, e alterações de ativos e passivos resultantes do orçamento de investimento e de caixa, considerando aspectos de endividamento e disponibilidades financeiras decorrentes dos investimentos.

Tabela 5.9 Balanço patrimonial orçado para o período

Balanço patrimonial					
Ativo	Início de período	Final de período	Passivo	Início de período	Final de período
Caixa	R$ —	R$ 5.985.500,00	Contas a pagar	R$ —	
Estoques	R$ 100.000,00	R$ 48.000,00	Patrimônio líquido		
Imobilizado	R$ 200.000,00	R$ 190.000,00	Capital	R$ 300.000,00	R$ 300.000,00
			Lucro do período	R$ —	R$ 5.933.500,00
Total do ativo	R$ 300.000,00	R$ 6.223.500,00	Total do passivo + PL	R$ 300.000,00	R$ 6.233.500,00

5.5.20 Avaliação, aprovação e divulgação do orçamento

De maneira geral, após a conclusão dos orçamentos operacionais, a área responsável pela consolidação de todas as informações dos orçamentos – geralmente a área de controladoria –

fará o cruzamento dos resultados com os objetivos e metas propostas inicialmente pela direção, que obviamente se baseou nas expectativas dos acionistas ou sócios. Além disso, buscará sinergias e oportunidades de reduzir custos e incrementar eficiência.

Ao final desse processo de consolidação e organização das projeções orçamentárias envolvendo negociação com as áreas, será gerado um orçamento para o período seguinte da entidade.

O resultado das projeções orçamentárias será reportado à direção da empresa, a qual tem a responsabilidade de aprovar o orçamento final, além de demandar os ajustes necessários.

Após a aprovação do orçamento, ele será divulgado para todos os responsáveis envolvidos em sua elaboração. Em muitas empresas, as áreas participantes só têm acesso ao orçamento de sua área, deixando claras as responsabilidades e metas de cada uma.

5.6 Considerações finais

Ao longo deste capítulo considerou-se que a necessidade do uso do orçamento é algo muito antigo, incorporado ao ambiente empresarial e atendendo ao objetivo do controle econômico empresarial.

A gestão dos recursos de maneira eficiente é decisiva, e, para isso, é importante a adoção de um modelo de orçamento.

O processo orçamentário é constituído por várias etapas que abrangem desde o estabelecido de metas e objetivos, na forma de planos estratégico e operacional, até a projeção de resultado no orçamento.

A consolidação de todos os orçamentos ocorre com base nos orçamentos operacionais das áreas, consistindo no cruzamento de todos os números que darão origem ao orçamento mestre, formalizando o plano organizacional com as metas de resultados quantificadas.

A aprovação do orçamento final é de responsabilidade da alta administração da empresa, e os resultados finais a serem avaliados podem ser visualizados nas demonstrações contábeis.

→ **Resumo** ←

Neste capítulo foram apresentados aspectos referentes ao processo orçamentário. Além disso, apresentou-se a noção de que o orçamento tem como informação aglutinadora a meta de vendas do período. Para o cumprimento dessa meta, são definidas necessidades de produção, estocagem, financiamentos, investimentos e serviços de vendas.

Também se sugeriu um processo participativo com as diferentes áreas de responsabilidade da entidade para a confecção do orçamento. Os diferentes orçamentos das áreas operacionais são consolidados pela Controladoria, buscando sinergias e economias de custos com o objetivo de otimizar o resultado. São gerados demonstrações contábeis projetadas – orçadas – fluxo de caixa, demonstração de resultado e balanço patrimonial. Outras demonstrações contábeis e estudos podem ser necessários.

Questões para estudo e pesquisa

1. Discorra sobre o relacionamento entre o orçamento das áreas operacionais e o orçamento da empresa como um todo.
2. Qual é o papel da controladoria no processo orçamentário?
3. Caracterize o processo orçamentário: o que ele é? Qual é o seu produto?
4. O que é orçamento mestre?
5. Discorra sobre a importância da previsão de vendas no processo orçamentário.
6. Você acredita ser possível a utilização do OBZ no moderno ambiente empresarial?
7. Defina orçamento flexível. Quais suas vantagens e desvantagens?
8. Quais variáveis internas contribuiriam para o aumento da eficácia do processo orçamentário?
9. Discorra sobre a relação entre contabilidade e orçamento para o controle empresarial.
10. Atingir o orçamento deveria significar realiza os objetivos estratégicos da empresa. O que poderia desvirtuar isso?

CAPÍTULO 6

Custo-padrão

→ **Objetivo do capítulo**
Este capítulo foi escrito com o objetivo de apresentar o sistema de custo-padrão como o parâmetro da eficiência desejada na fabricação de um produto ou desempenho de um serviço, de acordo com as políticas e os requisitos técnicos de uma entidade.

→ **Visão geral do capítulo**
Este capítulo se inicia caracterizando a necessidade de um desempenho eficiente nas várias atividades organizacionais, o que leva à necessidade de uma medida que permita a gestão da eficiência obtida. O custo-padrão é apresentado como tal medida. Na sequência, desenvolve-se o conceito de *sistema de custo-padrão* como um conjunto de fichas-padrão que são preparadas tecnicamente e incorporam as metas de eficiência organizacionais. Com a utilização das fichas-padrão no orçamento, por exemplo, consegue-se incorporar metas de desempenho em termos de eficiência aos planos da empresa, e também conhecer o impacto das variações de eficiência entre a obtida e aquela de fato alcançada no resultado da entidade.

→ **Palavras-chave**
Custo-padrão; eficiência; custo; análise das variações; políticas de eficiência.

6.1 Introdução

As organizações que atuam em um ambiente hipercompetitivo, tanto do ponto de vista da colocação de seus produtos e serviços quanto do ponto de vista da obtenção dos recursos de que necessitam em seus processos produtivos, são cobradas em termos da eficiência de seus desempenhos.

As organizações públicas, OSCIP e organizações privadas precisam agregar valor – na verdade, só sobrevivem aquelas que o fazem. Uma das consequências disso é a necessidade de evitar desperdícios, fazer mais com menos, usar os recursos da melhor maneira possível, em busca da eficiência.

Medidas de eficiência envolvem, de alguma maneira, comparar um desempenho tido como correto com um desempenho realizado de fato. Por exemplo, se um automóvel tivesse a especificação de cobrir 100km com 10 litros de gasolina, esse seria seu padrão de consumo. Se em determinado percurso percorresse 100km usando 8 litros de gasolina, teria apresentado eficiência 20% acima da planejada. Se tivesse percorrido os 100 km usando 20 litros, teria apresentado ineficiência, ficando em 50% da eficiência planejada.

Nas organizações produtivas, o padrão de eficiência é incorporado no conceito de *custo-padrão* implementado pelos sistemas de custo-padrão.

6.2 Custo-padrão

O custo-padrão traduz as políticas de eficiência da empresa. É um custo objetivado, que se deseja alcançar; traz um grau de desafio, de preferência passível de mensuração estatística. Pode-se falar em um padrão que, sem esforço de gestão, fosse alcançado em 90%, 80% ou 75% das vezes, por exemplo. Quanto menor a probabilidade de alcançá-lo aleatoriamente, maiores o desafio e a necessidade de gestão. Padrões excessivamente desafiadores tendem a ser desmotivadores, assim como os padrões excessivamente fáceis de serem alcançados, além de não gerarem aprimoramentos e competitividade.

O atual ambiente hipercompetitivo, permeado por mudanças rápidas e frequentes, gerou críticas à utilização de um sistema de padrões, no sentido de que a empresa poderia realizar, dentro dos padrões, processos ultrapassados pela competição. A ideia é que os padrões sejam gerados com base nos estudos das operações de acordo com critérios técnicos (*benchmarking*), sendo revisados periodicamente. O período dessa revisão depende do tipo de mercado e do negócio.

Nesse contexto, o sistema de padrões auxilia o aumento da eficiência na condução dos negócios da empresa ao possibilitar medir a eficiência dos desempenhos e comparar a eficiência real com a planejada. Fornece dados que servem de instrumento para a identificação das ineficiências e das tendências para as quais a empresa caminha. O custo-padrão é consubstanciado nas fichas-padrão.

Geralmente, a ficha-padrão de um produto é desenvolvida por meio do estudo cuidadoso de operações específicas e se volta para a produção de uma unidade do produto[1]. Nesse sentido, o custo-padrão é o custo de uma unidade de produto, elaborado por meio de um desempenho tido como adequado às políticas de eficiência da empresa. Também se pode falar em custo-padrão departamental, que discutiremos a seguir.

6.3 Custo-padrão departamental

A diferença entre o orçamento departamental e o custo-padrão departamental é a que o padrão departamental está baseado em um estudo cuidadoso sobre as operações específicas do departamento. O padrão departamental baseia-se em uma análise detalhada de suas atividades. Assim, cria-se um custo-padrão para determinado volume de atividade que será a base de comparação.

Figura 6.1 Custos departamentais

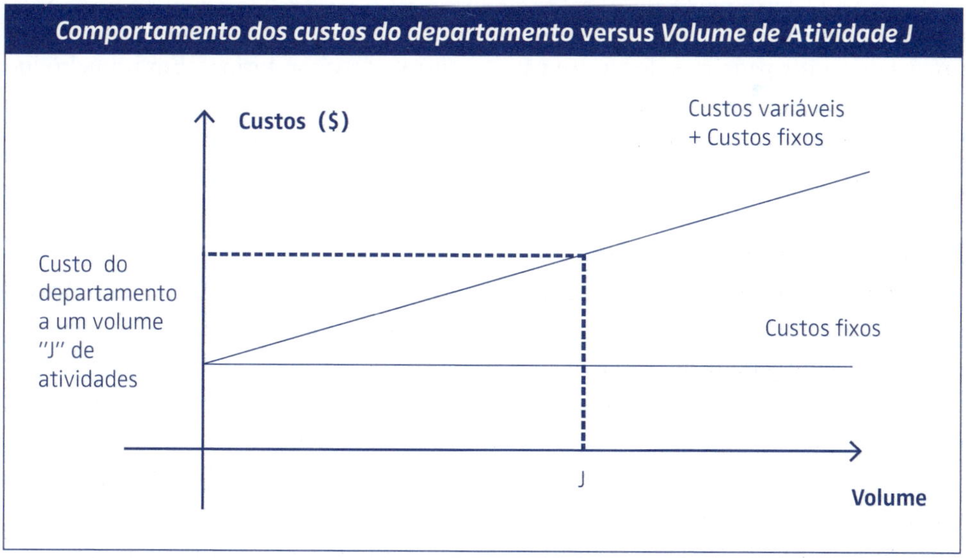

Comportamento dos custos do departamento versus Volume de Atividade J

- Custos ($)
- Custo do departamento a um volume "J" de atividades
- Custos variáveis + Custos fixos
- Custos fixos
- J
- Volume

Fonte: Catelli, 2001.

Esse processo consiste em estruturar uma ficha-padrão para cada centro de custos. Essa ficha será composta pelos custos identificados ao departamento, incluindo os

---

[1] HORNGRENC, T.; SUNDEM, G. L.; STRATTON, W. O. *Contabilidade gerencial*. 12. ed. São Paulo: Pearson Prentice Hall, 2004. p. 227.

custos de serviços internos recebidos, identificados diretamente à atividade desempenhada pelo departamento no período. O padrão departamental tratará dos custos identificados do departamento, que poderão ser cobertos pelas margens do mix de produtos que fornece, com a utilização do conceito de preço de transferência baseado no custo de oportunidade.

Custos operacionais são departamentais identificados ao produto. Existem custos departamentais cujo consumo acontece por tempo de funcionamento do departamento. Nesses casos, por exemplo, se o produto usar uma hora desse departamento, seus custos departamentais serão absorvidos pelo produto com base em uma hora de uso dos serviços departamentais. A unidade de consumo seria o tempo de utilização.

No fim do período, os custos realizados nos vários departamentos são encerrados e o nível de atividades alcançado pelo setor é determinado considerando-se horas operacionais, valor dos materiais, área, energia elétrica etc. Em seguida, procede-se à projeção do custo-padrão de cada elemento de custo variável no nível das atividades do período e da apuração do total previsto, com a adição dos fixos. Dessa forma, torna-se possível, ao se comparar o custo-padrão do volume realizado com o custo de fato incorrido, comparar a variação na eficiência departamental e sua importância na explicação das variações entre o resultado orçado e o realizado.

6.3.1 A utilidade de um sistema de custo-padrão

A utilidade de um sistema de custo-padrão depende de quão realistas são os padrões. O sistema de custos-padrão pode ser útil para o controle de várias formas. Em primeiro lugar, possibilita o planejamento de acordo com políticas de eficiência preestabelecidas. Em segundo lugar, facilita o trabalho de avaliar se o desempenho de uma operação corrente está acontecendo de maneira eficiente ou não. Além disso, permite a administração por exceção, destacando apenas as informações importantes para controle, ou seja, variações significativas entre o padrão e o real.

Um sistema de custo-padrão também pode auxiliar na redução de custos. A instalação de tal sistema e sua revisão periódica exigem constante avaliação dos métodos operacionais. Esse exame geralmente leva a melhorias nos métodos empregados, em um contexto de *benchmark*, que acabam refletindo no custo dos produtos. Destaca-se a consciência que seu uso gera na organização sobre os custos por ela incorridos.

Por fim, custos-padrão podem ser usados em estudos para a determinação de preços de venda. Na verdade, eles representam o quanto os produtos deveriam custar e são um guia muito melhor para tomar decisões relativas a preços do que os custos históricos (os quais podem refletir ineficiências ocasionais em determinados processos de compra ou de fabricação).

Considera-se que a missão da contabilidade estaria fundamentalmente ligada à tarefa de evidenciar os valores monetários das atividades, produtos, operações, desempenhos, departamentos e empresas. Na confecção de um custo-padrão, é aconselhável considerar as quantidades separadamente dos preços unitários. Essa orientação facilita tanto a verificação das variações entre o desempenho realizado e o desempenho, orçado em razão de variações de preços e quantidades físicas, quanto a revisão dos padrões com vistas a sua adequação às modificações surgidas nas técnicas produtivas, nos volumes de atividade ou nos preços dos recursos utilizados e produtos gerados.

Um padrão deve ser realista, fixado em termos objetivos; deve expressar uma probabilidade estatística de realização, refletindo as políticas de eficiência da empresa, sendo estabelecido de acordo com suas condições operacionais – tecnologia usada, competência etc.

A Tabela 6.1 apresenta alguns dos benefícios gerados por um sistema de custo-padrão do ponto de vista da avaliação de estoques, fixação de preços e planejamento.

Tabela 6.1 Benefícios gerados por um sistema de padrões

Benefícios gerados pela utilização de padrões	
1. Valorização de estoques 2. Fixação de preços	Possibilitam a determinação *a priori* do custo de todos os produtos.
3. Planejamento e controle	Permite comparar os custos-padrão com os custos realizados e apurar as causas das eventuais variações. Permite analisar a eficiência no consumo de cada elemento do custo, como matérias-primas, mão de obra e custos indiretos de fabricação. Facilita o controle dos desempenhos realizados ao possibilitar sua comparação com padrões de desempenho.

O sistema de padrões permite o acompanhamento da eficiência na gestão dos custos, classificando-os e acumulando-os de acordo com sua natureza ou tipo (elemento ou conta de custo) e atribuindo-os às atividades ou produtos e serviços responsáveis por sua ocorrência. No caso da utilização de padrões departamentais, também se tornaria possível identificar e avaliar os serviços prestados entre áreas e atividades organizacionais.

No caso dos padrões departamentais, o estabelecimento de padrões para os custos fixos é mais difícil, uma vez que não há unidade de produto diretamente relacionada. Dessa forma, eles são considerados relacionados a um volume definido de atividades, que é expresso em termos de volumes de produtos ou serviços prestados pelo departamento. A Figura 6.2 apresenta uma visão geral do sistema de padrões para as organizações.

Do ponto de vista prático, o sistema de custo-padrão se estrutura na forma de um conjunto de fichas-padrão por produto. Dessas fichas constam: nome do produto, unidade de medida, recursos consumidos para sua produção, unidade de consumo, quantidade consumida, custo unitário e custo total de cada recurso consumido, e custo total do produto. A Tabela 6.2 traz um exemplo de ficha-padrão.

Figura 6.2 Custo-padrão e orçamento

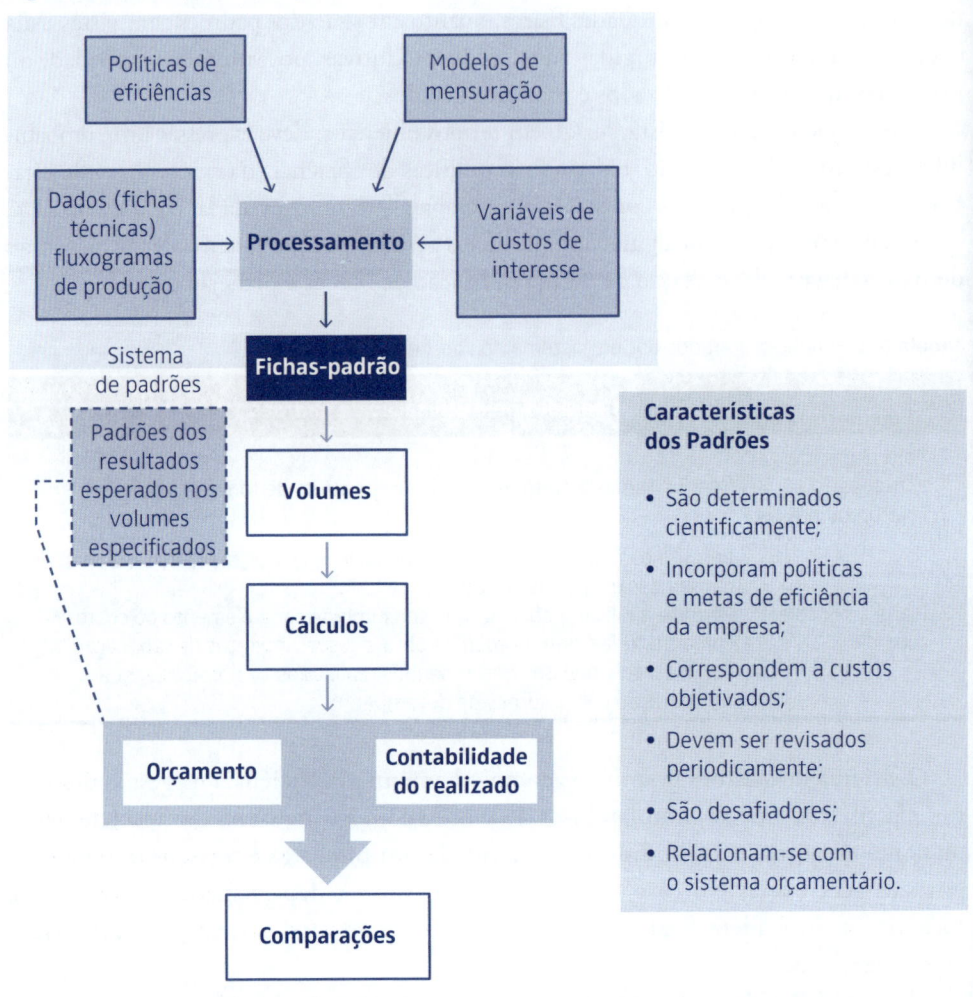

```
        Políticas de              Modelos de
        eficiências               mensuração
              │                        │
              ▼                        ▼
Dados (fichas
técnicas)     ──→   Processamento  ←──  Variáveis de
fluxogramas                              custos de
de produção                              interesse
                          │
                          ▼
Sistema              Fichas-padrão
de padrões
  ┌─────────────┐
  │ Padrões dos │         │
  │ resultados  │         ▼
  │ esperados   │      Volumes
  │ nos volumes │
  │especificados│         │
  └─────────────┘         ▼
                       Cálculos
                          │
                          ▼
              ┌──────────────────────┐
              │ Orçamento  Contabilidade │
              │            do realizado  │
              └──────────────────────┘
                          │
                          ▼
                    Comparações
```

Características dos Padrões

- São determinados cientificamente;
- Incorporam políticas e metas de eficiência da empresa;
- Correspondem a custos objetivados;
- Devem ser revisados periodicamente;
- São desafiadores;
- Relacionam-se com o sistema orçamentário.

Tabela 6.2 Exemplo de uma ficha-padrão para a produção de açúcar

Ficha-padrão[2]   Março de X3
Produto: Açúcar   Unidade : tonelada

ITENS	QUANTIDADE	UNIDADE	PREÇO	TOTAL
Matéria-prima	10,00	Tonelada	95,00	R$ 950,00
Custo de transformação	1,00	Tonelada	150,00	R$ 150,00
Total				**R$ 1.100,00**

Fonte: Guerreiro, 1989. 2

---

[2] Esta ficha-padrão inspira-se em um modelo de ficha apresentado no caso da usina de açúcar e álcool.

De posse dessa ficha-padrão, pode-se incorporar esse custo, tido como aquele a ser obtido trabalhando com a eficiência desejada pela organização, ao orçamento e mensuração e à avaliação dos desempenhos. Essa ficha-padrão também é de utilidade nas análises de resultados com produtos e outras decisões, como produzir ou comprar, onde produzir, continuar ou descontinuar produtos etc.

Nessa ficha, apresenta-se o custo-padrão para a produção de uma tonelada de açúcar, dadas a tecnologia e a eficiência operacionais tidas como adequadas em março de X3. Assim, espelha um consumo de matéria-prima no valor de R$ 10,00, por tonelada de açúcar produzido, e no custo de transformação de R$ 150,00, também por tonelada produzida, chegando ao custo-padrão de R$ 1.100,00 por tonelada de açúcar.

6.4 Relacionamentos sistêmicos

O sistema de custo-padrão relaciona-se com o sistema orçamentário. Ele se constitui na forma pela qual os padrões de eficiência da empresa são incorporados ao plano. De posse do sistema de padrões, é possível atribuir o impacto da variação de eficiência ao resultado obtido.

Orçamento é uma quantificação monetária dos planos da administração para operação da empresa durante um período específico. Tem fundamental importância quando se busca o controle econômico de uma organização, do ponto de vista da gestão, como meio de organização e direção das diferentes áreas organizacionais, como guia para o gestor no tocante à administração no dia a dia e como avaliador da performance real.

Apesar de o orçamento e o sistema de custo-padrão estarem relacionados com a limitação de custos e objetivos de controle, o orçamento diz respeito a limites totais para os custos das atividades e da empresa como um todo no período orçado, ao passo que os custos-padrão se relacionam aos produtos e processos ou operações de fabricação individuais. Enquanto o orçamento é um plano a ser obtido, o padrão é o indicador de eficiência para consumo de recursos no desempenho de atividades, prestação de serviços ou disponibilização de produtos.

O estabelecimento dos custos-padrão para padrão de eficiência para o desempenho das atividades implica que eles devem ser usados como base para o processo orçamentário e o cálculo dos custos orçados, pois, de outra forma, não seria possível comparar o desempenho real com o orçado em termos de eficiência planejada e alcançada.

Assim, o sistema de custo-padrão e o sistema orçamentário estão relacionados, pois:

- → Ambos abrangem esforços para otimizar o uso dos recursos.
- → Incorporam políticas de eficiência. Nesse sentido, eventualmente o orçamento pode aplicar as políticas de eficiência incorporadas ao custo-padrão com um grau menor de desafio.
- → Fornecem instrumentos para a gestão dos custos.

Pode-se, também, apontar alguns aspectos em que os custos padrões diferem do orçamento, como apontado na Tabela 6.3.

Tabela 6.3 Diferenças entre orçamento e custo-padrão

Orçamento	Custo-padrão
Reporta os custos esperados.	Reporta os custos a serem incorridos se o desempenho desejado for atingido.
Enfatiza não exceder custo-padrão.	Enfatiza redução de custos, devem ser sempre desafiadores.
Habitualmente para todas as áreas da empresa.	Frequentemente utilizado apenas na produção, no entanto é passível de uso em toda a empresa.
Pode ter um nível de eficiência maior ou menor do que o contemplado nos padrões.	Incorpora a política de eficiência desejada pela empresa. Incorpora um grau de desafio, passível de mensuração estatística ("Deixado ao acaso, tal padrão de consumo só seria obtido x%, y% ou z% das vezes").

6.5 Considerações finais

O custo-padrão cumpre o papel de permitir considerar a eficiência com a qual as atividades foram desempenhadas, os serviços prestados e os produtos gerados. Além disso, permite a gestão da eficiência.

O sistema de custo-padrão incorpora esses padrões de eficiência nas fichas-padrão dos vários produtos e serviços de uma organização, que devem ser revisadas periodicamente.

O sistema orçamentário se relaciona com o sistema de custo-padrão, tanto no planejamento quanto no controle, possibilitando considerar o impacto das variações de eficiência no consumo dos recursos das atividades, áreas de responsabilidade, serviços e produtos.

→ Resumo ←

Neste capítulo foi apresentado o conceito de custo-padrão como um parâmetro para a mensuração da eficiência da entidade no consumo de recursos. Apesar de ter surgido originariamente na indústria, hoje os sistemas de custo-padrão são usados também no setor de serviços e no governo.

Um sistema de custo-padrão corresponde a um conjunto de fichas-padrão elaboradas tecnicamente e incorpora as políticas de eficiência da empresa, devendo ser desafiadores. Merece destaque a relação entre o sistema de custo-padrão e o sistema orçamentário, por permitir a gestão da eficiência com a qual as várias atividades são desempenhadas e o impacto das variações de eficiência no resultado da empresa, áreas de responsabilidade, serviços e produtos.

Questões para estudo e pesquisa

1. O que é custo-padrão?
2. Qual é a relação entre custo-padrão e orçamento?
3. O que é uma ficha-padrão?
4. O sistema de custo-padrão deve ser revisado periodicamente. Você concorda? Justifique.
5. Conceitue padrão departamental.
6. Como seriam tratados os custos variáveis na confecção de um padrão departamental?
7. Como seriam tratados os custos fixos na elaboração de um custo-padrão departamental? Como poderia ser estabelecido um padrão para sua ocorrência?
8. Cite alguns benefícios de um sistema de custo-padrão.
9. Apresente algumas diferenças entre o sistema de custo-padrão e o sistema orçamentário.
10. Qual é a vantagem de considerar padrões de preço e quantidades físicas de consumo separadamente na ficha-padrão?

CAPÍTULO 7

Análise das variações orçamentárias

→ **Objetivo do capítulo**
Apresentar um modelo de análise das variações orçamentárias que contribua para a otimização do resultado de acordo com o problema orçamentário colocado no Capítulo 6.

→ **Visão geral do capítulo**
Este capítulo se inicia com algumas considerações-controle de acordo com metas estipuladas e coloca a necessidade de acompanhar as variações que ocorrem entre os parâmetros de resultado definidos no plano e os valores obtidos para esses resultados durante a execução orçamentária. Em um primeiro momento estuda-se o problema de um ponto de vista conceitual e, na sequência, propõe-se a solução na forma da análise das variações, conforme a técnica de contabilidade gerencial.

→ **Palavras-chave**
Planejamento e orçamento; controle; análise das variações; variação de volume; variação de eficiência; variação de preços; variações de ajustes no plano.

7.1 Introdução

Na relação entre o resultado planejado e o resultado obtido no desempenho real, quando da execução do plano, sempre podem ocorrer diferenças. Como a ação econômica se dá em meio ao risco e à incerteza, a ação racional com vistas ao alcance dos objetivos planejados ocorre como um acompanhamento constante do desempenho realizado *vis-à-vis* o desempenho planejado. Essa ação se consubstancia, do ponto de vista da informação gerencial contábil, na forma do que se denomina *análise das variações*. A meta no tocante a essas variações é que elas sejam inferiores a determinado valor ∈, medido em valor ou porcentagem, como mostra a Equação 7.1.

$$|\text{Resultado Orçado} - \text{Resultado Real}| \leq \in, \qquad (7.1)$$

À medida que o prazo estipulado para o alcance da meta se complete, como mostra a Equação 7.2:

$$|t_o - t_r| < \delta \qquad (7.2)$$

onde
T_o = prazo do orçamento,
T_r = prazo já transcorrido.

Com base em dados passados, pode-se estipular a probabilidade de que essa diferença fique acima de determinado valor, com o uso de uma fórmula estatística conhecida como *desigualdade de Chebyshev*. Observe a Equação 7.3:

$$P(|x - \mu(x)| > c) \leq \frac{Var(x)}{c^2} \qquad (7.3)$$

Caso tudo corra bem, quanto mais o prazo definido para o cumprimento das metas orçamentárias se aproxima do final, mais o resultado realizado deve se aproximar do resultado orçado, como mostra a Equação 7.4.

$$|to - tr| < \delta => |\text{Resultado Orçado} - \text{Resultado Real}| \leq \in \qquad (7.4)$$

Essa diferença entre o resultado orçado e o de fato obtido pode se dar em razão de variáveis como juros, volume de vendas, preços de venda e custo dos insumos, eficiência produtiva, ajustes que tenham ocorrido no plano, dentro de uma filosofia de orçamento flexível. Assim, no prazo estipulado, |Resultado Orçado − Resultado Real| = f(preços, ajustes no plano, volumes, eficiência). Aqui a variável preço abrange preços dos produtos, dos insumos, e os juros, o custo do dinheiro.

7.1.1 Chebyshev

A probabilidade de que a diferença entre o resultado real e o resultado orçado fique abaixo de determinado percentual pode ser obtida com o uso da desigualdade de Chebyshev, como na Equação 7.5.

$$P(|x-\mu(x)|>c) \leq \frac{Var(x)}{c^2} \qquad (7.5)$$

Isso torna possível a gestão do desempenho orçamentário em termos probabilísticos. Pode-se, assim, falar em "uma probabilidade de 10% de que a variação entre o desempenho real e o planejado fique acima de 20%", por exemplo.

Ao se passar a uma visão mais técnica da análise das variações, pode-se lançar mão dos vários instrumentos disponibilizados pelas pesquisas em campos como o da operacional, da matemática e da estatística.

De imediato, também poderiam ser realizadas análises de regressão das diferenças, verificando suas tendências e grau de aperfeiçoamento ocorrido ao longo do ano na definição de metas em termos de sua aderência à realidade. A análise de regressão ajudaria, ainda, a explicar as causas de variações no resultado e sua tendência ao longo dos anos. Os desperdícios têm aumentado ou diminuído? Variações de preço têm ganhado importância na explicação das variações entre o resultado real e o planejado? É possível verificar tendências e definir políticas e diretrizes estratégicas para lidar com elas?

Variáveis de preço, volumes e eficiência têm impactos já conhecidos sobre o resultado. A incerteza da realidade econômica faz também com que, periodicamente, seja necessário fazer ajustes no plano – a visão contemplada pelo orçamento flexível. Assim, na grande maioria dos negócios, ao se analisarem variações de preço, ajustes no plano, volumes eficiência, consegue-se explicar e estipular estratégias para a quase totalidade das causas de variações orçamentárias.

Considerando-se a empresa como um ativo, seu patrimônio líquido seria o valor presente de suas entradas de caixa menos o valor presente de suas saídas de caixa, conforme a Equação 7.6.

$$V = \sum_{t=1}^{n} \frac{E[RF_t]}{(1+r)^t} - \sum_{t=1}^{n} \frac{S[CF_t]}{(1+i)^t} \qquad (7.6)$$

onde

V = valor do ativo;
E = probabilidade de ocorrência das entradas de caixa;
$[RF_t]$ = valor esperado do benefício futuro.
S = probabilidade de ocorrência das saídas de caixa;
$[CF_t]$ = valor esperado das saídas de caixa futuras;
r = taxa de desconto para os recebimentos, correspondendo à taxa de captação;
i = taxa de desconto para os pagamentos, correspondendo à taxa de aplicação;
t = período;
n = número de períodos.

Nesse contexto, o resultado econômico é uma variação no valor desse patrimônio líquido (PL) em razão das receitas, custos e resultados. Assim, variações entre o resultado orçado e o obtido representam variações na variação esperada de um patrimônio líquido.

7.2 Variação de resultado: a diferença entre o resultado orçado e o resultado planejado

Como exemplo inicial, suponha-se o seguinte caso, que abrange um histórico de variações. Conforme a Tabela 7.1.

A média das diferenças percentuais seria de 6,6%, e a variância seria de 0,12%. Usando a desigualdade de Chebyshev, verifica-se que a probabilidade de que a diferença entre o resultado orçado e o resultado realizado seja maior do que 20% seria de $0,12/0,20^2$, aproximadamente 8%.

Tabela 7.1 Histórico de variações orçamentárias de uma entidade

Ano	Variação percentual entre o desempenho real e o orçado (DR – DO)/DO (em %)
Ano 1	7
Ano 2	13
Ano 3	5
Ano 4	3
Ano 5	5
Média dos valores	6,6
Desvio-padrão	3,4
Variância	0,12

Esse limite máximo diz que a probabilidade de uma diferença entre resultado real e resultado orçado, nesse caso da ordem de 20%, seria menor do que 8%, mantendo-se os mesmos procedimentos, desempenhos, gestão e eficiência. Isso pode ser melhorado diminuindo a probabilidade de que a variação ultrapasse os limites estabelecidos e aprimorando as técnicas de gestão. É o que seria obtido se fossem mantidos os mesmos procedimentos e controles. No fundo, é a variação que se espera sem os resultados dos aprimoramentos na gestão e nos sistemas de informação.

De outro ponto de vista, variações cuja probabilidade ultrapasse o limite esperado denotam problemas, das quais a natureza ainda é desconhecida, e implicam incertezas no contexto da gestão organizacional e econômica, que podem demandar estudos e análises aprofundadas para incorporação de novos aspectos ao próximo ciclo orçamentário.

Deve-se notar que o processo de planejamento e orçamento tem uma curva de aprendizado e torna-se mais eficaz conforme sua repetição ao longo dos períodos.

A Figura 7.1 apresenta o processo de mensuração para acompanhamento das variações orçamentárias.

Figura 7.1 Mensuração das variações orçamentárias

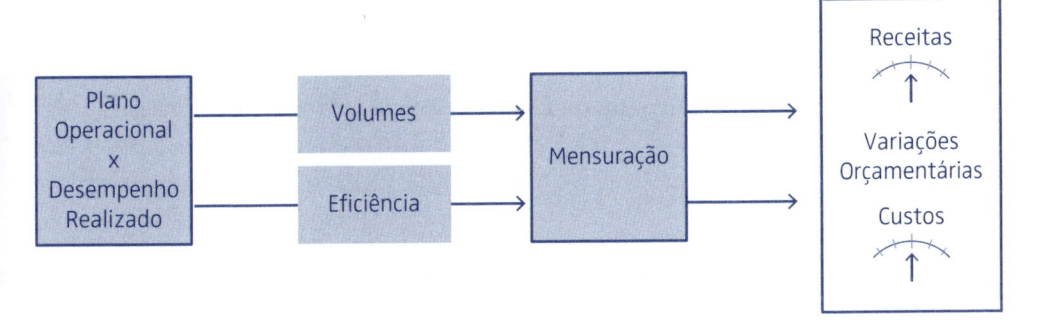

Para melhor analisar as variações e descobrir suas causas, com vistas à tomada de decisões corretivas, é preciso realizar uma análise detalhada das variações. Nessa análise, divide-se a variação total em quatro tipos que, historicamente, se mostraram os mais relevantes como variáveis de controle para a eficácia do planejamento: variações de preço, de ajuste no plano, de volume e de eficiência.

Já para analisar as variações e descobrir suas causas para empreender ações corretivas de otimização, a diferença total entre o realizado e o orçado é subdividida de acordo com os subintervalos listados.

A eficiência é uma especificação de padrão de consumo de recursos para determinada tarefa. Medir a eficiência real envolve comparar o consumo real com um padrão de recursos previamente definido. Em contabilidade, a mensuração da eficiência se realiza comparando-se o custo realizado com o custo-padrão definido.

No contexto da análise das variações, a variação total representa a variação de eficácia, e essa variação de eficácia tem sua origem em variações de preços, volumes, ajustes no plano e eficiência, conforme mostrado na Figura 7.2.

Figura 7.2 Composição das variações orçamentárias

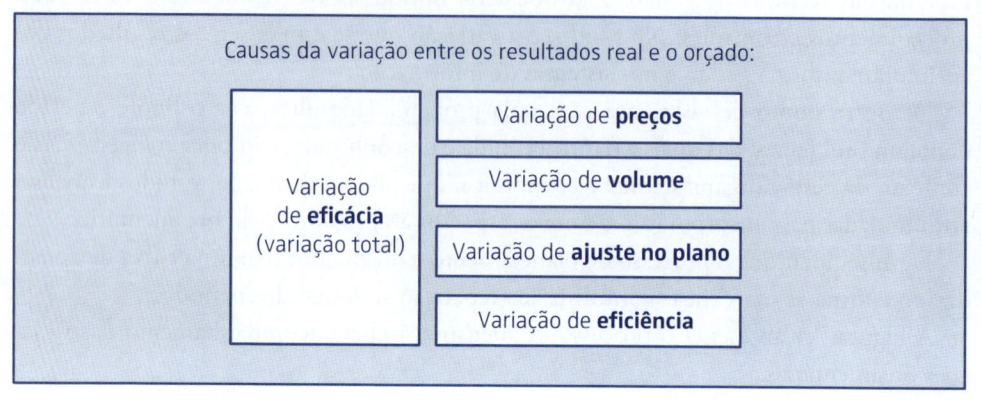

```
┌──────────────────────────────────────────────────────────────┐
│        Causas da variação entre os resultados real e o orçado: │
│                                                              │
│                          ┌─────────────────────────────┐     │
│                          │  Variação de **preços**     │     │
│                          └─────────────────────────────┘     │
│       ┌─────────────┐    ┌─────────────────────────────┐     │
│       │  Variação   │    │  Variação de **volume**     │     │
│       │de **eficácia**│  └─────────────────────────────┘     │
│       │(variação total)│ ┌─────────────────────────────┐     │
│       └─────────────┘    │ Variação de **ajuste no plano**│   │
│                          └─────────────────────────────┘     │
│                          ┌─────────────────────────────┐     │
│                          │  Variação de **eficiência**  │    │
│                          └─────────────────────────────┘     │
└──────────────────────────────────────────────────────────────┘
```

Do ponto de vista da relação entre a variação de eficácia e as variações intermediárias, temos a Equação 7.7.

$$|\Delta\ \text{Total}| = |\Delta\ \text{Preço}| + |\Delta\ \text{Ajuste no Plano}| + |\Delta\ \text{Volume}| + |\Delta\ \text{Eficiência}| \quad (7.7)$$

Donde resulta a Equação 7.8.

$$|\Delta\ \text{Total}| \leq |\Delta\ \text{Preço} + \Delta\ \text{Ajuste no Plano} + \Delta\ \text{Volume} + \Delta\ \text{Eficiência}| \quad (7.8)$$

onde
Δ Total = parcela da variação total entre o resultado real e o orçado;
Δ Preço = parcela da variação entre o resultado real e orçado devido às variações de preços ocorridas entre a data do orçamento original e o da execução;
Δ Ajuste no Plano = parcela da variação total entre o resultado real e o orçado devido a ajustes realizados no orçamento em razão de mudanças ocorridas no plano operacional (por exemplo: incorporação de uma nova tecnologia ou uma nova situação de demanda);
Δ Volume = parcela da variação total entre o resultado real e o orçado devido à variação no volume de atividade praticado;
Δ Eficiência = parcela da variação total entre o resultado real e o orçado devido à variação na eficiência com a qual as atividades foram desempenhadas.

Assim, suponha-se uma empresa com **n** produtos. Para cada produto **i** haveria um preço de venda orçado P_i, para o qual se planejaria um volume de vendas V_i, o mesmo ocorrendo com os custos e despesas diretas variáveis **CDVar**$_i$. A equação da margem de contribuição orçada, feitas essas considerações, tomaria a forma da Equação 7.9.

$$MGContrib_{total}O = \sum_{i=1}^{n} QdeProd_{io} \times PV_{oi} - \sum_{i}^{n} QdeProd_{io} \times CDVar_{oi} \quad (7.9)$$

Com a mesma fundamentação, a margem de contribuição realizada com os desempenhos efetivados seria a apresentada na Equação 7.10.

$$MGContrib_{total}R = \sum_{i=1}^{n} QdeProd_{ir} \times PV_{ri} - \sum_{i}^{n} QdeProd_{ir} \times CDVar_{ri} \quad (7.10)$$

onde
$MGContrib_{totalO}$ = total da margem de contribuição orçada;
$MGContrib_{totalR}$ = total da margem de contribuição realizada;
$QdeProd_{io}$ = quantidade orçada para o i-ésimo produto;
$QdeProd_{ir}$ = quantidade realizada do i-ésimo produto;
PV_{oi} = preço de venda orçado para o i-ésimo produto;
PV_{ri} = preço de venda realizado para o i-ésimo produto;
$CDVar_{oi}$ = custos e despesas variáveis orçados para o i-ésimo produto.

Deve-se notar que $CDVar_i$ corresponde a um total de custos, ou seja, também é um vetor do tipo apresentado na Equação 7.11.

$$\sum_{j=1}^{m} CDvar_j = CDvar_1 + CDvar_2 + \ldots + CDvar_i + \ldots + CDvar_n \quad (7.11)$$

E ainda se deve considerar a possibilidade de custos fixos identificados (CDFix$_i$) para cada produto, reais e orçados, dando origem às variáveis:

CDFix$_{oi}$: custos fixos identificados orçados ao i-ésimo produto; e
CDFix$_{ri}$: custos fixos identificados realizados para o produto **i**.

7.3 Matrizes para a equação do resultado

Note-se que, conforme já discutido, a equação do resultado de uma entidade é como mostra a Equação 7.12.

$$QDE \times (PV - CDVAR) - CDFIX = RESULTADO \quad (7.12)$$

Com as quantidades dos vários produtos representadas por um vetor na forma de uma linha, conforme a Equação 7.13.

$$QDE = \begin{pmatrix} quantidade_1 & quantidade_2 & quantidade_j & quantidade_{(n-1)} & quantidade_n \end{pmatrix} (7.13)$$

E PV como um vetor na forma de uma coluna, conforme a Equação 7.14, apresentada a seguir.

$$PV = \begin{pmatrix} preçoVenda_{prod1} \\ preçoVenda_{prod2} \\ preçoVenda_{prod\,i} \\ preçoVenda_{prod(n-1)} \\ preçoVenda_{prod(n)} \end{pmatrix} \quad (7.14)$$

Considerando $CDVar_i$ a soma dos custos e despesas variáveis totais de cada produto, temos o vetor exposto na Equação 7.15.

$$CDVar = \begin{pmatrix} \sum_{1,j=1}^{m} qdeRecurso_1 \times preçoRecurso_1 \\ \sum_{2,j=1}^{m} qdeRecurso_1 \times preçoRecurso_1 \\ \sum_{i,j=1}^{m} qdeRecurso_1 \times preçoRecurso_1 \\ \sum_{n-1,j=1}^{m} qdeRecurso_1 \times preçoRecurso_1 \\ \sum_{n,j=1}^{m} qdeRecurso_1 \times preçoRecurso_1 \end{pmatrix} \quad (7.15)$$

Nesse vetor, exposto na Equação 7.16, o custo mais despesa variável total de cada produto é igual ao somatório de todos os seus custos e despesas variáveis, considerando suas respectivas quantidades consumidas e preços.

$$CDVar_i = \sum_{i,j=1}^{m} qdeRecurso_1 \times preçoRecurso_1 \qquad (7.16)$$

Nesse contexto, as margens de contribuições também poderiam ser organizadas na forma de um vetor coluna (MG_1, MG_2, ..., MG_n). Representando a margem de contribuição por MG, teríamos $MG_i = PV_i - CDVar_i$. Assim, na forma matricial, as margens dos diferentes produtos poderiam ser representadas por um conjunto de vetores, conforme a Equação 7.17.

$$\begin{pmatrix} MG_1 \\ MG_2 \\ MG_i \\ MG_{n-1} \\ MG_n \end{pmatrix} = \left(\begin{pmatrix} PV_1 \\ PV_2 \\ PV_i \\ PV_{n-1} \\ PV_n \end{pmatrix} - \begin{pmatrix} CDVar_1 \\ CDVar_2 \\ CDVar_i \\ CDVar_{n-1} \\ CDVar_{n1} \end{pmatrix} \right) \qquad (7.17)$$

A margem de contribuição total da empresa nesse contexto seria igual a QDE x MG, na forma matricial, conforme exposto na Equação 7.18.

$$MGContribTotal = (quantidade_1 \; quantidade_2 \; quantidade_j \; quantidade_{(n-1)} \; quantidade_n) \times \begin{pmatrix} MG_1 \\ MG_2 \\ MG_i \\ MG_{n-1} \\ MG_n \end{pmatrix} \qquad (7.18)$$

Por fim, o resultado é igual a margem de contribuição total (mgContribTotal) menos a soma de todos os custos e despesas fixos (CDFIX), ou seja, Resultado = mgContribTotal − CDFIX, como exposto na Equação 7.19.

$$Resultado = (quantidade_1 \; quantidade_2 \; quantidade_j \; quantidade_{(n-1)} \; quantidade_n) \times \begin{pmatrix} MG_1 \\ MG_2 \\ MG_i \\ MG_{n-1} \\ MG_n \end{pmatrix} - CDFIX \qquad (7.19)$$

Com custos e despesas fixas calculados na forma da Equação 7.20, cada elemento representa a quantidade de determinado recurso multiplicada pelo seu custo unitário.

$$CDFIX = \sum_{k=1}^{m} recurso_k \times preçoRecurso_k = recurso_1 \times preçoRecurso_1 \\ + recurso_2 \times preçoRecurso_2 + \ldots + recurso_n \times preçoRecurso_n \quad (7.20)$$

O ponto é que o resultado da Equação 7.18 será orçado e objetivado pelos desempenhos do período. Na busca de otimizar o desempenho realizado, as diferenças entre o real e o orçado serão continuamente analisadas, com vistas à tomada de decisões para o alcance da meta orçada. Essas diferenças serão classificadas em diferenças de preços, ajustes no plano, volumes e eficiência. A diferença total é a diferença de eficácia.

Assim, a variação na margem de contribuição de um produto devido às variações de preço, ajustes no plano, volume e eficiência seria medida pela Equação 7.21.

$$MgContrib_{total}O - MgContrib_{total}R = \left[\sum_{i=1}^{n} QdeProd_{io} \times PV_{oi} - \sum_{i}^{n} QdeProd_{io} \right. \\ \left. \times \sum_{j=1}^{m} Cd\,var_{oj}\right] - \left[\sum_{i=1}^{n} QdeProd_{ir} \times PV_{ri} \right. \\ \left. - \sum_{i}^{n} QdeProd_{ir} \times \sum_{j=1}^{m} Cd\,var_{rj}\right] \quad (7.21)$$

Nessa análise das variações orçamentárias, é de interesse que se entenda sua composição. Quanto da variação entre o real e o orçado deveu-se à prática de volumes diferentes daquele planejado, quanto à variação de preços, quanto surge de ajustes realizados no plano na forma de modificações para adaptação à novas realidades, e quanto foi devido à ineficiência e/ou desperdícios. Cada uma dessas variações será investigada a seguir, iniciando-se pela variação de preço.

7.3.1 Variação de preço

Δ Preço = resultado medido pelos preços orçados − resultado obtido em função dos preços realizados, ficando a diferença na margem de contribuição calculada na forma da Equação 7.22.

$$\Delta Preço = QDE_O \times \left(PV_R - PV_O + \sum_{i,j=1}^{m} qtde_O Rec_j \times (preço_O Rec_j - preço_R Rec_j) \right) \\ + \sum_{k=1}^{m} qtde_O Rec_k \times (preço_O Rec_k - preço_R Rec_k) \quad (7.22)$$

Essa equação é explicada na Figura 7.3, na qual se observa que as quantidades orçadas são mantidas, e apenas os preços de venda e os preços dos recursos utilizados variam.

Do ponto de vista da variação de preços, essa equação implica medir o resultado considerando os impactos das variações de preço sobre ele. Ou seja, tudo o mais não se modificando, qual é o impacto da variação de preços no resultado?

Figura 7.3 Equação para cálculo da variação de preços

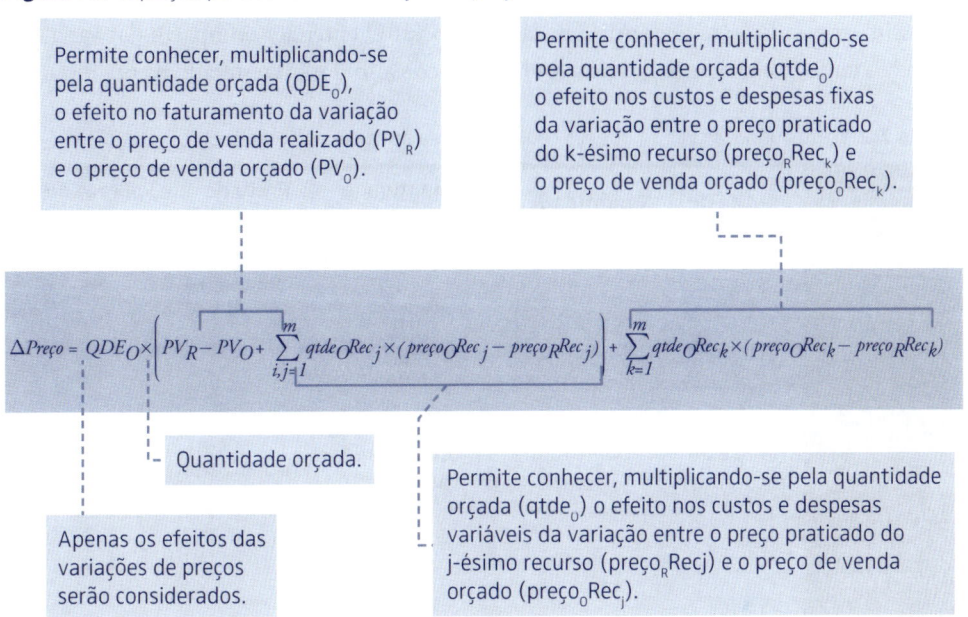

Permite conhecer, multiplicando-se pela quantidade orçada (QDE_O), o efeito no faturamento da variação entre o preço de venda realizado (PV_R) e o preço de venda orçado (PV_O).

Permite conhecer, multiplicando-se pela quantidade orçada ($qtde_O$) o efeito nos custos e despesas fixas da variação entre o preço praticado do k-ésimo recurso ($preço_R Rec_k$) e o preço de venda orçado ($preço_O Rec_k$).

$$\Delta Preço = QDE_O \times \left(PV_R - PV_O + \sum_{i,j=1}^{m} qtde_O Rec_j \times (preço_O Rec_j - preço_R Rec_j) \right) + \sum_{k=1}^{m} qtde_O Rec_k \times (preço_O Rec_k - preço_R Rec_k)$$

Quantidade orçada.

Apenas os efeitos das variações de preços serão considerados.

Permite conhecer, multiplicando-se pela quantidade orçada ($qtde_O$) o efeito nos custos e despesas variáveis da variação entre o preço praticado do j-ésimo recurso ($preço_R Recj$) e o preço de venda orçado ($preço_O Rec_j$).

Na forma matricial, o impacto da variação de preços na margem poderia ser calculado usando a Equação 7.23.

$$varPreçoMargem = (quantidade_1 \ quantidade_2 \ quantidade_j \ quantidade_{(n-1)} \ quantidade_n)$$

$$\times \left(\begin{pmatrix} PV_{R_1} \\ PV_{R_2} \\ PV_{R_i} \\ PV_{R_{n-1}} \\ PV_{R_n} \end{pmatrix} - \begin{pmatrix} PV_{O_1} \\ PV_{O_2} \\ PV_{O_i} \\ PV_{O_{n-1}} \\ PV_{O_n} \end{pmatrix} + \begin{pmatrix} \sum_{1,j=1}^{m} qte_j \times (preço_o Rec_j - preço_R Rec_j) \\ \sum_{2,j=1}^{m} qte_j \times (preço_o Rec_j - preço_R Rec_j) \\ \sum_{i,j=1}^{m} qte_j \times (preço_o Rec_j - preço_R Rec_j) \\ \sum_{n-1,j=1}^{m} qte_j \times (preço_o Rec_j - preço_R Rec_j) \\ \sum_{n,j=1}^{m} qte_j \times (preço_o Rec_j - preço_R Rec_j) \end{pmatrix} \right) \quad (7.23)$$

Por fim, o impacto da variação de preços no resultado seria igual à variação de preços na margem mais o efeito das variações de preços nos custos e despesas fixos, conforme exposto na Equação 7.24.

$$\text{var } ResultadoPreço = \text{var } PreçoMargem + \sum_{k=1}^{m} qtde_O Rec_k \times \left(preço_O Rec_k - preço_R Rec_k \right) \quad (7.24)$$

Assim, supondo-se os dados da Tabela 7.2, é possível entender o impacto das variações de preços tanto dos produtos quanto dos recursos consumidos no resultado da organização.

Tabela 7.2 Dados para cálculo do impacto das variações de preços no resultado

	Índice do produto (i)	Quantidade de vendas orçada	Quantidade de vendas praticada	Preço de venda orçado	Preço de venda praticado
Dados de preço de venda e volumes	1	4	4	5	6
	1				
	2	3	3	7	10
	2				

	Índice do recurso (j)	Quantidade orçada	Quantidade praticada	Preço orçado	Preço praticado
Custos e despesas variáveis	1	1	1	2	2
	2	1	1	1	2
	1	2	2	2	2
	2	1	1	1	2

	Índice do recurso fixo orçado	Quantidade orçada	Quantidade praticada	Preço orçado	Preço praticado
Custos e despesas fixos	1	1	1	3	3
	1	1	1	2	2
	1	1	1	4	4
	1	1	1	3	3

De acordo com esses dados, a diferença no resultado da entidade ficaria como na Tabela 7.3, ou seja, o resultado realizado ficaria acima do resultado orçado em R$ 6,00.

Tabela 7.3 Demonstrações de resultado considerando variações de preços

Demonstração do resultado	Orçado			Ajustado pelos preços praticados		
Receita de vendas	Quantidade	Preço	Total	Quantidade	Preço	Total
Produto 1	4	5	20	4	6	24

(continua)

(*continuação*)

Demonstração do resultado	Orçado			Ajustado pelos preços praticados		
Receita de vendas	Quantidade	Preço	Total	Quantidade	Preço	Total
Produto 2	3	7	21	3	10	30
Total do faturamento			**41**			**54**
Custos e despesas variáveis						
Produto 1						
Recurso 1	1	2	2	1	2	2
Recurso 2	1	1	1	1	2	2
Total Produto 1		3	12		4	16
Produto 2						
Recurso 1	2	2	4	2	2	4
Recurso 2	1	1	1	1	2	2
Total Produto 2		5	15		6	18
Total de custos e despesas variáveis			**27**			**34**
Margem de contribuição total			**14**			**20**
Custos e despesas fixos CDFIX						
Recurso 1		3	3	1	3	
Recurso 2		2	2	1	2	
Recurso 3		4	4	1	4	
Recurso 4		3	3	1	3	
Total CDFIX			12			12
Resultado			**2**			**8**

Observe o cálculo do resultado nas Equações 7.25 a 7.31.

$$MG_O = \begin{pmatrix} 4 & 3 \end{pmatrix} \times \left(\begin{pmatrix} 5 \\ 7 \end{pmatrix} - \begin{pmatrix} 3 \\ 5 \end{pmatrix} \right) = \begin{pmatrix} 4 & 3 \end{pmatrix} \times \begin{pmatrix} 2 \\ 2 \end{pmatrix} = 14 \qquad (7.25)$$

$$MG_R = \begin{pmatrix} 4 & 3 \end{pmatrix} \times \left(\begin{pmatrix} 6 \\ 10 \end{pmatrix} - \begin{pmatrix} 4 \\ 6 \end{pmatrix} \right) = \begin{pmatrix} 4 & 3 \end{pmatrix} \times \begin{pmatrix} 2 \\ 4 \end{pmatrix} = 20 \qquad (7.26)$$

$$\sum_{k=1}^{4} recurso_K \times preço_O Recurso_K = 1 \times 3 + 1 \times 2 + 1 \times 4 + 1 \times 3 = 12 \qquad (7.27)$$

$$\sum_{K=1}^{4} recurso_K \times preço_R Recurso_K = 1\times3+1\times2+1\times4+1\times3 = 12 \qquad (7.28)$$

$$Resultado_O = 14-12 = 2 \qquad (7.29)$$

$$Resultado_R = 20-12 = 8 \qquad (7.30)$$

$$Resultado_R - Resultado_O = 8-2 = 6 \qquad (7.31)$$

Do ponto de vista da variação de preços dos recursos, a variação do preço de cada recurso terá seu impacto na forma Δ Preço = qtde **x** (preço orçado − preço realizado). No conjunto dos recursos **j** de cada produto, teríamos a Equação 7.32, na qual a quantidade consumida de cada recurso é multiplicada pela diferença entre o preço praticado e o preço orçado. Esse número será positivo se os preços praticados forem menores do que os orçados, e terá um impacto negativo se os preços praticados forem maiores do que os orçados. Os recursos consumidos configuram os custos e despesas da entidade. Em um sentido amplo, são os *custos* da atividade.

Para o total de **i** produtos da empresa, teríamos a variação total de custos medida pelas Equações 7.32 e 7.33.

$$\Delta preçoRecurso = \sum_{j}^{n} qtde_O \times \left(Preço_O - Preço_R\right) \qquad (7.32)$$

$$\Delta preçoRecursosTotais = \sum_{i=1}^{n} qtdeProd_i \times \sum_{i,j}^{m} qtde_{O_j} \times \left(Preço_{O_j} - Preço_{R_j}\right) \qquad (7.33)$$

No exemplo estudado, a variação dos preços nos custos teria o seguinte valor: $4 \times [1 \times (2-2) + 1 \times (1-2)] + 3 \times [2 \times (2-2) + 1 \times (1-2)] = -7$.

O efeito da variação de preços na margem de contribuição, com o uso de matrizes, utilizando a Equação 7.34, ficaria:

$$var\,PreçoMargem = \begin{pmatrix} 4 & 3 \end{pmatrix} \times \left[\begin{pmatrix} 6 \\ 10 \end{pmatrix} - \begin{pmatrix} 5 \\ 7 \end{pmatrix} + \begin{pmatrix} 1\times(2-2)+1\times(1-2) \\ 2\times(2-2)+1\times(1-2) \end{pmatrix} \right] = 6 \qquad (7.34)$$

Por fim, o cálculo do impacto da variação de preços no resultado, considerando-se as variações ocorridas nos preços dos recursos que configuraram custos e despesas fixas, pode ser obtido com o uso da Equação 7.35. Nela não há mudanças do impacto calculado na margem, uma vez que os preços desses recursos não se alteraram. O impacto total da variação de preços, então, foi de R$ 6,00.

$$\text{var } ResultadoPreço = 6 + \left(1 \times (3-3) + 1 \times (2-2) + 1 \times (3-3) + 1 \times (4-4)\right) = 6 \quad (7.35)$$

A vantagem do uso de formulação matemática e matrizes está na implementação de sistemas mais versáteis, na maior facilidade de implantação e no maior alcance no tocante à utilização dos dados em simulações.

△ Ajuste no Plano = Resultado conforme plano original − Resultado conforme ajustes realizados no orçamento

Muitas vezes, há necessidade de ajuste no orçamento – é a filosofia do orçamento flexível. Podem surgir mudanças ambientais ou tecnológicas que gerem essa necessidade. Esses ajustes gerarão variações em si mesmos, que precisam ser consideradas na avaliação dos desempenhos e análises de resultados. A Figura 7.4 apresenta a equação usada para esse cálculo.

Figura 7.4 Cálculo das variações orçamentárias devido aos ajustes feitos no orçamento

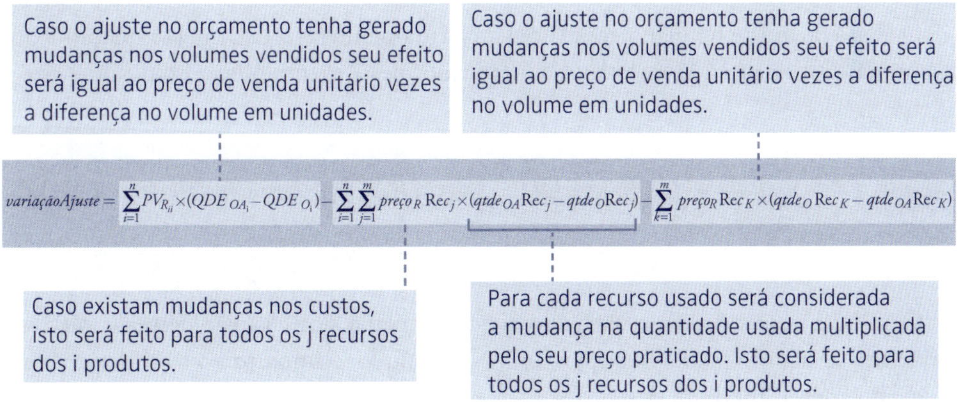

Caso o ajuste no orçamento tenha gerado mudanças nos volumes vendidos seu efeito será igual ao preço de venda unitário vezes a diferença no volume em unidades.

Caso o ajuste no orçamento tenha gerado mudanças nos volumes vendidos seu efeito será igual ao preço de venda unitário vezes a diferença no volume em unidades.

$$variaçãoAjuste = \sum_{i=1}^{n} PV_{R_{ii}} \times (QDE_{OA_i} - QDE_{O_i}) - \sum_{i=1}^{n}\sum_{j=1}^{m} preço_R \, Rec_j \times (qtde_{OA}Rec_j - qtde_O Rec_j) - \sum_{k=1}^{m} preço_R Rec_K \times (qtde_O Rec_K - qtde_{OA} Rec_K)$$

Caso existam mudanças nos custos, isto será feito para todos os j recursos dos i produtos.

Para cada recurso usado será considerada a mudança na quantidade usada multiplicada pelo seu preço praticado. Isto será feito para todos os j recursos dos i produtos.

Esses dados exemplificam o uso da fórmula para cálculo das variações, considerando-se o ajuste no plano, conforme Tabela 7.4.

Tabela 7.4 Variações devidas ao Ajuste no Plano

	Índice do produto (i)	Quantidade de vendas orçada	Quantidade de vendas praticada	Preço de venda orçado	Preço de venda praticado
Dados de preço de venda e volumes	1	4	4	5	6
	1				
	2	3	3	7	10
	2				

	Índice do recurso (j)	Quantidade orçada	Quantidade ajustada	Preço orçado	Preço praticado
Custos e despesas variáveis	1	1	1	2	2
	2	1	1	1	2
	1	2	1	2	2
	2	1	1	1	2

	Índice do recurso fixo orçado	Quantidade orçada	Quantidade ajustada	Preço orçado	Preço praticado
Custos e despesas fixos	1	1	1	3	3
	1	1	1	2	2
	1	1	1	4	4
	1	1	1	3	3

O efeito do ajuste no plano em relação ao faturamento seria dado pela Equação 7.36. Como não houve variação nos volumes praticados nesse exemplo, não houve impacto.

$$\sum_{i=1}^{2} PV_{R_i} \times \left(QDE_{OA_i} - QDE_{O_i} \right) = 6 \times (4-4) + 10 \times (3-3) = 0 \quad (7.36)$$

Com base nesses dados, o efeito do ajuste no plano nos custos e despesas variáveis seria dado de acordo com a Equação 7.37. No exemplo, o impacto no total dos custos e despesas variáveis foi de 11,5.

$$\sum_{i=1}^{2}\sum_{j=1}^{2} preço_{R_j} \times \left(qtde_{O_j} - qtde_{OA_j} \right) = 4 \times (2 \times (1,5-1) + 1 \times (1-1)) \\ + 3 \times (2 \times (2-1) + 1 \times (1,5-1)) = 11,5 \quad (7.37)$$

Supondo-se um ajuste no tocante aos custos fixos, teríamos a Equação 7.38. Nessa equação, assim como na dos custos e despesas variáveis, os preços são os preços praticados, e as quantidades usadas de cada recurso variam. Nesse exemplo, o impacto dessas variações ficou em 0.

$$\sum_{k=1}^{m} preço_R Rec_K \times (qtde_O Rec_K - qtde_{OA} Rec_K) = 0 \qquad (7.38)$$

A variação total no resultado devido aos ajustes no plano seria dado pela Equação 7.39.

$$varAjustePlano = \sum_{i=1}^{2} PV_{R_i} \times (QDE_{OA_i} - QDE_{O_i}) - \sum_{i=1}^{2}\sum_{j=1}^{2} preço_{R_j} \times (qtde_{o_j} - qtde_{OA_j})$$
$$- \sum preço_R Rec_K \times (qtde_O Rec_K - qtde_{OA} Rec_K) = 0 + 6 + 0 = 6 \qquad (7.39)$$

A Tabela 7.5 apresenta a demonstração do resultado considerando o orçamento original e o ajuste no plano.

Tabela 7.5 Demonstração do resultado considerando os ajustes no orçamento

Demonstração do resultado	Orçado			Considerando os ajustes no plano		
Receita de vendas	Quantidade	Preço	Total	Quantidade	Preço	Total
Produto 1	4	6	24	4	6	24
Produto 2	3	10	30	3	10	30
Total do faturamento			54			54
Custos e despesas variáveis						
Produto 1						
Recurso 1	1	2	2	1	2	2
Recurso 2	1	1	1	1	1	1
Total Produto 1		3	12		3	12
Produto 2						
Recurso 1	2	2	4	1	2	2
Recurso 2	1	1	1	1	1	1
Total Produto 2		5	15		3	9

(continua)

(continuação)

Demonstração do resultado	Orçado			Considerando os ajustes no plano		
Receita de vendas	Quantidade	Preço	Total	Quantidade	Preço	Total
Total de custos e despesas variáveis			27			21
Margem de contribuição total			27			33
(−) Custos e despesas fixos CDFIX						
Recurso 1	1	3	3	1	3	3
Recurso 2	1	2	2	1	2	2
Recurso 3	1	4	4	1	4	4
Recurso 4	1	3	3	1	3	3
Total CDFIX			12			12
Resultado			**15**			**21**

Δ **Volume = Resultado conforme volumes especificados no orçamento ajustado − Resultado conforme volumes realizados**

A variação nos volumes ocorrida entre os que foram definidos nos orçamentos ajustados e os que de fato foram praticados têm impactos no desempenho resultado. É de interesse que se identifique o impacto dessas variações isoladamente, para poder empreender as ações necessárias com vistas ao alcance dos resultados. A mensuração desse impacto é apresentada na Equação 7.40, na qual se nota que a mudança ocorre na quantidade (QDE) que pode ser a realizada QDE_R ou a ajustada QDE_{OA}.

$$varVolumes = \sum_{i=1}^{n} PV_{R_i} \times QDE_{R_i} - \sum_{i=1}^{n} PV_{R_i} \times QDE_{OA_i}$$
$$- \sum_{i=1}^{n} \left(QDE_{R_i} - QDE_{OA_i}\right) \times \sum_{j=1}^{n} qtde_j Rec_j \times Preço_j \quad (7.40)$$

Na Figura 7.5, é apresentada a equação para o cálculo do impacto da variação no resultado da variação entre os volumes praticados e aqueles do orçamento ajustado. Nota-se, nessa equação, que a mudança está apenas nos volumes, como seria de esperar, e os preços continuam os mesmos. No aspecto dos custos, estes continuam sendo medidos com o uso dos padrões de eficiência da empresa, como custos padrões adotados. Assim, a única variável a afetar o resultado, com conceito de valor diferente do usado no orçamento ajustado, é o de volume de produção e vendas praticado.

Figura 7.5 Cálculo do impacto da variação de volume no resultado

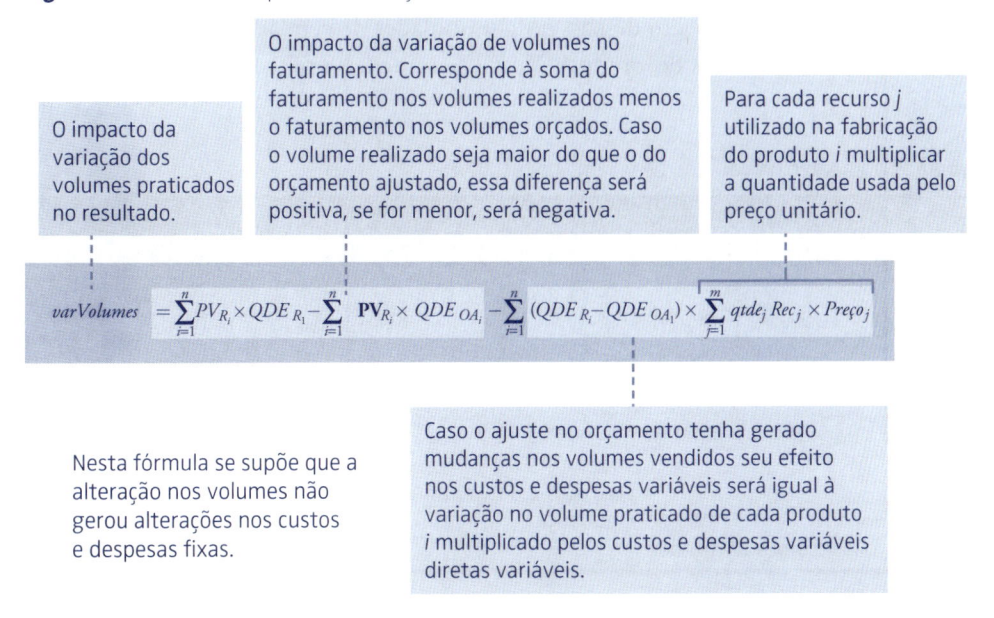

O impacto da variação dos volumes praticados no resultado.

O impacto da variação de volumes no faturamento. Corresponde à soma do faturamento nos volumes realizados menos o faturamento nos volumes orçados. Caso o volume realizado seja maior do que o do orçamento ajustado, essa diferença será positiva, se for menor, será negativa.

Para cada recurso j utilizado na fabricação do produto i multiplicar a quantidade usada pelo preço unitário.

$$varVolumes = \sum_{i=1}^{n} PV_{R_i} \times QDE_{R_i} - \sum_{i=1}^{n} \mathbf{PV}_{R_i} \times QDE_{OA_i} - \sum_{i=1}^{n} (QDE_{R_i} - QDE_{OA_i}) \times \sum_{j=1}^{m} qtde_j Rec_j \times Preço_j$$

Nesta fórmula se supõe que a alteração nos volumes não gerou alterações nos custos e despesas fixas.

Caso o ajuste no orçamento tenha gerado mudanças nos volumes vendidos seu efeito nos custos e despesas variáveis será igual à variação no volume praticado de cada produto i multiplicado pelos custos e despesas variáveis diretas variáveis.

Suponham-se os dados da Tabela 7.6, para estudo dessa equação.

Tabela 7.6 Dados para o cálculo da variação de volume

	Índice do produto (i)	Vendas ajustadas	Vendas realizadas	Preço de venda orçado	Preço de venda praticado
Dados de preço de venda e volumes	1	4	4	5	6
	1				
	2	3	3	7	10
	2				

	Índice do recurso (j)	Padrões ajustados	Padrões ajustados	Preço orçado	Preço praticado
Custos e despesas variáveis	1	1	1	2	2
	2	1	1	1	2
	1	2	1	2	2
	2	1	1	1	2

	Índice do recurso fixo orçado	Padrões ajustados	Padrões ajustados	Preço orçado	Preço praticado
Custos e despesas fixos	1	1	1	3	3
	1	1	1	2	2
	1	1	1	4	4
	1	1	1	3	3

Com o uso da equação para cálculo da variação do resultado devido às variações de volume, o cálculo do impacto de passar de 4 unidades de vendas do produto 1 para 3 unidades, e de 3 unidades do produto 2 para 5 unidades seria conforme mostrado na Tabela 7.7.

Tabela 7.7 Impacto da variação de volume no resultado

Descrição	Valor e cálculo
$\sum_{i=1}^{n} PV_{R_i} \times QDE_{R_i} - \sum PV_{R_i} \times QDE_{OA_i} =$	$(3-4) \times 6 + (5-3) \times 10 = 14$
$-\sum_{i=1}^{n} \left(QDE_{R_i} - QDE_{OA_i} \right) \times \sum_{j=1}^{n} qtde_j Rec_j \times Preço_j =$	$(3-4) \times (1 \times 2 + 1 \times 2) + (5-3) \times (1 \times 2 + 1 \times 2) = -4$
Total da variação de resultado pela mudança nos volumes praticados =	$14 - 4 = 10$

A nova demonstração do resultado em razão dos novos volumes praticados está exposta na Tabela 7.8.

Tabela 7.8 Demonstrações de resultado incorporando a variação de volumes

Demonstração do resultado	Orçamento ajustado			Realizado considerando padrões do ajustado e novos volumes		
Receita de vendas	Quantidade	Preço	Total	Quantidade	Preço	Total
Produto 1	4	6	24	3	6	18
Produto 2	3	10	30	5	10	50
Total do faturamento			54			68
Custos e despesas variáveis						
Produto 1						
Recurso 1	1	2	2	1	2	2
Recurso 2	1	2	2	1	2	2
Total Produto 1			4	16		4	12
Produto 2						
Recurso 1	1	2	2	1	2	2
Recurso 2	1	2	2	1	2	2
Total Produto 2			4	12		4	20
Total de custos e despesas variáveis			28			32

(continua)

(*continuação*)

Demonstração do resultado	Orçamento ajustado			Realizado considerando padrões do ajustado e novos volumes		
Receita de vendas	Quantidade	Preço	Total	Quantidade	Preço	Total
Margem de contribuição total			26			36
(−)Custos e despesas fixos CDFIX						
Recurso 1	1	3	3	1	3	3
Recurso 2	1	2	2	1	2	2
Recurso 3	1	4	4	1	4	4
Recurso 4	1	3	3	1	3	3
Total CDFIX			12			12
Resultado			14			24

Δ Eficiência = Custos com base nos custos padrão para o volume realizado − Custos reais incorridos nos volumes realizados

O fato é que, muitas vezes, existe uma diferença entre a eficiência planejada e aquela que é de fato obtida no desempenho das tarefas e atividades. O impacto da variação entre a eficiência de fato obtida e aquela definida nas políticas de eficiência da empresa está determinado na Equação 7.41, na qual se nota que o impacto de maior ou menor eficiência se reflete nos custos dos produtos e atividades, que são os únicos elementos componentes da equação.

$$varEficiência = \sum_{i=1}^{n} QDE_{R_i} \times \left(\sum_{j=1}^{n} qtde_{OA_j} Rec_j \times preço_{R_j} Rec_j - \sum_{j=1}^{n} qtde_{R_j} Rec_j \times preço_{R_j} Rec_j \right) + CDFIX_{OA} - CDFIX_R \quad (7.41)$$

Nessa equação, a variação de eficiência é calculada considerando-se a variação entre os consumos reais de recursos e os consumos que deveriam ocorrer, considerando-se as fichas de custo padrão da entidade, conforme visto no Capítulo 6. Ocorre que no desempenho real nem sempre esse padrão será alcançado e, algumas vezes, ele pode ser superado. Diferenças na qualidade dos materiais, de matéria-prima, necessidade de horas extras, qualidade da manutenção, todos são fatores que podem levar a ineficiências ou desperdícios de recursos com impactos profundos no resultado.

Na Figura 7.6 e na Tabela 7.9, essa equação é novamente apresentada e explicada.

Figura 7.6 Cálculo do impacto da variação de eficiência no resultado

- Variação de eficiência
- Para cada recurso j componente dos custos e despesas variáveis de cada produto i quanto foi usado menos quanto deveria ter sido usado.

$$varEficiência = \sum_{i=1}^{n} QDE_{R_i} \times \left(\sum_{j=1}^{n} qtde_{OA_j} Rec_j \times preço_{R_j} Rec_j - \sum_{j=1}^{n} qtde_{R_j} Rec_j \times preço_{R_j} Rec_j \right) + CDFIX_{OA} - CDFIX_R$$

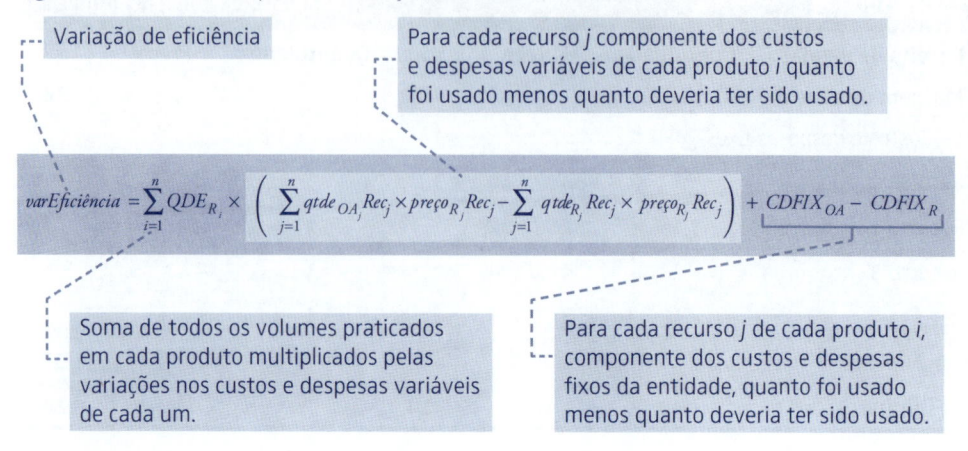

- Soma de todos os volumes praticados em cada produto multiplicados pelas variações nos custos e despesas variáveis de cada um.
- Para cada recurso j de cada produto i, componente dos custos e despesas fixos da entidade, quanto foi usado menos quanto deveria ter sido usado.

Tabela 7.9 Dados para o cálculo do impacto da variação de eficiência no resultado

Dados dos recursos consumidos na forma de custos e despesas variáveis Dados dos recursos na forma de custos e despesas fixos				
Índice do produto (i)	Vendas ajustadas	Vendas realizadas	Preço de venda orçado	Preço de venda praticado
1	3	3	6	6
1				
2	5	5	10	10
2				
Índice do recurso (j)	Padrões ajustados	Consumo realizado	Preço orçado	Preço praticado
1	1	1,5	2	2
2	1	1	1	2
1	1	2	2	2
2	1	0,6	1	2
Índice do recurso fixo orçado	Padrões ajustados	Consumo realizado	Preço orçado	Preço praticado
1	1	1	3	3
1	1	1,5	2	2
1	1	0,75	4	4
1	1	0,75	3	3

Com o uso da fórmula para cálculo do impacto da variação da eficiência no resultado por elemento, ou seja, para cada produto e também para os custos e despesas fixos, obtêm-se as informações expostas na Tabela 7.10.

Tabela 7.10 O cálculo do impacto no resultado da variação de eficiência, no exemplo da Tabela 7.9

Descrição	Valor e cálculo
Impacto dos produtos: $$\sum_{i=1}^{n} QDE_{R_i} \times \left(\sum_{j=1}^{n} qtde_{OA_j} Rec_j \times preço_{R_j} Rec_j - \sum_{j=1}^{n} qtde_{R_j} Rec_j \times preço_{R_j} Rec_j \right)$$	Produto 1: $3 \times (1 \times 2 + 1 \times 2 - 1{,}5 \times 2 - 1 \times 2) = -3$
	Produto 2: $5 \times (1 \times 2 + 1 \times 2 - 2 \times 2 - 0{,}6 \times 2 = -6)$
Impacto nos custos e despesas fixos: $CDFIX_{OA} - CDFIX_R$	$12 - 11{,}75 = 0{,}75$
Diferença total no resultado	$13 - 24{,}75 = -8{,}25$

O resultado final, considerando-se a variação de eficiência, é apresentado na Tabela 7.11.

Tabela 7.11 Demonstração de resultado incorporando o impacto da variação de eficiência

Demonstração do resultado	Orçamento ajustado			Realizado considerando padrões do ajustado e novos volumes		
Receita de vendas	Quantidade	Preço	Total	Quantidade	Preço	Total
Produto 1	3	6	18	3	6	18
Produto 2	5	10	50	5	10	50
Total do faturamento			68			68
Custos e despesas variáveis						
Produto 1						
Recurso 1	1	2	2	1,5	2	3
Recurso 2	1	2	2	1	2	2
Total Produto 1		4	12		5	15
Produto 2						
Recurso 1	1	2	2	2	2	4
Recurso 2	1	2	2	0,6	2	1,2
Total Produto 2		4	20		5,2	26
Total de custos e despesas variáveis			32			41
Margem de contribuição total			36			27
(−) Custos e despesas fixos CDFIX						
Recurso 1	1	3	3	1	3	3
Recurso 2	1	2	2	1,5	2	3
Recurso 3	1	4	4	0,75	4	3
Recurso 4	1	3	3	0,75	3	2,25
Total CDFIX			12			11,25
Resultado			24			15,75

Verifica-se, assim, o grande impacto dos desperdícios e ineficiências no resultado.

Essas diferentes análises podem ser agrupadas em um único relatório, o Relatório de Análise das Variações Orçamentárias, que é a informação básica para o controle econômico empresarial. A Tabela 7.12 apresenta esse relatório para o exemplo desenvolvido neste capítulo.

Tabela 7.12 Exemplo de relatório para análise das variações orçamentárias

Demonstrações de resultado	Tipo de informação					Variações			
	A	B	C	D	E	(B – A)	(C – B)	(D – C)	(E – D)
	Orçamento original	Orçamento corrigido	Orçamento ajustado	Realizado a padrão	Realizado	Preço	Ajustes no plano	Volume	Eficiência
Receita de vendas									
Faturamento com produto 1	R$ 20,00	R$ 24,00	R$ 24,00	R$ 18,00	R$ 18,00	R$ 4,00	R$ 0,00	(R$ 6,00)	R$ 0,00
Faturamento com produto 2	R$ 21,00	R$ 30,00	R$ 30,00	R$ 50,00	R$ 50,00	R$ 9,00	R$ 0,00	R$ 20,00	R$ 0,00
Total faturado	R$ 41,00	R$ 54,00	R$ 54,00	R$ 68,00	R$ 68,00	R$ 13,00	R$ 0,00	R$ 14,00	R$ 0,00
Custos e despesas variáveis									
Produto 1									
Recurso 1	(R$ 2,00)	(R$ 2,00)	(R$ 2,00)	(R$ 2,00)	(R$ 3,00)	R$ 0,00	R$ 0,00	R$ 0,00	(R$ 1,00)
Recurso 2	(R$ 1,00)	(R$ 2,00)	(R$ 2,00)	(R$ 2,00)	(R$ 2,00)	(R$ 1,00)	R$ 0,00	R$ 0,00	R$ 0,00
Produto 2									
Recurso 1	(R$ 4,00)	(R$ 4,00)	(R$ 2,00)	(R$ 2,00)	(R$ 4,00)	R$ 0,00	R$ 2,00	R$ 0,00	(R$ 2,00)
Recurso 2	(R$ 1,00)	(R$ 2,00)	(R$ 2,00)	(R$ 2,00)	(R$ 1,20)	(R$ 1,00)	R$ 0,00	R$ 0,00	R$ 0,80
Custos e despesas variáveis totais	(R$ 27,00)	(R$ 34,00)	(R$ 28,00)	(R$ 32,00)	(R$ 41,00)	(R$ 7,00)	R$ 6,00	(R$ 4,00)	(R$ 9,00)
Margem de contribuição	R$ 14,00	R$ 20,00	R$ 26,00	R$ 36,00	R$ 27,00	R$ 6,00	R$ 6,00	R$ 10,00	(R$ 9,00)
Custos e despesas fixas									
Recurso 1	(R$ 3,00)	(R$ 3,00)	(R$ 3,00)	(R$ 3,00)	(R$ 3,00)	R$ 0,00	R$ 0,00	R$ 0,00	R$ 0,00
Recurso 2	(R$ 2,00)	(R$ 2,00)	(R$ 2,00)	(R$ 2,00)	(R$ 3,00)	R$ 0,00	R$ 0,00	R$ 0,00	(R$ 1,00)
Recurso 3	(R$ 4,00)	(R$ 4,00)	(R$ 4,00)	(R$ 4,00)	(R$ 3,00)	R$ 0,00	R$ 0,00	R$ 0,00	R$ 1,00
Recurso 4	(R$ 3,00)	(R$ 3,00)	(R$ 3,00)	(R$ 3,00)	(R$ 2,25)	R$ 0,00	R$ 0,00	R$ 0,00	R$ 0,75
Custos e despesas fixas totais	(R$ 12,00)	(R$ 12,00)	(R$ 12,00)	(R$ 12,00)	(R$ 11,25)	R$ 0,00	R$ 0,00	R$ 0,00	R$ 0,75
Resultado	R$ 2,00	R$ 8,00	R$ 14,00	R$ 24,00	R$ 15,75	R$ 6,00	R$ 6,00	R$ 10,00	(R$ 8,25)

Essa informação direcionaria a decisão do gestor, permitindo que ele priorizasse suas ações, administrando por exceção, dando importância às causas mais relevantes. Essa é uma das vantagens desse tipo de informação: direciona a ação do gestor, acendendo a "luz vermelha" onde ela é necessária.

7.4 Considerações finais

A análise das variações é uma informação fundamental para o controle empresarial. O ideal é a gestão das variações dentro de um enfoque probabilístico, por isso recomenda-se manutenção de estatísticas, dados históricos de vendas, custos, volumes e outros dados de interesse de forma a propiciar o autoconhecimento por parte da organização.

A variação total, que corresponde à variação de eficácia se subdivide em variações do resultado devido às modificações de preço, ajustes no plano, volume, e eficiência. Dessa maneira, ao analisar as variações, o gestor tem sua atenção direcionada para as variáveis mais relevantes do ponto de vista do alcance do resultado planejado. Por fim, do ponto de vista computacional, a adoção de matrizes permite tratar os cálculos necessários com maior economia, tirando proveito dos recursos computacionais existentes.

→ **Resumo** ←

O capítulo se inicia abordando a informação sobre as variações entre o resultado planejado e orçado como importante para o controle econômico empresarial e apresenta a ideia de que essas variações necessitam de gestão para ficar dentro de determinado limite L, estipulado pelos gestores da entidade. O período de execução orçamentária se inicia com uma probabilidade, do ponto de vista histórico, de se ficar dentro desse limite L. A gestão deve aumentar essa probabilidade em um intervalo menor para as diferenças aceitáveis. Sugeriu-se o uso da desigualdade de Chebichev, com os dados históricos de uma organização, com vistas à definição dessa probabilidade.

A variação total entre o resultado orçado e o resultado obtido com os desempenhos reais foi definida como variação de eficácia e subdividida em variação de resultados devido à variação de preços, variação nos resultados devido à variação pelos ajustes no plano, variação nos resultados devido às variações nos volumes praticados, e variações no resultado devido à variação na eficiência no desempenho das diferentes atividades no período da execução orçamentária.

Questões para estudo e pesquisa

1. Qual é o instrumento relacionado ao controle orçamentário para lidar com o ambiente econômico de risco e incerteza?
2. Qual é a relação da técnica da análise das variações com a ação racional do gestor com a necessidade de acompanhamento da execução orçamentária?
3. Qual é a meta no tocante às variações orçamentárias?
4. É possível, com o uso de dados históricos, ter uma noção da probabilidade de que as variações fiquem abaixo de determinado percentual? Como?
5. Como se poderia usar a *análise de regressão* no tocante às variações orçamentárias?
6. Por que uma variação acima das probabilidades esperadas seria preocupante para além da óbvia questão de não permitir o alcance das metas orçadas?
7. Como se interpreta a variação total entre o resultado orçado e o resultado realizado?
8. Como se subdivide a variação total entre o resultado orçado e o realizado?
9. Qual é a interpretação das variações de preços?
10. Qual é a interpretação das variações devido aos ajustes no plano?

CAPÍTULO 8

A gestão econômica do valor arriscado

→ **Objetivo do capítulo**
Apresentar aspectos da gestão de valores arriscados em empreendimentos de negócio relacionados à contabilidade gerencial.

→ **Visão geral do capítulo**
O capítulo apresenta a conceituação de risco e destaca seus aspectos econômicos. As alternativas de negócio são vistas fundamentalmente como riscos de valor. Lucro e risco são relacionados. Abordam-se aspectos de sua mensuração considerando-se a ideia básica de Bernoulli de que a utilidade do risco é subjetiva. Pode valer a pena a assunção de determinado risco por um agente econômico e não por outro. Abordam-se também algumas estruturas para lidar com o risco do ponto de vista da gestão interna, como controles internos.

→ **Palavras-chave**
Risco; gestão do risco; contabilidade gerencial; mensuração do risco.

8.1 Introdução

8.1.1 A gestão econômica do risco

Conforme Rao e Marie[1], o propósito da gestão do risco não é o de eliminar o risco, pois isso também eliminaria o lucro. Lucro e risco estão relacionados. A questão é quais riscos correr e quais evitar, fazendo as apostas certas de acordo com os riscos calculados. O que se busca é uma gestão sistêmica do risco, considerando-se os vários aspectos da organização econômica de maneira integrada.

Uma questão que se apresenta é a de como decidir quanto à escolha de determinada alternativa de acordo com seu risco percebido; a outra, que talvez não seja clara para muitos, é a de como medir o lucro dada uma alternativa de risco.

Chamamos δ risco a uma pequena quantidade de risco a mais, um acréscimo infinitesimal no risco, e, de modo semelhante, δ lucro a um acréscimo infinitesimal no lucro. Nos modelos decisórios dos empreendedores, existe a noção de que para cada δ risco deve haver um δ lucro correspondente. Pode-se expressar essa situação com desigualdade: δ risco ≤ δ lucro. A Figura 8.1 busca representar essa ideia.

Figura 8.1 Risco e retorno. Um acréscimo no risco deveria ser acompanhado de um acréscimo na expectativa de lucro para o tomador de decisão racional

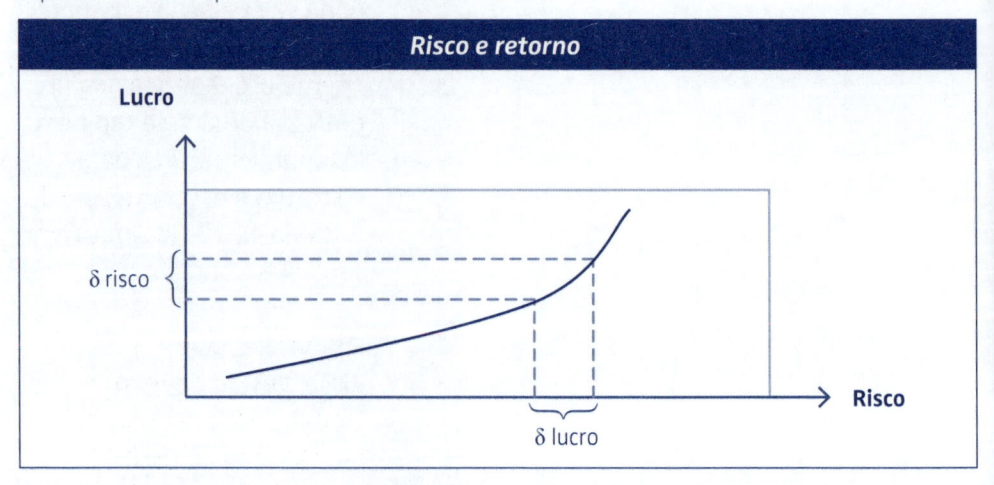

---

[1] RAO, Anadir; MARIE, Attiea. Current Practices of Enterprise Risk Management in Dubai. *Management Accounting Quarterly*, v. 8, n. 3, p. 10-23, Spring 2007.

No contexto econômico, a ação é empreendida com a intenção de gerar *lucro econômico*.

Apesar de a Figura 8.1 relacionar risco e resultado, com risco no eixo das abscissas, não parece razoável dizer que o lucro é unicamente uma função do risco. Apenas se pode afirmar a existência de uma relação entre um e outro e que o empreendedor incorre em um risco maior na expectativa de um lucro maior. Conforme argumentação de Knight[2], lucro e incerteza estão interligados, e o lucro não pode ser obtido sem que se incorra em algum risco. As alternativas de negócio são apostas em determinados cenários econômicos, tecnologias, políticas etc., que configuram valores arriscados de acordo com essas expectativas.

Esse resultado maior vem da operação em si. Pode ser, por exemplo, de uma receita maior de juros, no caso de operações financeiras; um extra a mais cobrado pelo risco maior percebido, seja ele de crédito, seja de prazo; pode vir de ganhos superiores por ter antecipado o lançamento de um produto, serviço ou tecnologia, no caso, por exemplo, de indústrias farmacêuticas ou de tecnologia. Essa receita a maior deve ser suficiente para pagar as perdas nos negócios que, justamente, confirmaram as perspectivas de risco iniciais, e, ainda, apresentar um resultado positivo que permita à instituição investir, remunerar seu capital, pessoal etc., que permita a instituição ter continuidade.

A função que relaciona o risco ao lucro liga a utilidade percebida em determinado risco ao retorno monetário esperado. Essa função incorpora a atitude do tomador de decisão em relação ao risco e espelha a *tolerância* (ou predisposição) ao *risco* pelo empresário. Este se dispõe a assumir determinado risco percebido em troca de um lucro de determinado valor. Essa relação é subjetiva, e se poderia definir uma função F(r), relacionando o risco ao lucro desejado.

Do ponto de vista econômico, esse lucro desejado deveria ser no mínimo igual ao custo de oportunidade do capital empregado, ponderado pelo risco da alternativa. Por exemplo, imagine-se um banco com uma carteira de financiamentos imobiliários. Sabe-se que existe um risco de não recebimento. De certo ponto de vista, esse risco aumenta conforme o tomador do recurso não paga as amortizações nas datas contratadas. Os agentes financeiros sabem que conforme o número de dias em atraso aumenta, aumenta também a probabilidade de que o contrato seja perdido e contabilizado como crédito em liquidação. Existem regras do Banco Central no tocante a esse aspecto e, gerencialmente, alguns bancos usam ainda regras específicas para a gestão dessas operações. No caso dessa carteira, estudando-se a inadimplência, teríamos a situação exposta na Tabela 8.1.

---

[2] KNIGHT, F. H. *Risk, Uncertainly and Profit*. 7. ed. Boston: Houghton miflin Company – The Riberside Press Cambridge, 1948.

Tabela 8.1 Quadro hipotético redirecionando atraso e perda em uma carteira de empréstimos

Faixas de atraso	Valores	Percentual que vai para execução judicial	Percentual da dívida recebido ao final do processo	Perda (R$)
Até 30 dias	1.000.000	15%	80%	(R$ 30.000)
De 30 a 60 dias	800.000	30%	80%	(R$ 48.000)
De 60 a 90 dias	600.000	45%	80%	(R$ 54.000)
De 90 a 120 dias	400.000	60%	80%	(R$ 48.000)
De 120 a 150 dias	200.000	75%	80%	(R$ 60.000)
De 150 a 180 dias	200.000	90%	60%	(R$ 90.000)
De 180 a 210 dias	200.000	100%	50%	(R$ 100.000)

É de interesse adicionar o risco à equação de formação de resultado da carteira. Para tanto, o risco será adicionado à taxa pela fórmula $(1 + TxRisco)*(1 + i)$, onde **TxRisco** corresponde à taxa de risco percebida na operação e i, à taxa de juros vigente no mercado (custo de oportunidade).

Suponha-se uma mesa central responsável pela captação e aplicação do capital internamente, inclusive para as agências, os pontos de venda (PV) dos produtos e serviços da instituição financeira. Assim, todas as áreas internas do banco compram e vendem seus recursos nessa central, que administra as taxas de juros praticadas na instituição. Para efeitos de demonstração, poderíamos separar as duas taxas na demonstração de resultados da operação, conforme mostrado na Tabela 8.2.

Tabela 8.2 Resultados das transferências internas de capitais

Receita de juros de oportunidade Receita adicional pelo risco percebido (−) Custo de captação do dinheiro	Receita de juros de aplicação (−) Custo de oportunidade do dinheiro (−) Custo adicional pelo risco percebido
Central aplicando no PV	PV aplicando no cliente

Ao final, a receita obtida pelo PV deve ser, no mínimo, suficiente para cobrir o risco a que este se expôs e, ainda, garantir um lucro suficiente para repor seus investimentos, recursos etc. Da mesma maneira, para o banco, o adicional exigido pelo risco deve ser suficiente para cobrir as perdas prováveis com o nível de risco tolerado pela entidade.

O exemplo exposto na Tabela 8.2 deixa questões a serem respondidas, como:

→ Quais os aspectos físicos e operacionais de determinado risco?
→ Como medir o risco operacionalmente?
→ Como realizar a gestão econômica do risco?
→ O risco (risco calculado) pode ser planejado?
→ O risco pode ser orçado, executado e controlado?

O atual ambiente de negócios é marcado por rápidas mudanças e transformações sociais, políticas, econômicas, tecnológicas, para citar algumas mais facilmente identificáveis. Ocorre que o tomador de decisão deve inferir a direção dessas mudanças e planejar suas ações de acordo com elas. O surgimento do lucro se conecta com tais mudanças de condições econômicas. Caso as mudanças fossem perfeitamente previsíveis, os agentes econômicos se ajustariam a elas, alocando o capital de acordo, e o lucro não surgiria. O lucro surge, na visão de Knight, pelo fato de os empresários contratarem o uso dos recursos antes do momento em que serão usados, a determinados preços e obterem lucro ao colocar o produto no mercado após determinado tempo. Eles precisam antecipar custos, demanda e preços vigentes no momento em que seus produtos serão distribuídos. Assim, o planejamento e a capacidade de gerar cenários factíveis são componentes essenciais na competição e na geração do lucro. Isso se dá de maneira tão fundamental que, para Knight[3], o resultado econômico surge como uma consequência das diferentes habilidades de predição das direções das mudanças em um ambiente competitivo por parte dos agentes econômicos.

Aquele que consegue antecipar, por exemplo, em qual direção seguirão a moda, a tecnologia e as necessidades sociais poderá obter o melhor lucro, desde que tenha vantagens competitivas, os meios para explorar a mudança antecipada. De fato, não é a mudança, mas sim o conhecimento incompleto sobre elas que gera a oportunidade do lucro. Mais ainda, mesmo que para determinada alternativa não exista conhecimento completo, mas haja possibilidade de determinar um percentual de acertos para determinado número delas, torna-se possível prever seu resultado, e, de novo, o lucro, na forma de *criação de valor econômico* pela entidade, tenderia a desaparecer. Nesses casos, as perdas poderiam ser transformadas em custos fixos e incorporadas às equações de resultados.

Começa a aparecer aqui uma distinção entre os tipos de desconhecimento sobre as mudanças. O primeiro tipo, denominado por Knight como *risco*, é um em que não se conhece o resultado para uma instância individual de determinada decisão, como a concessão de um financiamento a determinado agente econômico ou a contratação de um seguro para uma carga a ser recebida, mas consegue-se ter noção desses resultados para um conjunto desses eventos. Por exemplo, sabe-se que de cada 100 financiamentos do tipo concedidos, 3% são perdidos. Nesse caso, como já foi dito, bastaria adicionar essa perda esperada como um custo fixo à equação de resultado. Outro caso com importantes implicações é aquele em que se desconhece a proporção de ocorrência de perdas, que Knight caracterizou como *incerteza*. Isso acontece, por exemplo, quando se inicia um novo negócio, uma nova atividade, ou quando uma empresa lança um novo produto ou tecnologia.

A decisão econômica se dá, então, em meio ao risco e à incerteza, e surge daí o lucro em uma economia competitiva. Os agentes econômicos tentam adivinhar a direção das mudanças e se planejam para explorá-las.

---

[3] KNIGHT, 1948.

Esse processo de tentar adivinhar o futuro e se moldar a ele torna-se um processo econômico fundamental, no qual a inovação é continuamente buscada para a obtenção de vantagens competitivas que maximizem o lucro, de tal forma que, para Schumpeter)[4]

> O impulso fundamental que inicia e mantém o movimento da máquina capitalista decorre dos novos bens de consumo, dos novos métodos de produção ou transporte, dos novos mercados, das novas formas de organização industrial que a empresa capitalista cria.

Exemplos recentes dessa capacidade de transformação podem ser encontrados na indústria farmacêutica, de informática, de biotecnologias, de energia e em muitas outras. Por exemplo, a Apple, ao lançar o iPhone, impôs nova direção no tocante à tecnologia e aos serviços agregados ao setor de telefonia celular. Da mesma forma, por algum tempo, a Amazon revolucionou o comércio de livros, e a Google o acesso à informação e ao conhecimento.

Na visão de Schumpeter[5], essa busca de lucro na forma de previsões da direção das mudanças, promoção de mudanças e adaptação a elas constitui um processo de mutação industrial

> [...] que incessantemente revoluciona a estrutura econômica a partir de dentro, incessantemente destruindo a velha, incessantemente criando uma nova. Esse processo de Destruição Criativa é o fato essencial acerca do capitalismo. É nisso que consiste o capitalismo e é aí que têm de viver todas as empresas capitalistas.

Assim, em essência, os agentes econômicos buscam agregar valor adaptando-se às expectativas de mudanças, com base em opiniões mais ou menos fundamentadas, sem conhecimento completo de suas direções e também sem total desconhecimento. Por não existir a informação perfeita, existe em toda ação uma parcela de *risco* e *incerteza*.

Existe a ideia de que se as decisões fossem feitas com base em probabilidades, teríamos uma forma para o tratamento do risco; no entanto, probabilidades do tipo matemático, como 50% de chance de sair *cara* num *jogo de cara ou coroa* com uma moeda honesta, quase nunca estão disponíveis na prática. Lida-se, assim, com *probabilidades subjetivas*. A diferença fundamental entre essas duas formas de probabilidade é que a segunda pode apenas ser verificada na prática, de maneira empírica.

Do ponto de vista prático, a diferença entre risco e incerteza vem do fato de que o risco é uma incerteza possível de ser classificada como parte de um conjunto de eventos

---

[4] SCHUMPETER, J. A. *Capitalismo, socialismo e democracia*. Tradução de Sérgio Goes de Paula. Rio de Janeiro: Zahar Editores, 1984.
[5] SCHUMPETER, 1984, p. 113.

com características similares, enquanto a incerteza propriamente dita não é passível de tal agrupamento, pela singularidade característica de tais decisões.

Como exemplo, suponha-se um agente econômico analisando a viabilidade de abrir um restaurante. Ele precisaria estimar faturamento e custos dentro de uma margem de erro aceitável. Assim, precisaria ter uma noção de quais pratos seriam vendidos, em que quantidade e preço. Também deveria ter uma noção dos custos com pessoal especializado, garçons e cozinheiros, e de outros tipos, como ingredientes etc. Cada estimativa dessas será em certo grau única; diferentemente da moeda honesta dos estudos de probabilidade, não há como fazer uma classificação *a priori* das ocorrências possíveis. O tomador de decisão precisa estimar, nesse contexto:

- a demanda que ela busca atender; e
- os resultados futuros de seus esforços no sentido de atender a essa demanda.

Mesmo no "cara e coroa" existe a incerteza. Alguém em uma rodada de 100 jogadas com uma moeda honesta poderia obter 90 caras e 10 coroas. Apesar de altamente improvável, tal resultado é possível.

Do ponto de vista do tomador racional de decisões, existe a busca de reduzir ao máximo as incertezas. Surge assim a necessidade de conhecer, medir e gerenciar o risco, visando minimizá-lo.

O caminho para a gestão da incerteza surge de duas maneiras básicas:

- A incerteza torna-se passível de expectativas mensuráveis quando se trata um grupo de casos em vez de um único caso.
- Indivíduos diferentes têm diferentes atitudes em relação ao risco. Essas diferenças advêm tanto de suas diferentes características pessoais quanto de suas posições sociais, culturais, ou mesmo de diferenças quanto ao seu papel em determinada relação de negócios, como comprador ou vendedor.

Esses aspectos no tocante ao risco dão origem a duas formas básicas de lidar com a incerteza: agrupamento de casos semelhantes na forma de consolidação e seleção do risco de acordo com as características individuais, na forma de especialização. Além disso, existem quatro outras formas envolvendo:

- controlar o futuro;
- melhorar a capacidade preditiva;
- capacidade de difusão das consequências indesejáveis; e
- a possibilidade de direcionar a atividade econômica em torno de alternativas que envolvam uma quantidade mínima de incerteza.

Pode-se imaginar a consulta aos consumidores como uma maneira de eliminar a incerteza da decisão. Sabendo-se o que eles desejam, bastaria planejar e produzir os serviços e produtos desejados. Nota-se, contudo, que nem sempre as empresas atuam assim. Além disso, grandes empresários e empreendimentos com margens de lucro respeitáveis, muitas vezes, tomam a frente disponibilizando produtos e serviços inexistentes, sobre os quais os consumidores não conseguiriam opinar antes do lançamento. Conforme uma citação muito conhecida de Ford, se os consumidores fossem consultados antes do lançamento do automóvel, eles provavelmente teriam pedido um *cavalo mais rápido*. Steve Jobs foi outro empreendedor famoso por não se basear totalmente em pesquisas de mercado, pelo simples fato de que, na opinião dele, os consumidores não sabem o que desejam até que lhes seja mostrado.

O risco do consumidor é diferente, de outro tipo. Ele não contrata antecipadamente obrigações de pagamento em troca de um produto ainda não existente. De certa forma, se surpreende quando um novo produto surge satisfazendo necessidades que, muitas vezes, não tinha claramente definidas. O produtor, além de reconhecer essas necessidades, empreende todo um conjunto de ações envolvendo projeto do produto ou serviço e *prototipação*; definição de tecnologia de produção e logística, incluindo canais de distribuição; fornecedores; esforços de marketing e condições de financiamento, em um esforço de previsão e planejamento anterior à colocação do produto ou serviço no mercado.

Enquanto o consumidor, individualmente, parece desconhecer seus próprios desejos e necessidades, o empreendedor as estima para o conjunto de consumidores e avalia a oportunidade de atendê-las lucrativamente. Isso é possível, em parte, graças à lei dos grandes números, enquanto os desejos individuais do consumidor são incertos, variando em tipos e graus. Quando agregados, os consumidores podem ser avaliados no mesmo processo de consolidação de riscos. Assim, o indivíduo estudado em um contexto social permite, em determinados aspectos, conhecimento e previsões melhores do que aquele que o próprio indivíduo teria e faria por si mesmo. Assim, é possível entender a afirmação de Steve Jobs.

O empreendedor lucra por ter corrido o risco, por ter previsto, planejado e em um esforço inovador arriscado. Surge aqui uma questão referente ao grau de risco que o indivíduo deveria estar disposto a correr. Existem respostas que se voltam aos aspectos subjetivos psicológicos e emocionais do tomador de decisão, classificando-o em termos de sua aversão ao risco; de outro ponto de vista, existem respostas buscando prever, matematicamente, pelo menos em algumas situações, até qual montante seria sensato arriscar para alguém com determinado valor de ativos.

Em relação ao primeiro aspecto, nota-se que, na tentativa de orientar suas ações, os indivíduos buscam antecipar cenários e gerar planos adequados para eles. As pessoas variam quanto a sua capacidade de fazer isso. Pode-se distinguir, com base em Knight[6], cinco aspectos nos quais os indivíduos variam a esse respeito:

1. a capacidade das diferentes pessoas em identificar os futuros cenários e sua importância;
2. suas capacidades de identificar, avaliar a adequação e planejar o uso dos meios para se atingir a situação futura desejada;
3. suas capacidades de executar os planos definidos;
4. a capacidade de julgamento e discernimento está sujeita também, em sua implementação, a aspectos da autoconfiança que o tomador de decisão tem em si mesmo

---

[6] KNIGHT, 1948.

nesse tocante, que vai dotá-lo de uma ousadia maior ou menor em relação a suas iniciativas; e

5. a respeito da ousadia com a qual o indivíduo se lança a suas atividades existe, por fim, a atitude do tomador de decisão em relação ao risco especificamente. Alguns indivíduos, por exemplo, desejam certeza e buscam evitar "o incerto", outros gostam de trabalhar em situações novas e parecem preferir a incerteza em vez de temê-la.

A livre empresa no sistema capitalista consegue reduzir a incerteza ao transformá-la em risco mensurável, aumentando a escala das operações para permitir agrupá-la. Esse é um dos aspectos explicativos do tamanho das organizações. Não é o único fator; ao lado desse, existem outros fatores justificando ou pelo menos explicando o tamanho das organizações, como ganhos de escala, atuação em escala mundial, vantagens competitivas específicas de que uma entidade desfruta na produção de um bem ou na prestação de um serviços, o fato de algumas tecnologias serem capital intensivas e não acessíveis às pequenas empresas, entre outras. Note-se que *vantagens competitivas* é uma expressão "guarda-chuva", debaixo da qual cabe muita coisa. Muitas vezes, essas vantagens na forma de parcerias, tecnologias, proteções legais, *goodwill* e relacionamentos justificam a existência da empresa. Daí o investimento em tecnologia de informação, a busca de conhecimento, tecnologia de gestão, de produto e de produção – é assim que a empresa cria valor. Torna interessante aos consumidores comprarem dela em vez do concorrente, ou de se orientarem pelo mercado, buscando eles mesmos produzir a satisfação de suas necessidades, mesmo pagando a margem de lucro da empresa.

Assim, a organização moderna aumenta o escopo das operações incluindo grande número de decisões individuais e empreendimentos, criando sistemas que geram uma unificação dos interesses mais efetiva, reduzindo o risco moral relacionado à responsabilização de uma pessoa pelas consequências das decisões de outra.

Ao lado da consolidação e do agrupamento, a grande empresa S.A. também se apoia em dois outros aspectos da gestão do risco: a *diversificação* e a *especialização*. A diversificação corresponde à difusão de um risco entre vários agentes, de tal forma a permitir que cada um incorra no risco de uma perda menor. A especialização diz respeito à possibilidade de o agente econômico se especializar em determinado risco ou tipo de risco. A especulação talvez seja um dos instrumentos mais importantes relacionados à especialização. Por exemplo, existem indivíduos mais interessados em criar negócios do que em dirigi-los. Essas pessoas criam novos negócios e os vendem.

Ao fazer da criação de negócios sua atividade, se beneficiam da especialização e do agrupamento dos riscos, tornando esse risco gerenciável. Outros agentes econômicos investem com as expectativas dos resultados futuros das operações. Muitas modernas empresas de tecnologia, por exemplo, tiveram financiamentos de empresas de *venture capital*, negócios com o objetivo de financiar novos negócios. Esses *venture capitalistas* atuam financiando novos negócios e vendendo ou mantendo suas participações conforme o caso e o sucesso do negócio. Muitos empresários da internet também criam negócios e os mantêm até que deslanchem e atraiam a atenção de alguma grande empresa, quando, então, os vendem com lucro.

Considerando-se esses aspectos, infere-se que lidar com a incerteza em nosso ambiente econômico envolve, então, previsões, conhecimento, organização, julgamento e decisões, em um contexto de planejamento e controle. Não é possível separar risco e gestão, assim como não é possível separar risco e lucro na economia de livre mercado. A informação como redutora da incerteza torna-se um ativo: gera benefícios econômicos, aumentando a qualidade das decisões e o lucro, e tem um custo para ser produzida.

8.2 Aspectos da incerteza e lucro

A incerteza é um dos fatos fundamentais da vida. É inescapável tanto nas decisões econômicas quanto nas de qualquer outro campo, e os indivíduos têm de lidar com ela em suas vidas pessoais e profissionais. A meta é minimizá-la. As sociedades, as organizações e as famílias buscam aumentar o controle que têm sobre seu destino; em outras palavras, buscam diminuir a incerteza. Surge a questão de como reduzir a quantidade de incerteza em uma escolha. As alternativas geralmente usadas envolvem atuar da seguinte maneira:

- obtendo informação, pois a informação é um redutor da incerteza;
- buscando aumentar o controle sobre a realidade, aumentando nosso conhecimento de futuro por meio da pesquisa científica;
- agrupando as fontes de incertezas por meio das várias formas de organização em grande escala, por exemplo, uma cooperativa profissional de venda de serviços etc.;
- criando classes de riscos específicos e especializando o risco corrido de acordo com os indivíduos;
- aumentando o controle sobre o futuro, por meio de modelos de controles empresariais e ambientais.

Deve-se notar que a ausência de mudança não caracteriza certeza, assim como sua existência não caracteriza incerteza. O que caracteriza a incerteza, na verdade, é o desconhecimento da direção e da grandeza das mudanças.

8.2.1 Natureza do lucro

O empreendedor atua em dois mercados: um mercado de recursos, no qual ele obtém os insumos de que necessita, e um mercado de produtos, em que ele vende sua produção.

Deve-se notar que a medida econômica do lucro considera os custos dos recursos consumidos, os insumos usados na atividade, em termos de seu custo de oportunidade, incluindo o custo de oportunidade do capital empregado.

Um aspecto de interesse é o de que, com o lucro econômico sendo medido considerando os recursos consumidos pelos seus valores de mercado (aproximação do custo de oportunidade do recurso), a tendência seria, em um mercado competitivo, a da obtenção de margens cada vez menores, com todos os fatores de produção sendo corretamente remunerados e usados em sua ótima eficiência pelos agentes econômicos do mercado.

O vendedor do recurso remunera todos eles pelo valor de mercado (seu custo de oportunidade), e cobra também o custo de oportunidade do capital empregado, ponderado pelo risco. O fabricante usuário desse recurso pesquisa preços e o adquire pelo valor de mercado, buscando o lucro, e também remunera seu capital empregado adequadamente pelo seu custo de oportunidade. Pela competição, preços de venda de produtos e recursos serão sempre decrescentes, dado um conjunto idêntico de circunstâncias. Nesse contexto, os recursos vão sempre para seu uso mais eficiente, ou seja, que gere o maior valor. A tendência seria o equilíbrio em que o lucro seria mínimo ou não existisse, sendo substituído pela simples remuneração do custo de oportunidade do capital empregado, ponderado pelo risco. Havendo equilíbrio nas eficiências produtivas das alternativas, o valor esperado de todas elas seria idêntico e o lucro econômico não existiria.

Surge, então, a questão da origem do lucro. Como ocorre o lucro em uma economia de livre mercado, em que os agentes econômicos são independentes, protegidos pela lei e buscam otimizar seus lucros? Surge das vantagens competitivas, como custos, tecnologia, localização, protecionismo, entre outras – que com o passar do tempo tenderiam a se dissipar –, e da inovação, da destruição criativa de *Schumpeter*. Assim, em um mercado competitivo, o lucro econômico em última instância está intrinsecamente relacionado ao risco.

O lucro provém do fato de que os empresários contratam os serviços produtivos antecipadamente, prevendo algum tipo de remuneração, e é do uso desses serviços que eles obtêm seus ganhos pela venda do produto no mercado, algum tempo depois.

8.2.2 O lucro do empresário

O empresário busca o lucro, e nessa busca há elementos de planejamento e de acaso. Os indivíduos, na procura de alcançar seus objetivos, atuam condicionados por vários aspectos, entre os quais se destacam os seguintes:

- → A incerteza, que exige o exercício do julgamento na tomada de decisão. Sempre haverá necessidade da decisão humana em alguma instância de uma entidade econômica.
- → A divisão do trabalho, que permite ganhos de eficiência e a especialização dos riscos.
- → O trabalho em grupo.
- → A delegação da função de controle à medida que outras funções são especializadas.
- → Aspectos da realidade que exigem que uma pessoa que dirige as atividades de outras assuma a responsabilidade pelos resultados das operações.

→ O ambiente econômico hipercompetitivo.
→ A separação entre a gestão e a propriedade.

O empresário lucra adivinhando o sentido e a magnitude das mudanças e tirando proveito das mudanças previstas, adaptando-se a elas. Do sucesso de seus julgamentos surgirá seu lucro. A competição se dá, então, em torno da capacidade de predição, planejamento e adaptação.

8.3 Gestão do risco

Procedimentos contábeis para lidar com o risco, a incerteza e a mudança são constituintes sólidos da ciência contábil. O início dos anos 2000 presenciou uma série de eventos e escândalos corporativos que levaram a um aumento na sensação de necessidade de controle por parte dos vários elementos relacionados à informação contábil, com consequente preocupação com a gestão do risco, desdobrada nos aspectos a seguir:

→ *Formalidade*: formalização de políticas de gestão de risco, definindo autoridades e responsabilidades, distribuindo-as pelos níveis hierárquicos da organização.
→ *Quantificação*: a gestão de risco tem aspectos qualitativos e quantitativos.
→ *Controle*: definir padrões e formas de controle, revisando periodicamente essas definições de acordo com modificações internas e ambientais.

A gestão do risco tem um aspecto de constante busca e avaliação de variáveis de interesse internas e externas no tocante aos aspectos de mercado (ambientais), operacionais e financeiros.

8.3.1 Riscos empresariais

Como visto até aqui, as empresas e suas operações se desenvolvem e são empreendidas em meio ao risco, com a constante busca de sua redução. Para isso, mecanismos de classificação, mensuração e modelos decisórios são criados. Costuma-se classificar as incertezas às quais a empresa se expõe abrange os seguintes aspectos:

→ *Ambientais ou sistêmicos*: são riscos estratégicos. Envolvem o relacionamento da empresa com o seu ambiente e dizem respeito às mudanças ambientais imprevistas que afetam os participantes de determinado mercado. Correspondem às mudanças nos cenários econômicos e políticos não antecipadas que tenham impacto para a organização. Um exemplo na literatura de negócios é o caso da General Motors: os riscos assumidos quando a montadora decidiu apostar exclusivamente em veículos grandes levaram cerca de 25 anos para se materializar. Sem carros econômicos e rentáveis para vender ao público quando o preço do combustível dobrou, a montadora enfrentou graves dificuldades. Outro exemplo seria o de uma concessionária de serviço público no caso de modificação na lei que lhe dá a concessão. Suponha-se uma empresa de telecomunicações regulada pelos normativos advindos da Agência Nacional de Telecomunicações (Anatel). Mudando-se as normas para concessão, todo o negócio teria de ser revisto em termos de operações, risco e lucratividade.

→ *Operacionais*: é o risco de manter um negócio em operação, incluindo os fatores de inovação, maior concorrência pela globalização, redução de preços de venda, obsoletismo e pessoal, o risco da insolvência, falta de procedimentos legais, licenças ambientais, entre outros riscos ligados à operação.

→ *Riscos financeiros*: diz respeito principalmente aos riscos envolvidos no financiamento do negócio, os custos de oportunidade para o capital empregado. Podem ocorrer perdas em razão da volatilidade dos mercados comerciais, financeiros e globais, impactando na empresa. Esses riscos financeiros costumam ser avaliados em termos de risco de crédito, risco sistêmico, risco de liquidez, risco operacional (ponto de vista do sistema financeiro) e risco de *compliance*.

De maneira geral, pode-se dividir os riscos entre aqueles que têm origem na empresa e para os quais se podem adotar medidas para administrá-los e aqueles de origem externa e sobre os quais a empresa não tem controle. A Figura 8.2 apresenta uma classificação possível para os riscos de um negócio.

Figura 8.2 Classificação possível para os riscos de uma empresa

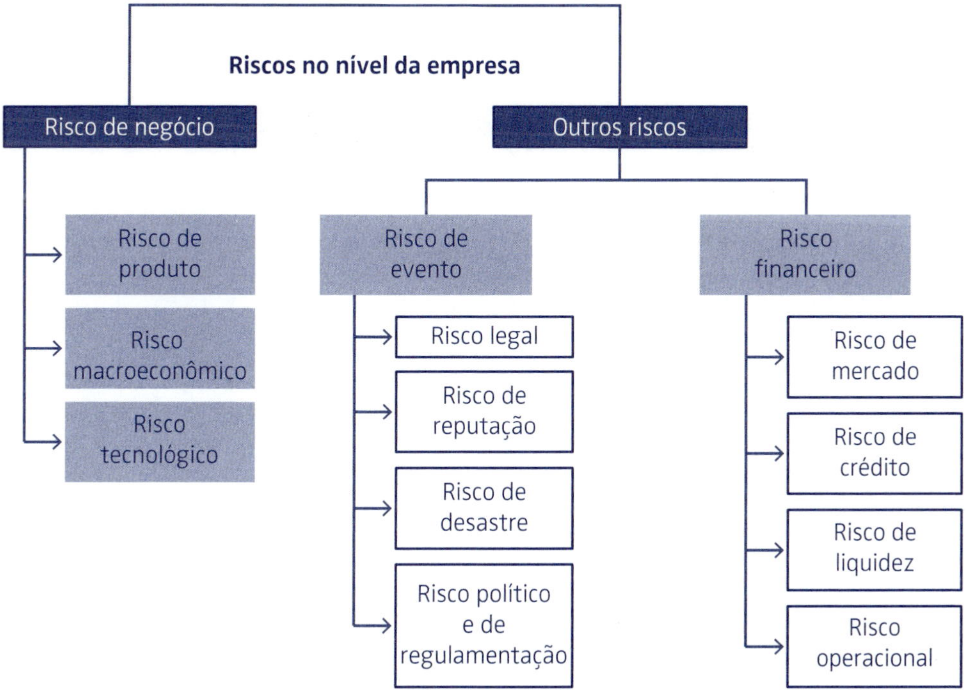

Fonte: Jorin, 2003, p. 428

De acordo com a figura anterior, os riscos de um empreendimento são distribuídos entre riscos do negócio e outros riscos. Fica claro que, de acordo com o autor, o risco de negócio é somente um dos diversos tipos de riscos internos e externos ao qual uma entidade se sujeita.

8.3.2 A decisão estratégica, a decisão de investimento, o risco, a incerteza e o lucro

Com o objetivo de escolher o risco a ser assumido em uma tomada de decisão para escolha entre alternativas disponíveis, a Figura 8.3 relaciona vários volumes de ganhos monetários a uma utilidade (valor) atribuída a esses ganhos pelo agente econômico. À medida que sua riqueza aumenta, a utilidade do ganho adicional diminui, dado determinado nível de risco.

Determinado agente econômico pode se confrontar com a necessidade de definir o valor de uma alternativa com probabilidades iguais tanto de levar a *PO* (ganho na forma de um acréscimo à riqueza já possuída) ou *po* (perda na forma de uma diminuição à riqueza possuída). Para obter esse valor, o valor do risco analisado, precisam ser trabalhados os conceitos de *utilidade*, *valor econômico* e *valor monetário*. Nesta parte do capítulo, isso será feito com o auxílio do uso de logaritmos naturais. Deve-se notar que PO poderia acontecer x vezes em 100 e PO poderia acontecer y vezes em 100.

O problema básico está representado na Figura 8.3.

Figura 8.3 Relação entre risco e valor econômico na forma de utilidade

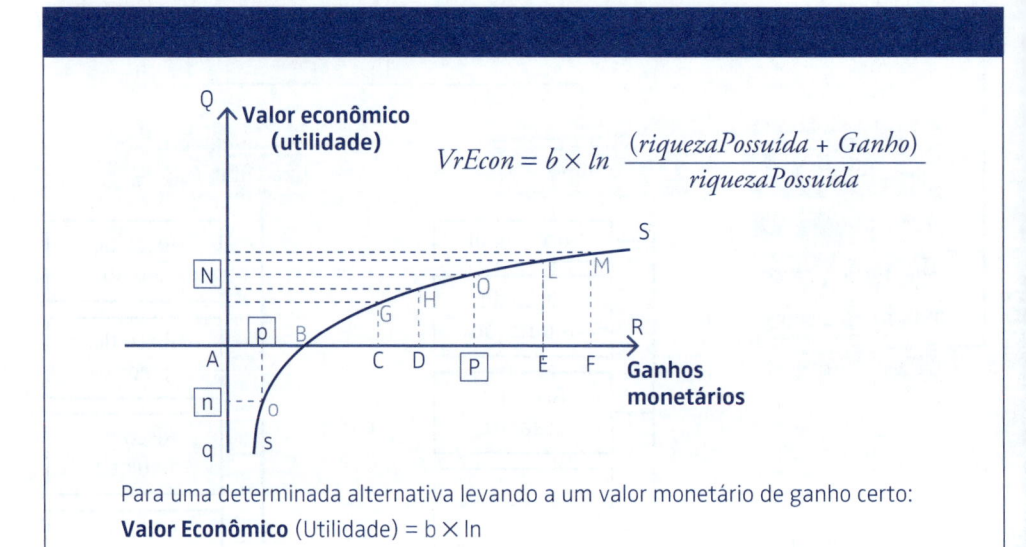

$$VrEcon = b \times \ln \frac{(riquezaPossuída + Ganho)}{riquezaPossuída}$$

Para uma determinada alternativa levando a um valor monetário de ganho certo:
Valor Econômico (Utilidade) = $b \times \ln$

Essa curva de utilidade foi obtida com a hipótese de que a utilidade de cada ganho adicional é inversamente proporcional à riqueza já possuída, conforme Figura 8.4.

Figura 8.4 O valor de um acréscimo à riqueza proporcionado por um risco é inversamente proporcional à riqueza já possuída

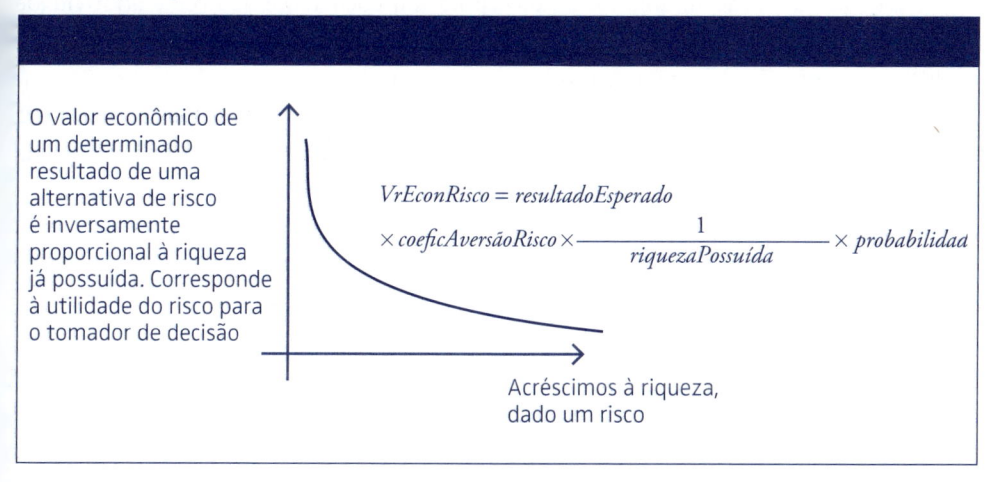

O valor econômico de um determinado resultado de uma alternativa de risco é inversamente proporcional à riqueza já possuída. Corresponde à utilidade do risco para o tomador de decisão

$$VrEconRisco = resultadoEsperado \times coeficAversãoRisco \times \frac{1}{riquezaPossuída} \times probabilidaa$$

Acréscimos à riqueza, dado um risco

Assim, a utilidade do ganho adicional diminui conforme a riqueza aumenta, de acordo com algum coeficiente de atitude em relação ao risco, que no decorrer deste capítulo será chamado de b.

A ideia básica é a de que o valor de um ganho adicional depende da riqueza originalmente possuída, de tal modo que o valor desse ganho será cada vez menor, de maneira inversamente proporcional a essa riqueza, assumindo a forma apresentada na Equação 8.1:

$$vrGanho = b \times \frac{Ganho}{Riqueza\,Possuída} \qquad (8.1)$$

Sucessivos ganhos levariam a diferentes posições patrimoniais, que poderiam ser consideradas o valor do ganho para o tomador de decisão, em vez de apenas o ganho isoladamente, como na Equação 8.1. Esse modelo permitiria uma equação da forma da Equação 8.2, apresentada a seguir:

$$vrGanho = b \times \frac{RiquezaPossuída + Ganho}{RiquezaPossuída} \qquad (8.2)$$

Considerando-se que o valor de determinado risco seria a soma dos valores de todos esses ganhos acumulados, seu valor total poderia ser calculado pela integral dessa relação, na forma da Equação 8.3.

$$vrRisco = b \times \int \frac{(RiquezaPossuída + Ganho)}{RiquezaPossuída} \qquad (8.3)$$

Nessa equação, b de alguma forma incorpora um coeficiente de risco e atratividade do ganho. Tomando-se b como um *coeficiente de risco subjetivo $\times$ atratividade do ganho monetário*, a Equação 8.1 tomaria a forma da Equação 8.3.

Assim, uma alternativa de investimento que oferecesse ganhos e perdas teria o valor total, considerando-se os diferentes ganhos e perdas, medido na forma da Equação 8.4.

$$vrAlternativa = b \times \ln\left(\frac{RiquezaPossuída + Ganho}{RiquezaPossuída}\right) \qquad (8.4)$$

Como as alternativas econômicas apresentam probabilidades de ganhos e de perdas e não certezas, cada ganho ou perda deve ser considerado em termos do número de vezes em que poderia ser obtido, ponderado pelo número total de ganhos e perdas possíveis. Assim, o valor de uma alternativa, em termos de sua utilidade, seria dado pela Equação 8.5.

$$vrAlternativa = \frac{b \times \ln(RP + G_1) \times k + b \times \ln(RP + G_2) \times l + \ldots b \times \ln(RP + G_n) \times m}{(k + l + \ldots + m)} \qquad (8.5)$$

Bernoulli[7] propôs que se relacionasse a soma do ganho mais a riqueza inicial com a riqueza inicial (RP + G)/RP. Dessa forma, quando o ganho fosse zero, o valor da alternativa seria zero, pois ln (1) = 0. A curva do valor de uma alternativa econômica, com seus múltiplos resultados possíveis ponderados pelo risco, graficamente apareceria na forma da função logarítmica que cruza o eixo das abscissas no ponto B, equivalente à riqueza inicial, conforme a Figura 8.5. Uma alternativa de risco que não acrescente resultado nem o destrua tem utilidade zero.

Nesse contexto, a constante b é uma constante subjetiva, no sentido em que depende da riqueza do agente econômico avaliando o risco (Figura 8.6). Mais adiante, veremos que ela também incorpora aspectos psicológicos do tomador de decisão no tocante a assumir riscos.

---

[7] BERNOULLI, D. Exposition of a new theory on the measurement of risk. In: PAGE, A. N. *Utility Theory – A Book of Readings*. New York: John Wiley & Sons, 1968. p. 204.

Figura 8.5 Função utilidade

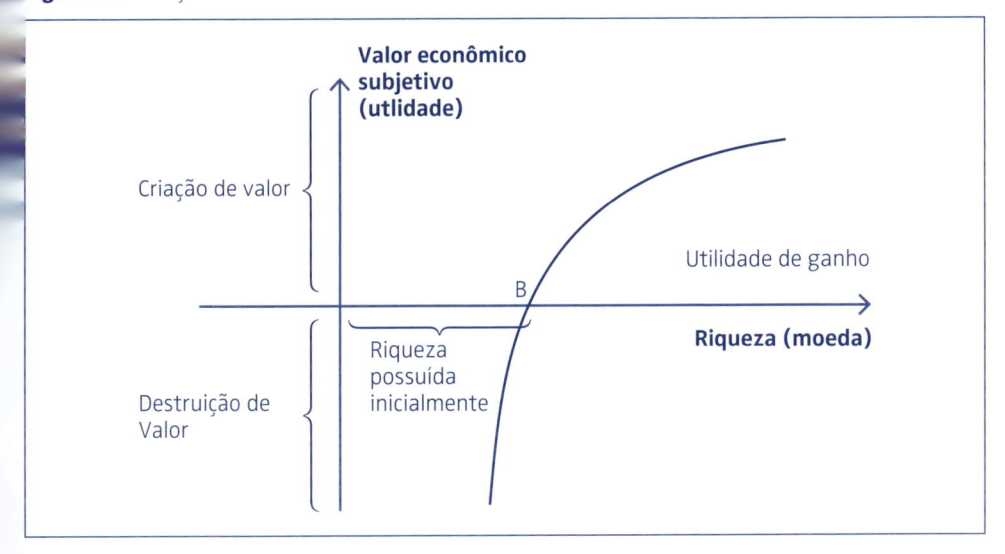

[Gráfico: eixo vertical "Valor econômico subjetivo (utlidade)" com "Criação de valor" acima e "Destruição de Valor" abaixo; eixo horizontal "Riqueza (moeda)"; curva logarítmica passando pelo ponto B; "Riqueza possuída inicialmente"; "Utilidade de ganho"]

Figura 8.6 Função utilidade. A constante *b* busca representar a predisposição subjetiva ao risco

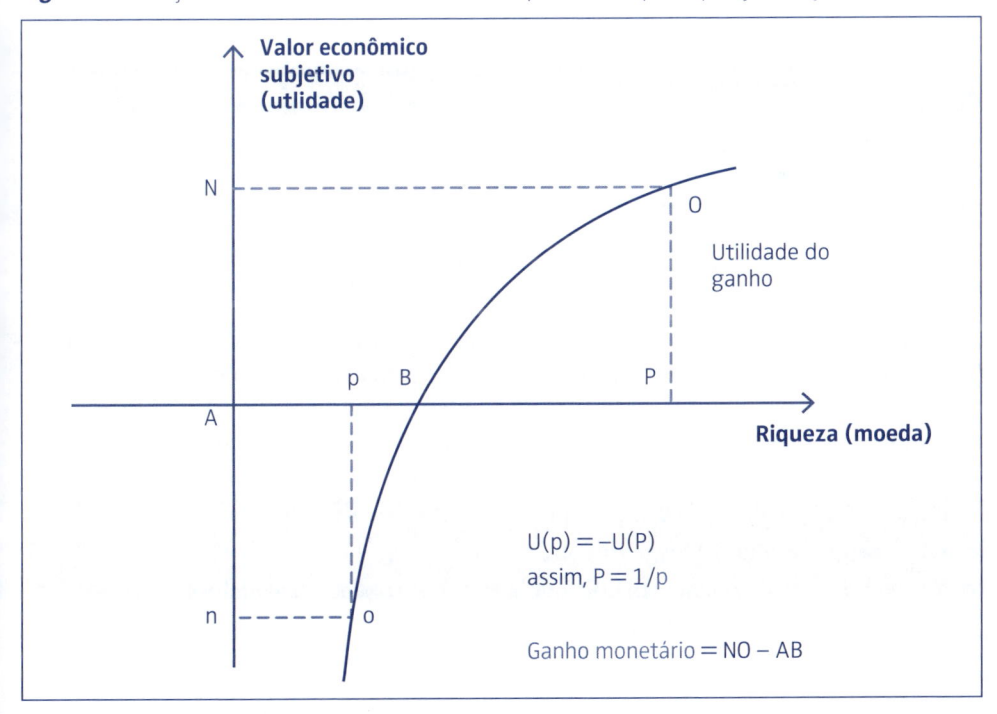

[Gráfico: eixo vertical "Valor econômico subjetivo (utlidade)"; eixo horizontal "Riqueza (moeda)"; pontos N, O, A, B, p, P, n, o marcados na curva; "Utilidade do ganho"; $U(p) = -U(P)$ assim, $P = 1/p$; Ganho monetário = NO − AB]

Existe uma propriedade logarítmica segundo a qual $\log(a) + \log(b) = \log(ab)$. Supondo-se uma alternativa econômica que apresentasse vários resultados possíveis, a medida de seu valor seria algo como mostrado na Equação 8.6.

$$b \times \log \frac{(RP + G_{total})}{RP} = \frac{\left\{ \frac{b \times \ln(RP + G_1)}{RP} \times k + ... + \frac{b \times \ln(RP + G_j)}{RP} \times n \right\}}{k + l + ... + m + n} \qquad (8.6)$$

Com k + l + ... + m + n = w

Da Equação 8.6 se obtém:

$$valorMonetárioEquivalentedAlternativa = \sqrt[w]{\left((RP + G_1)^j \times (RP + G_1)^k ... (RP + G_1)^n\right)} \qquad (8.7)$$

Um problema que existe é o da contagem das formas como os ganhos e as perdas podem ocorrer em determinada alternativa disponível. Por exemplo, suponha-se um jogo de "cara ou coroa" nas seguintes condições: cara, ganha-se R$ 50; coroa, paga-se R$ 50.

Sem considerar a riqueza já possuída, teríamos:

Tabela 8.3 Valor esperado de um risco com iguais probabilidades de perda e ganho, sem se considerar a riqueza já possuída

Probabilidades de cara ou coroa		Valor esperado
0,5	0,5	R$ –
R$ 50,00	R$ (50,00)	

Ao se examinar o valor da alternativa sem considerar a fortuna já possuída, a alternativa apresentada na Tabela 8.3 teria o mesmo valor para qualquer agente econômico. Considerando-se a riqueza já possuída e a natureza logarítmica da curva de utilidade **U (riqueza),** ter-se-ia, de acordo com Bernoulli, a situação exposta na Tabela 8.4.

Tabela 8.4 Valor esperado de uma alternativa com iguais probabilidades de ganho e perda, para um agente econômico, considerando-se seu patrimônio inicial

a	b	a × b	Valor esperado das alternativas considerando a riqueza inicial (a × b)^1/2
Uma maneira de obter coroa em duas possíveis	Uma maneira de obter cara em duas possíveis		
R$ 50,00	R$ 150,00	7500	R$ 86,60

Nessa contagem e mensuração do resultado, cada possibilidade de ganho ou perda foi potencializada pelo número de maneiras pelas quais poderia ocorrer dividido pelo número total de formas de perdas e ganhos possíveis, conforme Bernoulli[8].

Cada ganho deve ser adicionado à fortuna previamente possuída, então, tal soma deve ser elevada à potência dada pelo número de maneiras possíveis pelas quais o ganho poderia ser obtido; esses termos deveriam, então, ser multiplicados entre si. Então, deveria ser extraída a raiz desse produto, equivalente ao número de todos os casos possíveis, e por fim o valor das propriedades iniciais deve ser subtraído. O que sobrar é o valor da alternativa de risco estudada.

No exemplo, apesar de aparentemente justo, esse jogo não seria interessante para alguém com a riqueza inicial equivalente a R$ 100, pois: R$ 86,60 − R$ 100 = −R$ 13,40.

Estudando-se o valor das alternativas para diferentes valores de riqueza inicial, conforme a Tabela 8.5, verifica-se que as perdas variam em função da riqueza possuída, de forma consistente com a premissa adotada.

Tabela 8.5 As perdas numa aposta justa variam de acordo com a riqueza possuída

Valor da aposta = R$ 50		
50		0,5
Probabilidade de ganho ou perda = 50%		
Riqueza inicial	**Valor da alternativa**	**Perda**
R$ 300,00	R$ 295,80	R$ (4,20)
R$ 250,00	R$ 244,95	R$ (5,05)
R$ 200,00	R$ 193,65	R$ (6,35)
R$ 150,00	R$ 141,42	R$ (8,58)
R$ 100,00	R$ 86,60	R$ (13,40)
R$ 50,00	R$ −	R$ (50,00)

Para alguém que está arriscando toda sua fortuna, uma perda seria devastadora. Para alguém com uma fortuna considerável, perder uma fração mínima dela torna-se menos importante, apesar de sempre presente.

Como a curva relaciona utilidades aos ganhos e perdas possíveis, dependendo da constante *b* subjetiva perdas e ganhos terão utilidades diferentes para um mesmo valor monetário, e perdas e ganhos diferentes podem ter a mesma utilidade quando considerados diferentes agentes econômicos. O ponto em que a utilidade de ganhos e perdas de uma alternativa se anula é o ponto de indiferença ao risco para a alternativa estudada para um dado tomador de decisão.

---

[8] BERNOULLI, 1968, p. 205.

Determinada alternativa com probabilidade de sucesso p e insucesso (1 − p) pode valer a pena para um agente econômico e não para outro. O valor monetário que tornaria a perda e o risco economicamente aceitáveis depende da utilidade subjetiva do ganho adicional, de acordo com a fórmula anteriormente apresentada.

Para fixação dessa proposta, suponha-se o caso[9] em que determinado comerciante esteja estudando a possibilidade de importar uma mercadoria que mantenha armazenada no exterior pagando, para isso, um prêmio de seguro. De fato, o comerciante tem a noção de que a cada 100 cargas que partem do país onde sua mercadoria está armazenada, 5 são perdidas. A mercadoria a ser transportada vale R$ 10.000,00, e o seguro tem um custo de R$ 800.

Uma questão que surge é a de quão rico o comerciante deve ser para que não valha a pena pagar o seguro? Outra questão seria a de quanta riqueza alguém deve ter para aceitar assegurar a entrega da mercadoria ao preço definido.

Respondendo à primeira questão, note-se que em 95% dos casos a mercadoria chegaria intacta, gerando riqueza inicial + 10.000, e, em 5% dos casos, ele perderia a mercadoria. Assim, o número total de possibilidades, no caso da não contratação do seguro, seria a expressa na Equação 8.8.

$$(RiquezaInicial + 10.000)^{\frac{95}{100}} \times RiquezaInicial^{\frac{5}{100}} \qquad (8.8)$$

Contratando o seguro, teríamos a Equação 8.9:

$$(RiquezaInicial + 10.000 - 800)^{20} \qquad (8.9)$$

Igualando esses termos, teríamos a Equação 8.10:

$$(RiquezaInicial + 10000)^{19} \times RiquezaInicial = (RiquezaInicial + 9200)^{20} \qquad (8.10)$$

A solução dessa equação geraria um valor de R$ 5.043,00 para a riqueza inicial.

Quanto à segunda questão, suponha-se ser o capital do segurador igual a y. Nesse caso, teríamos a Equação 8.11:

$$y = \sqrt[20]{(y+800)^{19} \times (y-9200)} \qquad (8.11)$$

que corresponde a y ≈ R$ 14.243,00.

---

[9] Exemplo baseado em BERNOULLI, 1968.

Conforme o texto original de Bernoulli[10], não seria economicamente interessante para alguém com um capital menor do que esse assegurar tal importação.

Um conceito de interesse na gestão de risco é o da *diversificação*: não se deve colocar todos os ovos em um único cesto. É uma medida de proteção para o investidor.

Para melhor estudar estsa assertiva, suponha que outro comerciante tenha disponível um capital de R$ 4.000, já internalizado, e outros R$ 80.000 no exterior, em variadas *commodities*. Estudando a viabilidade de trazê-las para seu país, sabe que a cada 10 cargas transportadas, uma é perdida. Nessas condições, caso esse comerciante traga R$ 8.000,00 de seus bens em um único navio, o acréscimo gerado por essa alternativa seria de acordo com a Equação 8.12.

$$\sqrt[10]{12.000^9 \times 4.000^1} - 4.000 = \$\, 6.751 \qquad (8.12)$$

Caso, no entanto, esse comerciante diversificasse o transporte, utilizando dois navios em vez de um, o valor gerado seria o expresso na Equação 8.13.

$$\sqrt{12.000^{81} \times 8.000^{18} \times 4.000} - 4.000 \approx \$\, 7.033 \qquad (8.13)$$

Assim, o valor obtido pelo comerciante aumenta à medida que diminui a proporção de sua riqueza transportada em cada navio. Bernoulli[11], o autor desse caso, afirma no entanto que tal expectativa nunca será maior do que R$ 7.200, nas condições estabelecidas.

O valor subjetivo do risco não depende unicamente da riqueza anteriormente possuída. Depende também de como o agente econômico encara determinada perda e de sua habilidade para lidar com ela, na forma do coeficiente *b*. Se não fosse assim, dois agentes econômicos com a mesma riqueza pessoal dariam sempre o mesmo valor para as alternativas de risco, o que não acontece de fato. Os indivíduos têm diferentes atitudes em relação ao risco. Essas atitudes variam da aversão ao risco ao interesse em correr risco. Desse modo, a utilidade e o valor econômico de determinada alternativa de risco dependem também dessas preferências pessoais.

Considerando-se esses aspectos, o ponto de indiferença entre alternativas, conforme suas probabilidades de ganhos e perdas, variará de um agente econômico para o outro. Pode-se usar esse fato para construir a curva de utilidade subjetiva em relação ao risco para determinado agente tomador de decisão na forma da Figura 8.7.

---

[10] BERNOULLI, 1968.
[11] BERNOULLI, 1968.

Figura 8.7 Atitudes em relação ao risco

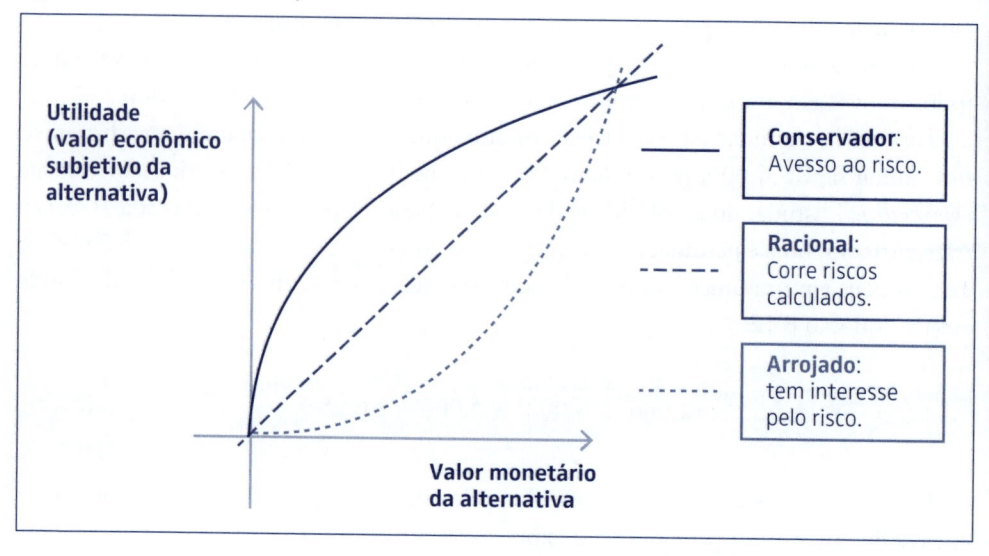

```
Utilidade
(valor econômico
subjetivo da
alternativa)

                                    ──────  Conservador:
                                            Avesso ao risco.

                                    ──────  Racional:
                                            Corre riscos
                                            calculados.

                                    ──────  Arrojado:
                                            tem interesse
                                            pelo risco.

                 Valor monetário
                 da alternativa
```

A constante b para o valor do risco é composta por uma ponderação entre a constante subjetiva da atitude em relação ao risco e à riqueza possuída. De qualquer um dos pontos de vista, no entanto, conjunta ou isoladamente, o valor de uma alternativa de risco é um atributo subjetivo. Como toda decisão econômica se dá em meio ao risco e à incerteza, toda decisão e seu resultado (valor) devem ser medidos subjetivamente. Uma alternativa de ganho para um agente econômico pode significar perda para outro. Em um projeto comum, com o mesmo resultado, de dois participantes um pode ter criado riqueza e o outro destruído.

8.4 A construção de uma função utilidade do ponto de vista da atitude em relação ao risco

Uma questão importante é a de como reconhecer a utilidade para o gestor de determinado resultado em uma decisão. Como construir a escala de utilidade para ele?

Um enfoque é o de se atribuir o valor 1 para o melhor resultado possível e 0 para o pior resultado possível, como expresso na Tabela 8.6.

Tabela 8.6 Alternativas, Valor esperado e Utilidade percebida

	Probabilidades		Valor esperado
Probabilidades	1	0	1
Alternativa 1	R$ 70.000,00	R$ —	R$ 70.000,00
Utilidade	0,8		
Probabilidades	0,8	0,2	
Alternativa 2	R$ 150.000,00	(R$ 30.000,00)	R$ 114.000,00
Utilidade	1	0	0,8

Supondo-se que para esse tomador de decisão as duas alternativas sejam equivalentes no momento em que p = 80%, nesse caso, a utilidade de obter R$ 70.000,00 com certeza seria equivalente à utilidade de obter R$ 150.000,00, com 80% de probabilidade ou com 20% de perder R$ 30.000,00.

Suponha-se também que esse tomador de decisão atribuísse a mesma utilidade (U) para as alternativas de ganhar R$ 70.000,00 e a essa alternativa, que tem o valor esperado de R$ 114.000,00. Tal fato mostraria que esse agente econômico é avesso ao risco. Prefere um ganho menor à possibilidade de perda.

Supondo-se uma função utilidade U(x) logarítmica, essa função, para um tomador de decisão racional, para o qual b = 1, com x = (riqueza possuída + ganho)/riqueza possuída, tomaria a forma da Equação 8.14. Supondo-se b = 1, em uma postura equilibrada quanto ao risco, então se U(x) = b × ln(x), com

$$1 = \frac{U(x)}{\ln(x)} \tag{8.14}$$

U(x) = b × ln(x), assim, nesse contexto, U(x) = 1, quando x = e (e~2,7182818...).

$$\frac{(RP+G)}{RP} \approx 2{,}7182818 \tag{8.15}$$

Para um tomador de decisão racional, com b = 1, determinada alternativa teria utilidade = 1 quando a riqueza original mais o ganho da alternativa divididos pela riqueza original se aproximassem de e ~ 2,7182818.

Para esse tomador de decisão racional, U(x) = 0 quando:

$$\frac{(RP+G)}{RP} = 1 \tag{8.16}$$

Ou seja, quando o ganho $G = 0$.

Alternativas que diminuíssem a riqueza já possuída teriam utilidade negativa, pois a perda levaria à Equação 8.17:

$$\frac{(RP + Perda)}{RP} < 1 \tag{8.17}$$

O logaritmo natural de um número entre zero e 1 será sempre um número negativo.

Supondo-se b = 1 e lembrando que $U(x) = \ln(x) \Leftrightarrow e^{U(x)} = x$, então, 0 < x < 1 => U(x)< 0.

Na Tabela 8.7 é apresentado um resumo dessa discussão, supondo-se uma atitude equilibrada (b = 1) para o risco.

Tabela 8.7 Resumo das situações possíveis em uma função utilidade logarítmica

	Descrição
$\dfrac{(RP+Ganho)}{RP} < 1$	U(x) < 0; destruição de valor do ponto de vista do tomador de decisão.
$\dfrac{(RP+Ganho)}{RP} > 1$	U(x) = 0; manutenção de valor do ponto de vista do tomador de decisão.
$\dfrac{(RP+Perda)}{RP} > 1$	U(x) > 0; criação de valor do ponto de vista do tomador de decisão.

Com base nesse fato pode-se considerar que esse é um indivíduo avesso ao risco. Prefere um valor menor (R$ 70.000) a correr o risco da perda de R$ 30.000 para obter o valor esperado de R$ 87.000.

Com *b* expressando a atitude de um tomador de decisão em relação ao risco, a *utilidade* e a *desutilidade* de uma perda e de um ganho de mesmo valor absoluto podem variar em função do seu valor, conforme Tabela 8.8.

Tabela 8.8 A constante *b* e a predisposição ao risco

A constante *b* reflete a atitude do tomador de decisão diante do risco	Interpretações de *b*
b > 1	Arrojo
b = 1	Racionalidade
b < 1	Aversão

Retomando a constante b e supondo-se a riqueza possuída mais ganho igual a $RP + g$ e ainda tal que $(RP + g)/RP \approx e$. Nesse caso, $U(x + g) \approx b \times \ln(e) \approx b$. Se o tomador de decisão tivesse conseguido multiplicar sua fortuna por $\cong 2{,}7182$, a utilidade seria b. Nesse caso, se b = 1, então U (x + g) = 1, e este seria um tomador de decisão equilibrado no tocante à assunção de riscos.

Para um tomador de decisão arrojado, que procure o risco, $b = 1 + r$; nesse caso, $U(x+g) = (1 + r) \times \ln(e) = 1 + r$; com *r* uma taxa de atratividade do risco para o agente econômico. A mesma alternativa anterior teria para esse agente econômico o valor de $1 + r$, e valeria mais do que para o tomador de decisão racional.

Para um tomador de decisão avesso ao risco, teríamos $b < 1$, com $U(x+g) = (1 - r) \times \ln(e) = 1 - r$, como mostrado na Tabela 8.9.

Tabela 8.9 Interpretação da constante b

Atitude em relação ao risco	Valor da constante b	Interpretação
Avesso ao risco	$1 - r$	Exige-se um valor monetário maior para um mesmo acréscimo de utilidade.
Racional	1	O valor monetário do risco equivale à sua utilidade.
Arrojado	$1 + r$	A utilidade de cada resultado é maior do que o valor monetário.

Lembrando, como mostrado na Equação 8.18, que:

$$\frac{(x+g)^{n/m}}{x} \tag{8.18}$$

Representa o total de ganho mais o saldo inicial comparado à riqueza inicial, somando-se o ganho à riqueza inicial e dividindo-se por essa riqueza inicial. Elevando-se ao número de formas pelas quais cada ganho particular pode ser alcançado dividido pelo número total de formas possíveis de ocorrências para todas as alternativas, conforme mostrado a seguir, teríamos o valor do risco que as engloba. Subtraindo-se desse valor a riqueza original, temos o valor agregado pela alternativa de risco estudada.

Essa forma de medir o valor ou utilidade de alternativa de investimento, considerando-se o risco, abrange:

→ contar o número de alternativas e seus resultados;
→ incorporar a riqueza inicial à forma de cálculo; e
→ considerar os tipos de atitude em relação ao risco por parte do tomador de decisão.

8.5 A empresa em andamento e a gestão do risco

Na busca de minimizar o risco e assegurar que as decisões dos gestores, que são contratados para administrar em lugar dos donos, caminhem na direção desejada por estes, são criados mecanismos como os de governança corporativa. Buscando garantir a boa governança, são definidos outros mecanismos, como os de controles internos, auditorias internas e independentes, sistemas de informações e informações requeridas.

8.5.1 Artefatos de governança

Conforme Vaasssen[12], com o surgimento das organizações surgiu também a necessidade de controlá-las. Esse controle se dá em nível macro, do ponto de vista de sua eficácia, configurando o controle econômico da organização como um todo, e em nível operacional da eficiência de suas operações.

Como o tomador de decisão e o proprietário nem sempre são a mesma pessoa, surge a necessidade de garantir que as decisões do gestor contratado estejam alinhadas com os objetivos dos donos do negócio. Os instrumentos criados para assegurar esse alinhamento formam a base conceitual da *governança corporativa*.

Um *sistema de governança* é a fixação pelo conselho de administração dos mecanismos, estruturas e incentivos, que compõem o sistema de controle de gestão e que devem direcionar o comportamento dos administradores para o cumprimento dos objetivos estipulados pelos acionistas/proprietários e assegurar que deles não se afastem.

A possibilidade da existência de uma governança organizacional deve ser equacionada definitivamente como um problema de *controles internos* e de órgãos para exercê-la.

A existência dos riscos empresariais, todavia, torna tais controles mais complexos, exigindo o que é chamado de *sistema de gestão do risco/retorno*.

8.5.2 Controles internos

De um ponto de vista prático, a auditoria interna é a área de responsabilidade encarregada de avaliar os controles internos da empresa.

Conforme Boynton, Johnson e Kell[13], o relatório do Comitê de Organizações Patrocinadoras (COSO) enfatizou uma definição de controles internos que contempla os seguintes conceitos fundamentais:

→ Controles internos representam um processo. São um meio para atingir um fim, e não um fim em si mesmo.
→ Controles internos são operados por pessoas. Não são meramente um manual de políticas e um conjunto de formulários, mas o resultado da interação de pessoas em todos os níveis da organização.

Essas definições permitem inferir que um sistema de controles internos não fornece segurança absoluta. Antes, esses sistemas se vinculam à consecução de objetivos nas categorias de elaboração e apresentação de relatórios financeiros, do ponto de vista de sua conformação às normas e princípios contábeis, e de obediência às leis e aos regulamentos, e segurança e eficiência das operações.

---

[12] VAASSEN, E.; MEUWISSEN, R.; SCHELLEMAN, C. *Controle interno e sistemas de informação contábil*. São Paulo: Saraiva, 2013. p. 29.
[13] BOYNTON, W. C.; JOHNSON, R. N.; KELL, W. G. *Auditoria*. São Paulo: Atlas, 2002. p. 321.

Assim, controles internos são um meio para a consecução de um fim, que seria a qualidade e segurança das operações e dos relatórios financeiros. Complementando essas informações, Attie[14] afirma que o conceito de *controle interno* envolve imensa gama de procedimentos e práticas que, em conjunto, possibilitam a consecução de *quatro objetivos básicos*: a salvaguarda dos interesses da empresa; a precisão e a confiabilidade dos informes e relatórios contábeis, financeiros e operacionais; o estímulo à eficiência operacional; e a adesão às políticas existentes.

O objetivo do controle interno relativo à salvaguarda dos interesses da empresa refere-se à proteção do patrimônio contra quaisquer perdas e riscos, devidos a erros ou irregularidades. Sistemas de controles internos no tocante a essa função têm como principais instrumentos: segregação de funções; sistema de autorização e aprovação; determinação de funções, autoridades e responsabilidades; rodízio de funcionários; manutenção de contas de controle; seguro dos bens da empresa que estão em risco; a atualização da legislação vigente para diminuir riscos de contingências; diminuição de erros e desperdícios; contagens físicas independentes; e utilização de um sistema de alçadas progressivas.

Em relação ao objetivo de precisão e acurácia dos informes e relatórios contábeis, financeiros e operacionais, observa-se que os principais meios para atingir os objetivos de acurácia e fidedignidade dos relatórios contábeis são: documentação fidedigna, exercício de práticas de conciliação, análise para identificação da composição analítica dos itens em exame, plano de contas e manual de contabilidade, tempo hábil (tempestividade) no registro das transações, equipamento mecânico ou eletrônico para registro das transações.

Em relação à busca da eficiência operacional, um conjunto de técnicas de uso mais comum abrange: técnicas de seleção que garantam a escolha de pessoal qualificado; treinamento do pessoal; existência de um plano de carreira; adoção de relatórios de desempenho; adoção de relatórios de horas trabalhadas; utilização de estudos de tempos e métodos utilização de custeio-padrão.

Quanto ao objetivo de adesão às normas e procedimentos considerados adequados pela organização, sugere-se a criação e uso de manuais internos e de instruções formais.

Deve-se observar que, como toda técnica e conhecimento humano, existem limitações também no tocante à eficiência e eficácia dos sistemas de controles internos. A adoção de um bom sistema de controles internos pode fornecer apenas segurança razoável para a administração e para o conselho de administração quanto à consecução dos objetivos da entidade.

Razões pelas quais os controles internos oferecem apenas segurança razoável e não total abrangeriam, *mas não se limitariam a*, erros de julgamento e falhas.

No tocante a erros de julgamento, a administração e outras partes relacionadas podem tomar decisões inadequadas devido a erros de julgamento, enquanto no que diz respeito às falhas em controles estabelecidos, elas ocorrem pelo não entendimento de procedimentos ou erros, por falta de cuidado, distração ou cansaço.

---

14 ATTIE, W. *Auditoria interna*. São Paulo: Atlas, 1992. p. 204.

Quando se estuda a questão dos controles em uma organização, entende-se que os recursos humanos formam a base de conhecimento sobre a qual esse sistema se assenta. Todas as pessoas em uma organização têm alguma responsabilidade pelos controles internos e fazem parte deles. Algumas dessas partes responsáveis e seus respectivos papéis são as seguintes:

→ Administração: responsável pelo estabelecimento de controles internos eficazes. O principal executivo operacional deve estabelecer uma mensagem "de cima para baixo" que dissemine uma consciência de controle por toda organização.

→ Conselho de administração e comitê de auditoria: os membros do conselho de administração devem determinar que a administração estabeleça e mantenha controles internos eficazes. O comitê de auditoria deve estar vigilante para impedir que sejam elaborados ou divulgados relatórios financeiros em desacordo com as normas e procedimentos contábeis exigidos, em função de controles internos deficientes.

Outros participantes desse sistema seriam:

→ Auditores internos, que devem periodicamente examinar e avaliar a adequação dos controles internos da entidade e fazer recomendações para seu aprimoramento. Outros membros do quadro de pessoal da entidade teriam o papel de comunicar qualquer problema de não obediência ao controle ou de atos ilegais.

→ Auditores independentes, caso descubram, durante seu trabalho, deficiências nos controles internos da entidade, devem comunicar à administração, ao comitê de auditoria ou ao conselho de administração, principalmente no caso de questões relacionadas aos controles internos utilizados na elaboração das demonstrações financeiras.

→ Outras partes externas, como legisladores e reguladores, devem determinar exigências legais e regulatórias mínimas para o estabelecimento de controles internos para certas entidades.

Além dos aspectos já estudados, outros desafios que devem ser enfrentados por um sistema de controles internos são a possibilidade de *conluio*, que pode ser entendido como indivíduos que agem em conjunto: por exemplo, um empregado que controla e outro empregado, cliente ou fornecedor, podem perpetrar e esconder uma fraude de tal forma que ela não seja detectada pelos controles internos; ou uma administração que não prioriza a qualidade do controle interno e, em alguns casos, descumprindo ou fazendo "vista grossa" ao não cumprimento das normas de controles internos estipuladas, praticamente "atropelando" os procedimentos ou políticas estabelecidos, com objetivos ilegítimos, como ganho pessoal ou melhor apresentação de um ou mais parâmetros da posição financeira de uma entidade, ou simplesmente por descaso.

Um último aspecto a ser considerado é o da relação custos *versus* benefícios: os custos dos controles internos de uma entidade não devem ser superiores aos benefícios que deles se espera.

8.6 Considerações finais

O risco é, assim, parte integrante da atividade humana, portanto, também da atividade econômica. O lucro em uma economia hipercompetitiva como a nossa se dá em função da inovação e do aproveitamento de vantagens competitivas ligadas à exposição ao risco.

> **Resumo**
>
> Neste capítulo foram estudados aspectos referentes ao risco e à incerteza nos negócios. A incerteza foi apresentada como sendo inerente à atividade humana e, portanto, também à atividade econômica. De acordo com Knight, a incerteza foi subdividida em dois aspectos: incerteza propriamente dita, caracterizada pelo desconhecimento de probabilidade objetiva associada; e o risco, no qual se pode lidar com probabilidades. Foram definidas estratégias para lidar com o risco como o agrupamento e a especialização. Do ponto de vista da gestão do risco, observou-se a existência de aspectos ligados ao tomador de decisão quanto à sua atitude em relação ao risco. De acordo com Bernoulli[15], considerando a utilidade (benefício percebido ou resultado econômico) de uma alternativa de risco, o gráfico da utilidade em função do valor do risco seria uma curva logarítmica, mostrando a versão do tomador de decisão ao risco. A função utilidade é inversamente proporcional à fortuna anteriormente possuída. O risco pode ser classificado em riscos operacionais, ambientais e financeiros. Controles internos, planejamento e controle são elementos usados para mitigar o risco.

> **Questões para estudo e pesquisa**
>
> 1. Diferencie risco e incerteza.
> 2. Como avaliar uma alternativa de risco na proposta de Bernoulli?
> 3. Discorra sobre dois mecanismos para lidar com o risco na visão de Knight.
> 4. Apresente um quadro classificatório para o risco.
> 5. Diferencie risco operacional de risco financeiro.
> 6. Mecanismos de controles internos são úteis na gestão do risco? Explique.
> 7. Descreva risco operacional.
> 8. O mecanismo de planejamento e controle é útil na gestão do risco? Justifique.
> 9. Contabilidade e orçamento são mecanismos úteis na gestão do risco? Por que e como?
> 10. Como as pessoas poderiam ser classificadas no tocante à sua atitude relacionada ao risco?

---

[15] BERNOULLI, 1968.

CAPÍTULO 9

Simulação

→ **Objetivo do capítulo**
O objetivo definido para este capítulo é o de apresentar conceitos básicos sobre simulação e análise de sensibilidade adaptados à realidade de uma decisão de negócio, dotando o estudante de um instrumental básico para elaborar estudos voltados às suas decisões de interesse.

→ **Visão geral do capítulo**
O capítulo é iniciado com a apresentação de ideias básicas sobre simulação probabilística e prossegue com a ideia de que é possível unir uma análise de sensibilidade a uma simulação probabilística. Na sequência, apresentamos um exemplo de simulação, no qual alguns valores são obtidos conjugando o cálculo com a percepção do gestor sobre a realidade simulada. A esse exemplo é adicionado um processo de análise de sensibilidade, que mostra o uso conjunto dos dois instrumentos.

Palavras-chave
→ Simulação; análise de sensibilidade; simulação econômica; pré-planejamento; otimização.

9.1 Introdução

A simulação permite investigar alguns impactos da incerteza e modelá-los na forma de equações de resultado. Com o auxílio de uma função distribuição de probabilidade, é possível estimar médias, intervalos de confiança e probabilidade de obtenção de determinado resultado dentro de uma margem de erro definida, como a de amostras probabilísticas independentes e identicamente distribuídas.

Uma função distribuição de probabilidade muito usada é a distribuição normal, mas também são possíveis outras distribuições, como a exponencial, por exemplo. A suposição de continuidade e de variáveis aleatórias contínuas também pode ser abandonada em favor do uso de variáveis aleatórias discretas, conforme o caso.

Em uma simulação probabilística, a ideia básica é a de que existe o inverso da função distribuição de probabilidade, tal que para $P(x) = p$ existe $P^{-1}(p) = x$, de forma que $P^{-1}(P(x)) = x$.

Com o uso de números aleatórios que fornecerão p simulado, pode-se simular um conjunto de resultados, dada uma função distribuição de probabilidade. Calcula-se o número aleatório u, na forma de um número racional entre 0 e 1, e depois $F^{-1}(u)$, obtendo-se a variável aleatória x, componente da amostra simulada.

Esse conjunto de resultados simulados pode ser usado como apoio à tomada de decisão, pois permite a obtenção de médias e o conhecimento de frequências de valores, além dos valores mínimos e máximos esperados, bem como sua probabilidade de ocorrência.

Os números aleatórios podem ser gerados por computador, de acordo com algoritmos conhecidos, como o *multiplicative congruential method*[1]. Uma breve apresentação desse método é apresentada na Figura 9.1.

De posse dos resultados das simulações, pode-se montar uma demonstração de resultados para a análise da sensibilidade do resultado às variações de seus componentes, conforme exemplificado na Tabela 9.1.

Supondo-se determinada probabilidade de ocorrência para as variáveis componentes do resultado, as receitas, despesas e custos, pode-se estudar o que ocorre com o resultado dada uma variação nos custos, por exemplo. Dada a construção do modelo de forma probabilística, pode-se também definir a probabilidade de ocorrência dos valores simulados.

Técnicas de simulação são maneiras eficazes de modelar e analisar sistemas dinâmicos complexos sujeitos à incerteza quanto às consequências e naturezas de eventos possíveis.

---

[1] SPANOS, A. *Probability Theory and Statistical Inference*: econometric modeling and observational data. Cambridge: Cambridge University Press, 1999. p. 254.

Figura 9.1 Método para obtenção de números aleatórios

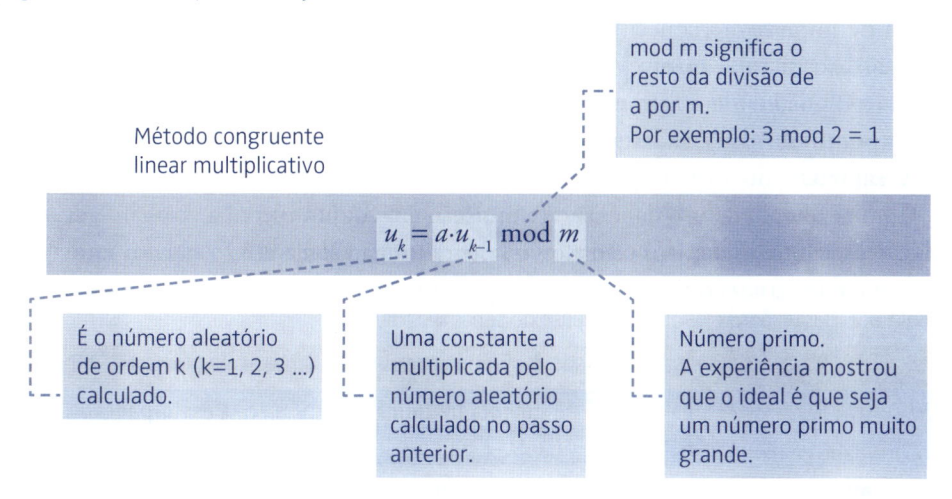

Método congruente linear multiplicativo

$$u_k = a \cdot u_{k-1} \bmod m$$

mod m significa o resto da divisão de a por m.
Por exemplo: 3 mod 2 = 1

É o número aleatório de ordem k (k=1, 2, 3 ...) calculado.

Uma constante a multiplicada pelo número aleatório calculado no passo anterior.

Número primo. A experiência mostrou que o ideal é que seja um número primo muito grande.

Com,
U_k igual à saída na forma dos números pseuso-randômicos;
U_0 igual ao valor inicial, denominado semente;
a igual a **uma** constante multiplicada tal que a < m;
M igual a um número primo;
u_k/m é um número racional entre 0 e 1 e simula números aleatórios com distribuição uniforme;
e
k − 1, 2, ... m

Exemplo, com m = 13, a = 5, u_0=1,
u_1= o resto da divisão de a × u_0= 5 × 1 =5;
assim, u_1 = o resto de 5/13 = 5
u_2 = o resto da divisão de 5 × 5 por 13 = 12;
u_3 = o resto da divisão de 5× 12 por 13 = 8

Estes números não são verdadeiramente aleatórios, uma vez que são calculados. Dada a mesma semente e os mesmos fatores a e m se chegaria aos mesmos números u_k. Os números pseudo randômicos obtidos com o uso deste algoritmo se repetirão com período m-1, para a como uma raiz primitiva positiva de um.

Tabela 9.1 Demonstração de resultado com base nos valores simulados

Demonstração de resultado simulada		
Contas	Probabilidade de ocorrência (probabilidade de esse resultado ocorrer por acaso)	Valor
Receita de vendas	Probabilidades estipuladas pelos gestores à luz das diretrizes estratégicas e dos objetivos operacionais da organização. Implicarão esforço para alcançar o resultado pretendido.	Metas de desempenho no tocante a cada variável.
(−) Custos e despesas variáveis		
(=) Margem de contribuição		
(−) Custos e despesas fixas identificadas		
(=) Resultado econômico simulado		

Possibilita o entendimento de aspectos práticos inesperados e fornece uma visão mais segura de implicações conceituais. Perguntas como: "Qual é o maior valor esperado? Qual é o menor valor possível? Qual é a frequência de ocorrência de determinada faixa de valores? Qual é o impacto no lucro da maior receita possível e da menor receita possível?" podem ser visualizadas, permitindo ao gestor preparar planos de ação alternativos mais realistas.

Como exemplo do uso da ideia de simulação em conjunto com a de análise de sensibilidade, sejam considerados os dados apresentados na Tabela 9.2.

Tabela 9.2 Dados para exemplo de análise de sensibilidade

	Dados	
	Média histórica	Desvio-padrão
Quantidade de demanda original	1.050,00	1.000
Preço original	R$ 60,00	
Preço de venda Praticado	R$ 60,00	R$ 6,00
Custos variáveis	R$ 24,00	R$ 2,40
Despesas variáveis	R$ 6,00	R$ 1,20
Custos fixos	R$ 7.000,00	R$ 700,00
Despesas fixas	R$ 5.000,00	R$ 500,00

Esses dados referem-se a volumes de produção relacionados a determinado preço, e também informam custos e despesas. A questão é que não se tem certeza de qual volume ou preço de venda será praticado. Espera-se que o preço de venda relacionado ao volume praticado tenha, nas médias das amostras simuladas, uma distribuição normal.

A demanda (o volume praticado) seria aproximadamente calculado com base na equação: exp(Lâmbda/preço de venda); para preço de venda = R$ 60,00, espera-se um volume de 1.000 unidades.

Com base nesses dados iniciais, assume-se lâmbda ≈ 414,4653. Considera-se ainda, nesse exemplo, que existe uma flutuação aleatória na demanda. Assim, para representar melhor a situação, incorpora-se uma segunda parte ao modelo preditivo: + (0,05*COS(PI)) × (preço de venda original − novo preço de venda))*EXP(414,4653/ novo preço de venda)). Nessa fórmula, a existência do cos(x) implica uma variação entre +1 e −1; o 0,05 implica que a variação no valor será de 5% no máximo da demanda possível, dada certa variação de preços. Essa flutuação é uma variação que o modelo não consegue explicar, é a margem de erro do modelo.

Existe, em modelos desse tipo, uma suposição de que essa variação é realmente aleatória e o erro não muda, por exemplo, em razão de regiões geográficas, do tempo ou dos volumes praticados. Caso isso ocorresse, tais relações deveriam ser incorporadas ao modelo. A equação da demanda usada é apresentada na Figura 9.2.

Figura 9.2 Fórmula para cálculo da demanda simulada

A demanda (**D**), neste exemplo, varia de forma diretamente proporcional ao coeficiente λ, específico do produto e de forma indiretamente proporcional ao preço de venda (**PV**). Quanto maior o preço, menor a demanda.

Apenas 5% desta variação aleatória será considerada.

$$D = e^{\lambda(PV)} + 0,05 \times \cos(aleatório() \times \prod) \times e^{\lambda(-PV)}$$

Basicamente foi acrescentada à fórmula inicial uma parcela de variação devido ao acaso. A equação da demanda explica 95% dela. No entanto, existe uma flutuação para mais ou para menos que calculada de acordo com parcela adicionada.

O cosseno é uma função cíclica, variando entre +1 e −1. No caso variará de acordo com um número aleatório multiplicado por π.

A equação apresentada na Figura 9.2 foi obtida com base em dados simulados, e é um exemplo de equação da demanda possível. Na prática, a empresa deverá propor uma relação entre volume e preços praticados com base em um estudo de regressão apoiado em dados históricos ou em alguma forma de pesquisa de mercado.

Como na simulação os novos preços de venda são calculados aleatoriamente, estão sendo simulados valores aleatórios para a demanda, como fruto de amostras probabilísticas retiradas da realidade, com a suposição de distribuição normal para o preço de venda relacionado ao volume. O modelo do resultado a ser simulado é o apresentado na Tabela 9.3.

Tabela 9.3 Formação do resultado, variáveis e mensuração

Formação do resultado		
	Unitário	Total
Receita de venda	R$ 60,00	R$ 63.000,00
(−) Custos e despesas variáveis	− R$ 30,00	− R$ 31.500,00
(=) Margem de contribuição	R$ 30,00	R$ 31.500,00
(−) Custos e despesas fixas		− R$ 12.000,00
(=) Resultado		R$ 19.500,00

A primeira questão que se apresenta é de como o resultado variaria se fossem dadas variações de volume predefinidas. Essa questão poderia ser mais bem efetuada com base numa análise de sensibilidade.

Inicialmente, suponha-se que essa análise seja efetuada com base na Tabela 9.4.

Tabela 9.4 Relatório para análise de sensibilidade do resultado em relação aos volumes e preços

		\multicolumn{7}{c}{Análise de Sensibilidade}						
		\multicolumn{7}{c}{Preços Praticados}						
		30	40	50	60	70	80	90	100
Volumes	500	−10.500	−6.000	−1.500	3.000	7.500	12.000	16.500	21.000
	600	−10.200	−4.800	600	6.000	11.400	16.800	22.200	27.600
	700	−9.900	−3.600	2.700	9.000	15.300	21.600	27.900	34.200
	800	−9.600	−2.400	4.800	12.000	19.200	26.400	33.600	40.800
	900	−9.300	−1.200	6.900	15.000	23.100	31.200	39.300	47.400
	1.000	−9.000	0	9.000	18.000	27.000	36.000	45.000	54.000
	1.100	−8.700	1.200	11.100	21.000	30.900	40.800	50.700	60.600
	1.200	−8.400	2.400	13.200	24.000	34.800	45.600	56.400	67.200
	1.300	−8.100	3.600	15.300	27.000	38.700	50.400	62.100	73.800
	1.400	−7.800	4.800	17.400	30.000	42.600	55.200	67.800	80.400
	1.500	−7.500	6.000	19.500	33.000	46.500	60.000	73.500	87.000

Nessa simulação, a equação da demanda não foi respeitada. Buscou-se conhecer apenas os impactos dos diversos volumes e preços no resultado. Outras ações serão necessárias para adequar a meta de resultado da entidade à realidade de seu mercado.

Na primeira linha há uma sequência de preços praticados, variando entre R$ 30 e R$ 100. Na primeira coluna, são apresentados os volumes praticados, variando no intervalo entre 500 unidades e 1.500 unidades. Nas células, o cruzamento de cada linha e coluna apresenta o resultado que seria obtido dados o preço e o volume praticado. Por exemplo: a um preço de R$ 30 e um volume de 500, seria gerado um prejuízo de R$ 10.500,00; já a um preço de R$ 100,00 e um volume de 500 unidades, seria obtido um lucro de R$ 21.000,00.

Com essa primeira simulação, relacionam-se preços de venda e volumes de resultados, verificando com clareza que os preços de R$ 30 e R$ 40 geram prejuízos. O preço de R$ 40 permite a obtenção de lucros, desde que os volumes praticados sejam maiores do que 1.100 unidades vendidas. Os melhores lucros parecem estar aliados aos maiores preços. Ao volume de 1.000 unidades, cobrando-se R$ 100 por unidade, teríamos um lucro de R$ 54.000. Ocorre, no entanto, que não é possível vender 1.000 unidades a R$ 100. Nesse exemplo, o mercado aceitaria comprar 1.000 unidades a um preço de R$ 60. Quais as chances de obter um lucro de R$ 79.000? Pode-se fazer nova análise de sensibilidade, ajustando as diversas variáveis em termos do grau de desafio medido probabilisticamente, conforme apresentado na Tabela 9.5.

Se o gestor implementar medidas para que receitas e custos atinjam padrões mais desafiadores, como implementar metas de desempenho para a obtenção de receitas e custos que só seriam obtidos, por acaso, em 25% das vezes, seria obtido um resultado de R$ 73.863,06, que só se realizaria de forma aleatória em aproximadamente 2,5% das vezes.

Manter receitas e custos nos patamares necessários para o alcance da meta de resultado, nesse contexto, é um desafio com grau de dificuldade medido estatisticamente.

Tabela 9.5 Uma análise de sensibilidade considerando probabilidades de ocorrência

	Nova análise de sensibilidade considerando a ação gerencial e o desafio medido estatisticamente				
	Preço de venda		Quantidade		Total
Demonstração de resultado	Probabilidade de ocorrência	Valor	Probabilidade de ocorrência	Valor	Valor
Receita de vendas	25,0000%	R$ 63,98	25,0000%	2272	R$ 145.364,79
(−) Custos e despesas variáveis					
Custos variáveis	25,0000%	R$ 21,83	25,0000%	2272	−R$ 49.602,13
Despesas variáveis	25,0000%	R$ 4,66	25,0000%	2272	−R$ 10.598,64
(=) Margem de contribuição	2,6215%	R$ 37,48	25,0000%	2272	R$ 85.164,02
(−) Custos e despesas fixos					
Custos fixos	25,0000%				−R$ 6.535,17
Despesas fixas	25,0000%				−R$ 4.765,79
(=) Resultado	2,4464%				R$ 73.863,06

Nessa segunda análise de sensibilidade, pode-se estudar o que ocorre com o resultado em razão da gestão realizada sobre suas variáveis componentes: receitas, custos e despesas.

Para que se pudesse gerar essa tabela, foi necessário obter o conhecimento de suas médias e desvios padrões, o que foi feito por meio de uma simulação de Monte Carlo, com números aleatórios. Para tornar a simulação mais didática e permitir aos interessados o cálculo manual desses valores, ela foi feita com base em apenas dez "rodadas", número muito pequeno. Nas modernas simulações de negócios, são usuais números muito maiores do que esse.

Esse tipo de simulação permite o entendimento prático do comportamento dessas variáveis de receitas, custos, despesas e resultados elencados. Cada linha é uma amostra, e essas amostras são supostas independentes e identicamente distribuídas.

Outra suposição é de que se conheça a função distribuição de probabilidade da população. No entanto, mesmo que ela não seja conhecida, uma propriedade da média assegura que a média das médias de várias amostras terá uma distribuição normal e se aproximará da verdadeira medida da população à medida que o número de amostras aumentar pela Lei dos Grandes Números. A Tabela 9.6 apresenta o uso de amostras para o cálculo da média.

Tabela 9.6 Uso de amostras

Média das amostras e média da população						
	Amostras de cada dia da semana					
Média de vendas	Segunda	Terça	Quarta	Quinta	Sexta	Total população
Região A	85	6	46	68	96	301
Região B	39	6	54	16	17	132
Região C	92	71	84	34	36	317
Totais	216	83	184	118	149	750
Médias diárias	72,0	27,7	61,3	39,3	49,7	
Média das médias diárias	50,0					
Total de valores medidos	15					
Média com base no total da população	50,0					

A tecnologia da informação permite o manuseio de enormes bases de dados, assim como o processamento de cálculos altamente complexos com grande facilidade, o que, muitas vezes, faz o uso de simulações transcender outros tipos de modelagem no estudo de uma realidade, evento, processo ou produto.

As simulações tornam-se cada vez mais realistas, completas e complexas, a tal ponto que é possível testar um produto e aprimorar suas especificações com base em simulações de computador. Comportamentos de mercado, terremotos e comportamentos de materiais e estruturas são alguns poucos exemplos das muitas realidades simuladas para que se façam escolhas a seu respeito.

Com base nessas simulações, foram obtidos dados para os cálculos das médias e desvios-padrões que possibilitaram estimar a valores dada certa probabilidade de ocorrência, como apresentado na Tabela 9.7. Esses valores permitem ao tomador de decisão ter maior entendimento de como "serão as coisas", se as tendências atuais se mantiverem. Desse ponto de vista, o menor resultado a ser obtido seria um resultado de R$ 4.782,00, e o melhor resultado seria o de R$ 86.123,00.

Tabela 9.7 Simulações com o uso de números aleatórios (estas são simulações de Monte Carlo)

Número da simulação	Quantidade	Preço de venda	Faturamento	Custo variável	Despesa variável	MG unitária	MG total	Custos fixos	Despesas fixas	Resultado
1	2.365	R$ 53	R$ 125.345	R$ 22	R$ 8	R$ 23	R$ 54.395	R$ 7.337	R$ 5.635	R$ 41.423
2	1.366	R$ 57	R$ 77.862	R$ 27	R$ 3	R$ 27	R$ 36.882	R$ 7.548	R$ 5.289	R$ 24.045
3	2.365	R$ 53	R$ 125.345	R$ 25	R$ 6	R$ 22	R$ 52.030	R$ 7.599	R$ 4.801	R$ 39.630
4	840	R$ 62	R$ 52.080	R$ 20	R$ 5	R$ 37	R$ 31.080	R$ 7.940	R$ 5.113	R$ 18.027
5	683	R$ 63	R$ 43.029	R$ 23	R$ 5	R$ 35	R$ 23.905	R$ 7.785	R$ 4.975	R$ 11.145
6	4.180	R$ 50	R$ 209.000	R$ 22	R$ 5	R$ 23	R$ 96.140	R$ 5.199	R$ 4.818	R$ 86.123
7	683	R$ 63	R$ 43.029	R$ 20	R$ 6	R$ 37	R$ 25.271	R$ 6.575	R$ 5.070	R$ 13.626
8	461	R$ 67	R$ 30.887	R$ 28	R$ 4	R$ 35	R$ 16.135	R$ 6.646	R$ 4.707	R$ 4.782
9	1.719	R$ 56	R$ 96.264	R$ 27	R$ 5	R$ 24	R$ 41.256	R$ 6.694	R$ 5.481	R$ 29.081
10	681	R$ 64	R$ 43.584	R$ 25	R$ 4	R$ 35	R$ 23.835	R$ 7.346	R$ 4.472	R$ 12.017

O julgamento desses resultados possíveis, à luz das políticas e diretrizes estratégicas e planos operacionais da empresa, pode levar à necessidade de atuação gerencial para, por exemplo, buscar redução de custos ou implementar ações de marketing para aumentar o volume de vendas, dado determinado preço.

Cada linha da Tabela 9.7 funciona como uma amostra. Estudando o resultado das amostras de desempenho simuladas, as ações podem ser implementadas em bases mais sólidas. Com base na simulação efetuada a título de exemplo, foram obtidos os dados de média e desvio-padrão para as variáveis de interesse expostos na Tabela 9.8.

Tabela 9.8 Resultados das simulações para as variáveis de interesse

	Simulação de Monte Carlo
Quantidade	
Média	1534
Desvio-padrão	1107
Preço de venda	
Média	R$ 58,80
Desvio-padrão	R$ 5,44
Faturamento	
Média	R$ 84.642,50
Desvio-padrão	R$ 52.970,13
Custos variáveis	
Média	R$ 23,90
Desvio-padrão	R$ 2,77
Despesas variáveis	
Média	R$ 5,10
Desvio-padrão	R$ 1,30
Custos fixos	
Média	R$ 7.066,90
Desvio-padrão	R$ 773,99
Despesas fixas	
Média	R$ 5.036,10
Desvio-padrão	R$ 340,69
Margem de contribuição unitária	
Média	R$ 29,80
Desvio-padrão	R$ 6,16
Margem de contribuição Total	
Média	R$ 40.092,90
Desvio-padrão	R$ 22.138,78
Resultado	
Média	R$ 27.989,90
Desvio-padrão	R$ 22.572,60

O uso de técnicas de simulação probabilísticas permite melhor entendimento do risco e de seus impactos.

9.2 Considerações finais

Modelos de simulação têm sido usados nas mais diferentes atividades, como ciência, negócios, defesa, engenharia, entre outras. A proposta é gerar modelos de simulação probabilísticos. Para isso, é necessário conhecimento da *função distribuição de probabilidade*. Na maioria dos casos, assume-se uma distribuição normal. Mesmo que a população não tenha uma distribuição normal, contudo, a média de suas amostras terá uma distribuição normal e convergirá para a verdadeira média da população.

O uso da simulação permite calcular uma média esperada, desvio-padrão, maior valor e menor valor, e construir modelos de análise de sensibilidade mais realistas.

Resumo

Este capítulo se iniciou com a definição de *simulação*. Na sequência, foi abordada a possibilidade de, ao conhecer a função distribuição de um evento e sua probabilidade com o uso de uma função inversa, conhecer também a variável aleatória que tem a probabilidade estimada. Esse fato, somado à possibilidade de gerar números aleatórios por computador, torna viável a simulação de eventos em um grande número de amostras, para estudo de aspectos particulares que poderiam passar despercebidos em um estudo teórico. No final do capítulo, foi apresentado um exemplo de simulação de resultado conjugado a uma análise de sensibilidade. Após a simulação de várias instâncias de um evento, o gestor agiu para obter um resultado mais desafiador. Para tanto, ele precisou trazer receitas, custos e despesas a níveis que só seriam alcançados por acaso em menos de 25% das vezes. Com a simulação e a ação gerencial, foi possível a obtenção de um resultado que só ocorreria espontaneamente em menos de 2,5% das vezes.

Questões para estudo e pesquisa

1. Defina simulação.
2. Uma pessoa que está estudando a gestão de uma farmácia entende que aspectos como tempo de estocagem dos medicamentos, prazos dados aos clientes, tipos de medicamentos, tamanho da loja e número de pessoas atendendo têm forte impacto na lucratividade. Construa um modelo de simulação para essa farmácia.

3. No caso da farmácia, dê um exemplo de modelo para a análise de sensibilidade. Quais seriam as variáveis de interesse? Como elas seriam modeladas? Quais os seus relacionamentos?
4. Defina análise de sensibilidade.
5. O que caracterizaria uma simulação probabilística? Qual é a diferença mais marcante de uma simulação não probabilística?
6. O que é um algoritmo gerador de números aleatórios?
7. Quais são os benefícios de usar um algoritmo gerador de números aleatórios em um computador?
8. Pesquise e responda: Como é possível um algoritmo com passos e procedimentos fixos gerar números aleatórios? Como é possível que esses algoritmos funcionem?
9. Um problema na simulação é o conhecimento da real função distribuição da população. Como esse problema pode ser atenuado? Qual função distribuição é a mais usada? Em sua opinião, esse uso se justifica?
10. No modelo proposto como exemplo, a simulação comportou três fases distintas: uma fase de exploração, na qual foram feitas análises de sensibilidade para descobrir, de forma ainda intuitiva, o comportamento do lucro em relação ao volume; uma simulação de Monte Carlo abrangendo dez rodadas, para conhecer melhor o comportamento do resultado simulado, para servir de base para possíveis ações gerenciais; e, por fim, uma terceira fase, em que foi feita nova análise de sensibilidade, à luz do conhecimento do comportamento das variáveis de interesse obtido nas simulações. Com base nesse conjunto de fases, o gestor tem mais condições de escolher alternativas de ação. Assim, simulações de negócio são feitas com o objetivo de propiciar escolhas de cursos de ação com maiores chances de sucesso. Concorda ou discorda? Justifique.

CAPÍTULO 10

Teoria das Restrições e contabilidade gerencial

→ **Objetivo do capítulo**
Apresentar os conceitos básicos da Teoria das Restrições, relacionando-os com a contabilidade gerencial.

→ **Visão geral do capítulo**
Neste capítulo, serão apresentados o processo de otimização e os cinco passos para identificar a restrição, subordinar, explorar, elevar e, se resolvida a primeira restrição, voltar à identificação da nova restrição do sistema. Nesse modelo de gestão, propõe-se como meta da empresa ganhar dinheiro, definindo modelos de informação relacionados a ela: lucro líquido, retorno sobre o investimento e fluxo de caixa. Um aspecto de grande interesse é o da informação contábil gerencial e sua utilização nesse modelo de gestão.

→ **Palavras-chave**
Teoria das Restrições; custos; gargalo; meta; ganho.

10.1 Introdução

As mudanças no ambiente econômico são frequentes, sempre em busca de aumentar a rentabilidade, diminuir os custos, obter maior eficiência e produtividade. É um mercado de hipercompetição, em que os preços caem constantemente, o volume de serviços agregados aos produtos precisa ser sempre aumentado e melhorado, com as margens cadentes, pois os clientes também querem margem na forma de um resultado econômico no qual o preço que pagam pelo produto e pelos serviços seja comparado com a utilidade percebida na forma de qualidade, serviços agregados – incluindo os serviços pós-venda – e preço. Esse ambiente exige um contínuo repensar de estruturas, processos e qualificações, com gastos extremamente relevantes em pesquisa e desenvolvimento e marketing.

Nessa busca pela sobrevivência, a empresa deve gerar margens, na forma de valor econômico, para os diferentes *stockholders* que a ela se relacionam: investidores, clientes, funcionários, governo, funcionários, comunidade etc. Há uma preocupação constante com a otimização do uso eficiente e eficaz dos recursos. A preocupação com a melhoria de produtos e processos é uma constante, e várias técnicas são usadas para esse fim.

Este capítulo aborda a Teoria das Restrições (*Theory of Constraints* – TOC) e sua relação com a contabilidade gerencial usada no contexto descrito.

10.2 Histórico e conceitos

Guerreiro destaca que[1]:

> [...] podemos observar atualmente, nos diversos campos do conhecimento humano, um questionamento sobre a situação existente e um processo de desenvolvimento de novas ideias e proposições, muitas das quais organizadas de forma estruturada em novas teorias. Em geral, em nosso mundo eminentemente utilitarista, essas novas teorias são normalmente materializadas em instrumentos, que objetivam satisfazer a alguma necessidade prática das pessoas e organizações. Entre tantos que poderiam ser citados, destacam-se a Teoria das Restrições e o Modelo de Gestão Econômica.

Na década de 1970, o israelense Eliahu M. Goldratt, então estudante de Física, desenvolveu um método com o auxílio de alguma técnica matemática para programar o trabalho

---

[1] GUERREIRO, R. *A meta da empresa seu alcance sem mistérios*. 2. ed. São Paulo: Atlas, 1999. p. 9.

na fábrica de gaiolas de um amigo que estava em dificuldades. Goldratt concebeu um sistema de programação que permitiu aumentar a produção de galinheiros sem aumentar as despesas operacionais. Essa técnica foi a base do *software Optimized Production Technology* (OPT), mais tarde desenvolvido e voltado à programação de produção.

A Teoria das Restrições foi divulgada no romance *The Goal – A Process of Ongoing Improvement*, escrito por Eliyahu M. Goldratt e Jeff Cox em 1984, e centrado no tema do gerenciamento de uma fábrica. A trama se desenrola em torno das dificuldades enfrentadas pela direção da fábrica, que contempla a possibilidade de fechá-la. Parte dos problemas surge em razão dos conceitos contábeis usados, que não levam às melhores decisões econômicas para a entidade. Ao longo da história, o gerente da fábrica descobre os princípios da Teoria das Restrições, e a empresa assegura sua continuidade, tornando-se economicamente sustentável.

Em 1979, foi constituída a empresa Creative Output Inc., com o objetivo de comercializar o *software* OPT, que foi aperfeiçoado com base na experiência prática. Aos poucos, Goldratt definiu uma série de princípios que formalizaram a base conceitual da tecnologia da produção otimizada. Foi o início da abordagem metodológica da Teoria das Restrições, em que os passos de um processo de produção podem ser comparados a uma corrente, cujo tamanho corresponde ao número de seus elos.

Ao se examinar uma corrente, pode ser que todos os elos pareçam iguais. No entanto, é bem possível que, em um exame mais detalhado, se percebam diferenças entre eles, mesmo que pequenas e imperceptíveis à primeira vista.

Uma ideia fundamental na Teoria das Restrições é a de que as diferenças entre os elos têm implicações na carga que essa corrente pode suportar. O limite de carga é dada pelo elo mais fraco, cuja resistência determina a capacidade de toda a corrente. Da mesma maneira, na Teoria das Restrições, qualquer processo tem sua capacidade produtiva limitada pelo elo mais fraco, que restringe o sistema. Essa restrição é o elemento do processo que limita a organização no alcance de sua meta de "ganhar dinheiro".

Uma possível conclusão da metáfora da corrente é que se um elo for reforçado aleatoriamente, pode não se obter sucesso em tentar tornar a corrente mais resistente. Para que a resistência da corrente aumente, é preciso fortalecer o elo mais fraco; da mesma forma, para melhorar o resultado geral de qualquer processo, é necessário otimizar o uso do recurso limitante.

10.3 O modelo decisório da Teoria das Restrições

Conforme as empresas utilizavam a Teoria das Restrições (TOC) para otimizar suas áreas produtivas, problemas apareciam em outras áreas, como a de logística de distribuição e gerenciamento de projetos. Por isso, essas áreas começaram a receber mais atenção. No entanto, as empresas precisavam de algo além de algoritmos para a instância de determinado problema. Surgiu, assim, a necessidade de um modelo de gestão consistente, com modelos decisórios e de informação adequados.

Assim, a TOC pode ser estudada sob vários aspectos, entre eles seus modelos decisórios e de informação, que formam um modelo de gestão, e na forma de técnicas e *softwares*, os aplicativos específicos (como gestão de produção) do outro.

Uma vantagem dessa teoria é a de permitir a administração por exceção. Usando esse processo, é possível focar os esforços apenas nos pontos do sistema que determinam seu desempenho. Esses pontos correspondem a suas restrições, qualquer coisa que impeça um sistema de atingir sua meta.

10.4 Grupos de restrições

Existem dois grupos básicos de restrições:

- → *Físicas*: são as restrições associadas à disponibilidade de materiais, à capacidade produtiva e ao mercado. Geralmente, são de fácil detecção e conhecidas como *gargalos*.
- → *Não físicas*: são políticas relacionadas a aspectos de crenças e valores e incorporadas a decisões gerenciais e aspectos comportamentais, por meio das normas de procedimento e das práticas internas da organização.

As restrições políticas são mais difíceis de identificar. Muitas vezes, são pontos cegos que existem dentro da empresa, correspondendo a maneiras de fazer as coisas e de tomar decisões incorporadas a alguma política ou procedimento interno, que nunca é reexaminado por já estar institucionalizado.

10.5 Os cinco passos da Teoria das Restrições

Uma ideia básica que está incorporada aos aplicativos e ao modelo de gestão dessa linha de pensamento é seu processo de otimização contínua, constituído de cinco passos:

1. Identificar a restrição do sistema.
2. Explorar a restrição do sistema.
3. Subordinar as outras escolhas à necessidade de otimizar o uso do fator limitante.
4. Elevar a restrição do sistema.
5. Se a restrição for quebrada em um passo anterior, volte ao Passo 1. Não deixe a inércia se tornar uma restrição.

Passo 1: Identificar a restrição do sistema

O primeiro dos cinco passos é identificar a restrição do sistema. Uma restrição física recebe a denominação de *gargalo*, que consiste em qualquer recurso cuja capacidade seja menor do que sua demanda.

Passo 2: Explorar a restrição do sistema
Após identificar a existência da restrição, torna-se necessário otimizar o uso do recurso restritivo, isto é, aproveitá-lo ao máximo. Os produtos e as atividades a serem gerados pela unidade restritiva devem ser priorizados na medida direta da lucratividade que proporcionarem.

Passo 3: Subordinar as outras escolhas à necessidade de otimizar o uso do fator limitante
Os outros recursos devem trabalhar em função do melhor aproveitamento do fator limitante, no nível de uma atividade que propicie sua máxima eficiência.

Passo 4: Elevar a restrição do sistema
Novos investimentos, mudanças de *layout*, novos processos e materiais devem ser estudados na tentativa de elevar a capacidade produtiva do fator limitante. Depois que os primeiros passos forem cumpridos, pode-se partir para o passo seguinte, no qual será identificado um novo fator limitante.

Passo 5: De volta ao primeiro passo
Após a eliminação de determinada restrição, o próximo passo será reiniciar o processo. Desfazer uma restrição é fortalecer o elo fraco de uma corrente. Só que, ao fortalecer o elo enfraquecido, o próximo elo mais fraco se tornará a restrição. Nesse ponto, os cinco passos enfocados devem ser repetidos, iniciando-se com a identificação do novo sistema de restrição, agora em novo patamar de atuação, em uma espiral crescente no tocante à capacidade de obtenção dos resultados pretendidos. Políticas e práticas de gerenciamento também devem ser revistas e renovadas, não permitindo que a inércia se torne a restrição do sistema.

Assim, de acordo com Guerreiro[2]:

> A empresa que tem finalidade lucrativa deve ser visualizada como uma máquina de fazer dinheiro, e sua meta definida pragmaticamente como "ganhar dinheiro", tanto no presente como no futuro.

Tendo em vista a meta declarada, as decisões devem se voltar para seu alcance. Uma decisão será boa ou ruim à medida que viabilizar o alcance dessa meta. Os desempenhos serão avaliados e julgados bons ou ruins em razão desse fato. Surge, assim, a necessidade de informações ajudem a melhorar a qualidade das decisões nesse contexto.

Como já foi dito, Goldratt questionava a qualidade da informação contábil quanto a sua capacidade de contribuir para boas decisões gerenciais, que levassem à otimização do lucro. Por causa dessas críticas, foram estabelecidos como importantes parâmetros para a tomada de decisão os seguintes aspectos: ganho, inventários, resultado, despesa

---

[2] GUERREIRO, 1999, p. 17.

operacional e fluxo de caixa, todos com definições próprias na Teoria das Restrições. Com base nesses parâmetros, foram estabelecidos estes indicadores: lucro líquido, retorno sobre o investimento e fluxo de caixa.

10.6 Ganho

Segundo Guerreiro[3], o ganho ou *throughput* é um indicador que mostra como a empresa gera dinheiro com a venda de seus produtos ou serviços. Corresponde ao preço de venda menos o montante de valores pagos aos fornecedores pelos consumos de recursos relacionados com os produtos vendidos, não importando quando foram comprados; é o caso, por exemplo, do valor dos materiais comprados dos fornecedores.

Os recursos considerados são: comissões pagas a vendedores externos, taxas alfandegárias e transportes externos. Na Teoria das Restrições, o momento do reconhecimento do ganho corresponde ao momento da entrega do produto ao cliente. O ganho apenas é reconhecido quando a empresa vende seus produtos, e não quando ela os produz, no que essa teoria se distancia de um enfoque econômico de resultado.

10.7 Inventário

O inventário constitui a segunda medida contábil de desempenho, correspondendo ao montante investido na compra de bens que contribuirão para a geração de receitas. Fazem parte do inventário os estoques de matérias-primas, produtos em processo, produtos acabados e também ativos, como máquinas e equipamentos. Mas é preciso ressaltar que o valor atribuído ao inventário corresponde somente aos valores pagos aos fornecedores. Nesse ponto, existe uma diferença no tocante aos métodos de avaliação dos ativos entre a TOC e a contabilidade. Essa diferença pode se justificar no contexto pragmático do modelo decisório da TOC. O que se deseja é saber quanto dinheiro se tirou de um negócio, considerando-se o dinheiro que se investiu nele.

Na TOC, nenhum valor agregado é atribuído ao inventário; assim, os demais gastos existentes no processo de transformação, como mão de obra, energia elétrica e outros recursos, não fazem parte do valor do inventário, sendo atribuídos ao resultado do período como despesas operacionais. Nesse momento, o inventário de produto acabado somente tem incluído em seu custo o valor da matéria-prima pago ao fornecedor.

10.8 Despesa operacional

Outra medida de interesse é a despesa operacional, definida como o dinheiro gasto para transformar um inventário em ganho. Uma premissa desse modelo é que todo dinheiro

---

[3] GUERREIRO, 1999, p. 19.

investido em algo que não pode ser guardado para uso futuro faz parte da despesa operacional. A despesa operacional incorpora também os valores de bens que faziam parte do inventário e foram utilizados ou desgastados no período, como a depreciação de máquinas e equipamentos.

10.9 Medidores do alcance da meta

Com base a proposição do estabelecimento da meta como objetivo maior da empresa, a Teoria das Restrições define parâmetros que auxiliam a medição de seu grau de alcance. Não são aconselhados indicadores físicos para a avaliação do desempenho no alcance da meta, mas indicadores financeiros, tais como o lucro líquido, o retorno sobre o investimento e o fluxo de caixa.

O lucro líquido corresponde ao ganho menos a despesa operacional (Equação 10.1):

$$\text{Lucro líquido} = \text{Ganho} - \text{Despesa operacional} \qquad (10.1)$$

O lucro líquido mede quanto dinheiro a empresa está gerando e constitui-se em uma medida absoluta de lucratividade, espelhando a capacidade do sistema de gerar riqueza.

Já o retorno sobre o investimento (ROI), definido como o lucro líquido dividido pelo inventário, estabelece uma relação entre o esforço realizado na forma de trabalho e consumo de recursos e o alcance de determinado nível de lucro (Equação 10.2).

$$\text{ROI} = \frac{\text{Despesa Operacional}}{\text{Inventário}} \qquad (10.2)$$

O terceiro indicador, que corresponde ao fluxo de caixa, é considerado mais um requisito necessário para a sobrevivência da empresa do que um medidor de alcance da meta. É um tipo de inventário que, por sua relevância e volatilidade, merece um controle específico.

Há alguns princípios relacionados a esse modelo de gestão: balancear o fluxo, e não a capacidade; determinar a utilização de um recurso que não seja gargalo pelo nível de utilização do recurso com restrição; existe uma diferença entre ativar e utilizar um recurso; o tempo perdido em um gargalo é perdido no sistema todo; o tempo economizado em um recurso que não seja gargalo e que esteja operando no limite do recurso gargalo é ilusório; os gargalos definem o ganho e o inventário; os lotes de transferência e os lotes processados podem ser diferentes; o lote processado tem tamanho variável, e não fixo; os programas de produção devem considerar todas as restrições simultaneamente.

10.10 Balancear o fluxo, e não a capacidade

A Teoria das Restrições opõe-se à priorização do balanceamento da capacidade e favorece o balanceamento do fluxo de produção. A ênfase recai sobre o fluxo de materiais, e não sobre a capacidade instalada. Isso é possível com a identificação dos gargalos do sistema, ou seja, dos recursos que vão limitar o fluxo do sistema como um todo.

O nível de utilização de um recurso não gargalo não é determinado por seu próprio potencial, e sim pelo potencial de uso do fator limitante.

A utilização de um recurso não gargalo se parametriza em razão das restrições existentes no sistema, ou seja, pelo uso dos recursos internos com capacidades limitadas ou pela limitação da demanda de mercado.

A utilização e a ativação de um recurso não são sinônimos.

No contexto da TOC, a *utilização* corresponde ao uso de um recurso não gargalo de acordo com a capacidade do recurso gargalo, ao passo que a *ativação* corresponde ao uso de um recurso não gargalo acima da capacidade do recurso gargalo. A prática de um volume acima da capacidade do recurso restritivo prejudica a otimização. O fluxo (*throughput*), limitado pelo recurso gargalo, geraria estoque, aumentando as despesas operacionais.

Uma hora perdida no gargalo é uma hora perdida no sistema inteiro.

Qualquer tempo desperdiçado no gargalo, mesmo na preparação de máquinas ou em sua utilização para a produção de unidades defeituosas, ou, ainda, na fabricação de produtos não demandados pelo mercado, diminui o tempo total disponível para atender ao volume de *throughput* desejado. Tendo em vista que os recursos não gargalos devem trabalhar de modo balanceado com o fluxo estabelecido pelo gargalo, a diminuição do tempo produtivo no gargalo provoca automaticamente uma redução do tempo disponível no sistema como um todo.

Assim, o benefício na redução do tempo de preparação (*setup*) dos recursos de produção só existe se eles forem gargalos, configurando fatores limitantes à capacidade produtiva de ganhar dinheiro. Por isso, a programação de produção baseada na TOC busca manter os lotes no maior tamanho possível nos recursos gargalos, minimizando o tempo gasto com a preparação desses recursos e aumentando a capacidade de fluxo.

O tempo ganho em recurso que não seja gargalo é ilusório.

Essa economia de tempo com a preparação de máquinas gargalos de produção é importante e passível de ser obtida com a diminuição da quantidade total de trocas de ferramentais (processando lotes maiores) ou com a redução do tempo gasto por preparação (trocas mais rápidas).

No caso dos recursos que não configurem restrição, eles deverão trabalhar de acordo com o nível do gargalo; sendo assim, não existiria nenhum benefício na economia em seu tempo de preparação. Na verdade, essa economia estaria elevando o montante de tempo ocioso existente.

Os gargalos definem o ganho e o inventário.

A partir das considerações anteriores, pode-se observar que os gargalos determinam o fluxo do sistema, ou seja, o *throughput* ou ganho.

Os gargalos também determinam os níveis dos estoques, que são dimensionados e localizados em pontos específicos, de modo que seja possível isolar os gargalos das flutuações estatísticas provocadas pelos recursos não gargalos que as alimentam. Configuram uma espécie de estoque *just-in-case,* que os programas de qualidade total buscam eliminar ao tornar os processos mais bem organizados e confiáveis.

É preciso evitar que qualquer atraso causado por flutuação estatística ou por eventos aleatórios provoque paradas no gargalo. Para isso, criam-se *time buffers* antes do recurso gargalo. O *time buffer* corresponde a um tipo de estoque que pode ser caracterizado como um "estoque pulmão", mantido por segurança.

Lotes de transferência e lotes de processamento podem ser diferentes.

A definição do lote de processamento diz respeito ao tamanho do lote que vai ser processado em determinado estágio da produção, antes de um *setup* para o processamento de outro item.

O lote de transferência corresponde ao tamanho do lote transferido para uma próxima operação. Na Teoria das Restrições, os lotes de processamento e de transferência não precisam ser iguais. Isso permite que sejam divididos e que o tempo de passagem dos produtos pela fábrica seja reduzido, otimizando os tempos de *setup* e de fabricação, assim como os níveis de inventário.

O lote de processo deve ser variável, e não fixo.

Como corolário do princípio anterior, surge a ideia de que o tamanho do lote de processamento deve ser variável. Ao assumir que o tamanho de lote deve ser o mesmo para todas as operações de fabricação do produto, chega-se ao problema da escolha do tamanho de lote a ser adotado, uma vez que as características das operações individuais podem conduzir a um cálculo de lote diferente para cada uma. Na TOC, os lotes de processamento podem variar de uma operação para outra.

Os programas devem ser estabelecidos considerando todas as restrições simultaneamente.

No modelo TOC, a programação da produção, ao responder a questão sobre o que, quanto e quando produzir, deve levar em consideração o conjunto de restrições existentes.

No modelo da Teoria das Restrições, os *lead times* ou tempos de ressuprimentos serão estabelecidos de acordo com o modo como a produção é programada, ou seja, serão obtidos em razão do planejamento da produção.

10.11 Sincronização da produção

Na Teoria das Restrições, a programação da produção é baseada nos princípios apresentados. O desempenho do sistema está intimamente relacionado com os níveis de inventário, e a chave para a redução do inventário, sem que haja perda de *throughput* nem aumento de despesas operacionais, é a manufatura sincronizada.

A *manufatura sincronizada* é definida como qualquer maneira sistemática de movimentar o material rápida e uniformemente pelos vários recursos da fábrica, de acordo com a demanda de mercado.

Goldratt e Fox, no livro *The Race*[4], apresentam a técnica de sincronização da produção da Teoria das Restrições como *drum-buffer-rope* ("tambor-pulmão-corda"). O tambor é definido como o elemento que dita o ritmo da produção; os pulmões são inventários, localizados em posições estratégicas, cujo objetivo é proteger o programa de produção de potenciais interrupções do processo de produção; a corda é a organização que une e puxa o processo.

Em um ambiente de manufatura, há uma série de restrições a serem consideradas: restrições de mercados, restrições quanto aos fornecimentos, restrições impostas pelas políticas da empresas e restrições de capacidade do processo produtivo. São os recursos que devem ditar o ritmo do fluxo para que se possa ter o efetivo controle dos níveis de estoque.

10.12 Considerações finais

A Teoria das Restrições propõe um modelo decisório que busca otimizar o uso dos fatores limitantes ao desempenho da organização. Como apoio à tomada de decisão, dispõe das seguintes informações: lucro líquido, retorno sobre investimento e seus elementos, inventário, despesa operacional e ganho.

O conceito básico desse modelo de atuação gerencial é o conceito de *restrição*. Com base nessa ideia, o gestor atuaria sempre otimizando o uso dos recursos limitantes com vistas à maximização do lucro.

→ Resumo ←

Este capítulo aborda a Teoria das Restrições e sua utilidade para a contabilidade gerencial. Essa teoria foi divulgada inicialmente no livro *The Goal – A Process of Ongoing Improvement*, de Eliyahu M. Goldratt e Jeff Cox.

O fundamento desse modelo decisório é que qualquer processo, passível de ser decomposto em um conjunto de subprocessos, como uma corrente, é controlado pelo elo mais fraco, que restringe o sistema. Sempre existirá um elo mais fraco em toda corrente, isto é, sempre existirá uma limitação na capacidade de obter resultado econômico. Caso isso não ocorresse, as empresas teriam lucro infinito. A restrição é o elemento do processo que limita a organização no alcance de sua meta de "ganhar dinheiro".

---

[4] GOLDRATT, E. M.; COX, J. A. *A meta*: um processo de melhoria contínua. 2. ed. São Paulo, Nobel, 2002.

Questões para estudo e pesquisa

1. O que é Teoria das Restrições?
2. Qual é a diferença entre ativação e uso de um recurso?
3. Discorra sobre os elementos tambor, pulmão e corda.
4. Quais os passos do modelo decisório da TOC?
5. O que é gargalo?
6. Sempre valerá a pena reduzir o tempo de *setup* (reparação de equipamentos). Você concorda ou discorda? Justifique.
7. No planejamento da produção, deve-se atacar uma restrição de cada vez. Concorda ou discorda? Justifique.
8. Defina *ganho* e *inventário*.
9. Compare a medida ganho, da TOC, com a margem de contribuição do custeio variável. Quais são os elementos comuns? No que eles diferem?
10. Defina resultado sobre o investimento (ROI) de acordo com a Teoria das Restrições.

CAPÍTULO 11

Indicadores CSF e BSC

→ **Objetivo do capítulo**
Este capítulo tem por objetivo apresentar aspectos básicos quanto à utilização de indicadores na gestão.

→ **Visão geral do capítulo**
O capítulo se inicia com a definição de *indicadores*. Em seguida, aborda alguns indicadores tradicionais da análise de balanço e introduz as noções de fator crítico de sucesso (FCS) e *Balanced Scored Card* (BSC).

→ **Palavras-chave**
Indicadores; FCS; BSC; gestão.

11.1 Introdução

Existem vários tipos de indicadores que são usados em várias áreas profissionais e de conhecimento. Olheiras profundas podem ser um sinal de noites maldormidas ou de problemas no fígado. Uma bandeira vermelha na praia é um indicador de perigo, um aviso para que os banhistas não entrem no mar naquela área.

A gestão de negócios também usa vários tipos de indicadores em suas operações. Na fábrica, por exemplo, usa algum tipo de sinalização para indicar a necessidade de repor um recurso ou matéria-prima; ou indicadores na forma de número para sinalizar a quantidade de dias em que um pedido fica em aberto antes de ser entregue ao cliente ou o número de dias sem acidentes.

O indicador pode ser uma cor, uma marca, um número, uma palavra. É um gatilho que orienta determinada decisão: de repor estoques ou material, de repensar processos que levam à demora na entrega do pedido ao cliente, além daquela que seria adequada à luz das práticas de mercado.

Alguns indicadores tomam a forma de proporção entre grandezas diferentes, como um índice que relaciona o valor do ativo circulante dividido pelo valor do passivo circulante, um índice passível de uso na avaliação da liquidez ou da capacidade de pagamento de uma entidade.

Do ponto de vista das organizações, os indicadores podem apoiar as decisões de usuários internos ou externos à empresa. Existe um grande número de agentes econômicos interessados em diferentes tipos de indicadores organizacionais, como quantidade de empregados, faturamento, retorno sobre o patrimônio líquido (PL), emissão de poluentes, volume de impostos pagos etc.

Investidores, bancos, governo, clientes, fornecedores, empregados e a comunidade são algumas das entidades externas que tomam decisões com relação a uma empresa com o apoio de algum tipo de indicador. Na gestão do negócio, do ponto de vista de seus executivos, os indicadores são usados com a finalidade de apoiar decisões operacionais, financeiras e econômicas. Indicadores empresarias devem funcionar como "luzes vermelhas", alertando o executivo quanto à necessidade de alguma ação.

Neste capítulo serão apresentados, de maneira sucinta, indicadores contábeis e os modelos CSF e BSC.

11.2 Indicadores básicos contábeis

O grupo dos indicadores básicos é aquele usado na análise de balanços, tais como: indicadores de liquidez, indicadores de estrutura de capitais, indicadores de rentabilidade, indicadores de prazos médios de pagamento, de recebimento e de giro de estoques. Esses indicadores são montados na forma de proporções entre diferentes grandezas e constituem índices a serem comparados com os mesmos índices da empresa em períodos anteriores, e também com metas estabelecidas de acordo com os valores desses índices em relação a outras empresas do mercado.

Do ponto de vista da comparação dos indicadores internos com os valores desses indicadores em outras empresas do ramo no mercado, tal comparação torna possível uma análise competitiva e o estabelecimento de *benchmarks*, objetivos a serem alcançados com base nesses indicadores para que a entidade possa sobreviver e crescer lucrativamente.

Um aspecto de grande interesse para o gestor é a *liquidez*, que consiste na capacidade de realizar os desembolsos nas datas adequadas. Um grau inadequado de liquidez pode levar uma empresa rentável e com patrimônio líquido positivo à falência, pela incapacidade de pagar seus compromissos nas datas contratadas.

Em termos dos indicadores de liquidez, os mais comuns são: liquidez corrente, liquidez seca, liquidez geral e liquidez imediata, que variam de acordo com o horizonte de tempo que buscam contemplar. Esses indicadores e suas fórmulas são apresentados na Tabela 11.1.

Tabela 11.1 Indicadores de liquidez

Indicadores de liquidez		
Permitem decisões quanto à capacidade de pagamentos da empresa*		
Indicador	Fórmula	Interpretação
Liquidez corrente	$\dfrac{AtivoCirculante}{PassivoCirculante}$	Quanto maior, melhor. Valores maiores do que 1 podem indicar manutenção de caixa em excesso. Valores muito menores do que 1 podem indicar risco de não conseguir honrar seus compromissos.
Liquidez seca	$\dfrac{AtivoCirculante - Estoque}{PassivoCirculante}$	É um índice mais conservador. Busca espelhar a capacidade de a organização honrar seus compromissos de curto prazo apenas com a caixa e outros recebíveis de curto prazo.
Liquidez geral	$\dfrac{AtivoCirculante + RealizávelLongoPrazo}{PassivoCirculante + ExigívelLongoPrazo}$	Busca apresentar uma projeção da capacidade pagamento a longo prazo.
Liquidez imediata**	$\dfrac{Disponibilidade}{PassivoCirculante}$	Quanto das dívidas de curto prazo poderiam ser pagas apenas com os recursos disponíveis imediatamente.

*Este grupo de indicadores e os outros a serem estudados devem sempre ser analisados em conjunto com os outros grupos, comparativamente ao mercado e aos períodos anteriores para a empresa.

**Nesta fórmula, as disponibilidades abrangem caixa mais aplicações de curtíssimo prazo.

Outro grupo de indicadores contábeis usados é o de estrutura de capitais. Também chamados de índices de endividamento, eles dizem respeito aos seguintes indicadores: quantidade de endividamento, qualidade e grau de endividamento, mostrados na Tabela 11.2. Esse grupo é composto de: participação do capital de terceiros (CT), participação do capital de terceiros sobre passivo total, capital de terceiros de curto prazo sobre o total de capital de terceiros, grau de endividamento e grau de imobilização.

Tabela 11.2 Indicadores de estrutura de capitais

\multicolumn{3}{c}{Indicadores de estrutura de capitais (endividamento)}
\multicolumn{3}{c}{Mostram a composição da estrutura de capitais da empresa}
Indicador	Fórmula	Descrição
Participação de capital de terceiros	$\dfrac{PassivoExigível}{PassivoTotal}$	Percentual do capital disponível para a entidade, financiado por terceiros.
Qualidade do endividamento	$\dfrac{ExigívelCP}{PassivoExigível}$	Quanto da dívida total vence a curto prazo. Quanto menor, melhor.
Alavancagem	$\dfrac{PassivoExigível}{PatrimônioLíquido}$	Pode ser uma forma de multiplicar o retorno dos proprietários, se as taxas de retorno dos ativos forem maiores do que os juros pagos sobre o CT. No entanto, quanto maior, maior o risco do negócio.
Imobilizados sobre ativos totais	$\dfrac{AtivoImobilizado}{AtivosTotais}$	Grau de imobilização. O recurso imobilizado está fora do capital de giro e pode diminuir a rentabilidade.
Imobilizado sobre o patrimônio líquido	$\dfrac{AtivoImobilizado}{PatrimônioLíquido}$	Este indicador mostra quanto dos recursos próprios da empresa estão imobilizados.

O terceiro grupo de indicadores contábeis usados é o de rentabilidade, que consiste basicamente em: retorno sobre ativos, retorno sobre patrimônio líquido e margem sobre vendas. A Tabela 11.3 apresenta uma visão geral desses três indicadores.

Tabela 11.3 Indicadores de rentabilidade

\multicolumn{3}{c}{Indicadores de rentabilidade*}
\multicolumn{3}{c}{Trazem para a análise o desempenho econômico da entidade (sua capacidade gerar valor)}
Retorno sobre o investimento	$\dfrac{LL}{AtivoTotal}$	Espelha a capacidade de o ativo gerar lucro. Muitas vezes, em vez do lucro líquido, usa-se o lucro antes dos tributos sobre a renda menos as despesas financeiras.
Retorno sobre o patrimônio líquido	$\dfrac{LL}{PatrimônioLíquido}$	Medida de rentabilidade para o capital próprio. É o retorno dos proprietários.
Margem sobre vendas	$\dfrac{LL}{Vendasbrutas}$	Espelha a rentabilidade das vendas. Mostra, para cada R$ 100,00 em venda, quantos reais são lucro.

*Nestes indicadores, recomenda-se que não sejam usados apenas valores de final de período para os denominadores. Assim, ativos médios, PL médios ou alguma outra forma de ponderação desses valores ao longo do período costuma ser usada.

Existe ainda o grupo de indicadores de atividade, composto de indicadores de giro de ativos, de estoques e de indicadores de prazos médios de recebimento e de pagamento. A Tabela 11.4 apresenta um resumo desses indicadores.

Tabela 11.4 Indicadores de atividade e giro

Indicadores de atividade e giro		
Indicador	**Fórmula**	**Descrição**
Prazo médio de renovação dos estoques	$\dfrac{Estoques}{CustoMercadoriasVendidas} \times 360$	Prazo médio de estocagem dos produtos acabados. Quanto menor, melhor.
Prazo médio de pagamento das compras	$\dfrac{Fornecedores}{ComprasNoPeríodo} \times 360$	Prazo médio que a empresa obtém para pagamento das compras. Quanto maior, melhor.
Prazo médio de recebimento das vendas	$\dfrac{ContasReceber}{VendasDoPeríodo} \times 360$	Prazo médio para recebimento das vendas pela empresa. Quanto menor, melhor.
Giro sobre o ativo	$\dfrac{Vendas}{AtivoTotal}$	Espelha o faturamento relacionado ao ativo total. Indica em quanto tempo seria possível repor os ativos totais, dado o atual volume de faturamento.

Esse conjunto de indicadores – liquidez, atividade e endividamento, rentabilidade e atividade – devem ser analisados em conjunto e relacionados tanto a períodos passados da mesma empresa, no que se denomina *análise horizontal*, quanto a indicadores semelhantes em outras empresas do mesmo ramo no mercado. Existe ainda a *análise vertical*, em que as contas de resultado ou patrimoniais são comparadas com a receita total ou com o ativo total, respectivamente.

11.3 Modelo DuPont

Um modelo de análise famoso é o modelo Du Pont, em que vários indicadores são articulados para obter o retorno sobre o ativo da empresa. Esse modelo é apresentado na Figura 11.1.

Em outra versão desse modelo, denominada por Gitman *fórmula DuPont modificada*, ideia é aquela em que se obtém o retorno sobre o patrimônio líquido em vez do retorno sobre ativo. Essa versão é apresentada na Figura 11.2.

A ideia de indicadores que possam apontar, de modo simples e objetivo, as escolhas a serem feitas em termos de planejamento, execução e controle do negócio tem capturado a imaginação de profissionais e estudiosos com várias propostas engenhosas realizadas nesse sentido.

Figura 11.1 Fórmula DuPont para taxa de retorno sobre os ativos

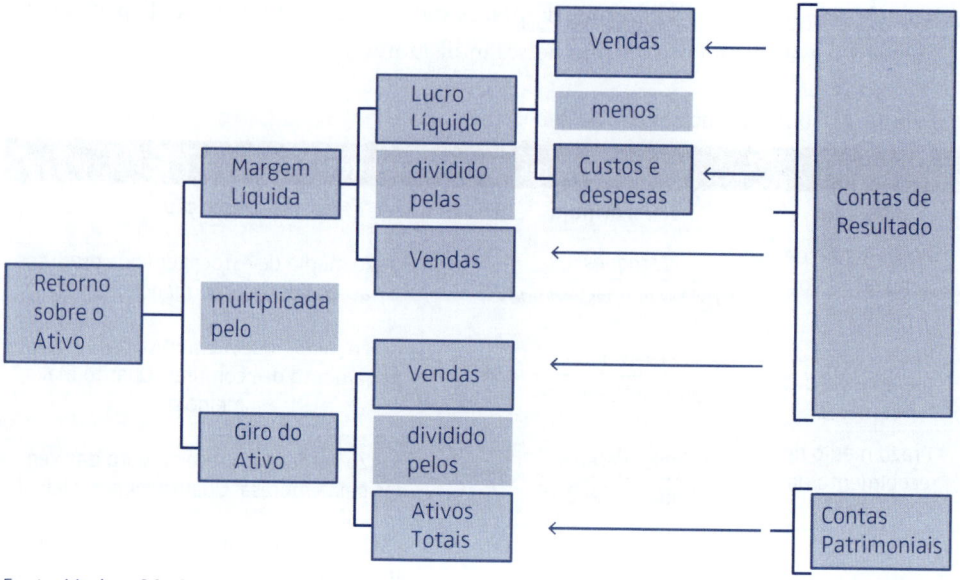

Fonte: Marion, 2010, p. 160

Figura 11.2 Fórmula DuPont modificada

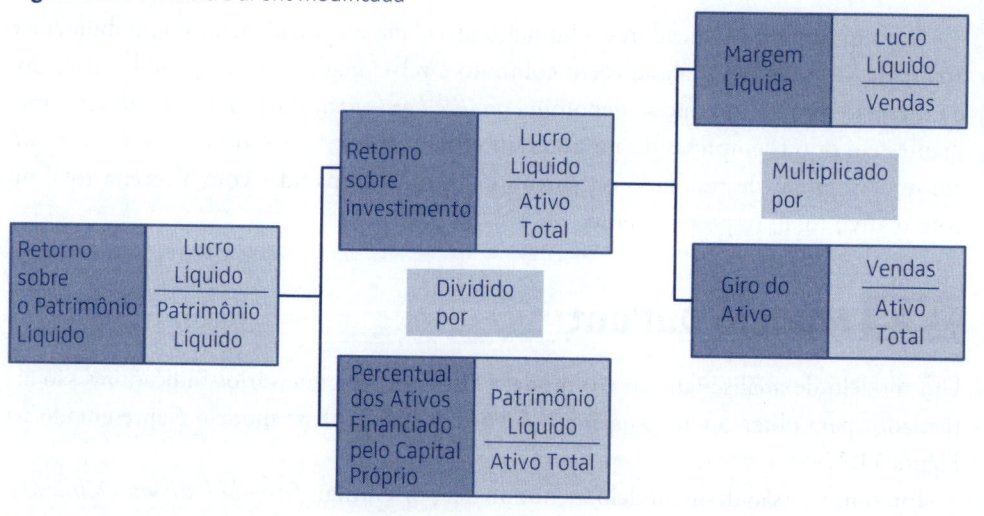

Fonte: Gitman, 1984, p. 234

11.3.1 Fatores críticos de sucesso

Uma preocupação muito comum é com a qualidade das decisões a curto prazo e seus impactos futuros para a empresa, e que a otimização a curto prazo não leve aos melhores resultados.

Quando se consideram as diretrizes estratégicas da empresa, existe uma preocupação com seu alinhamento às decisões cotidianas dos gestores. Além disso, o gestor tem no tempo seu recurso mais limitado, recurso este que não pode ser reposto. Torna-se importante, portanto, que a atenção seja voltada para os fatores-chave, aqueles dos quais dependeriam a continuidade e o sucesso da empresa. A proposta do fator crítico de sucesso (FCS) é que seria um conjunto de indicadores com essas características.

O FCS é um elemento necessário para que uma organização ou projeto seja bem-sucedido no cumprimento de sua missão. Nesse contexto, uma empresa pode usar a ideia de FCS para identificar os elementos mais importantes para seu sucesso. Por exemplo, na implementação de um sistema de contabilidade gerencial, um FCS para um projeto bem-sucedido é a participação do usuário.

A ideia de FCS difere do conceito de *key performance indicators* (KPI), que são medidas quantitativas de desempenhos já definidos. Nesse contexto, um FCS não é um KPI. FCS são elementos fundamentais para o sucesso de uma estratégia, ao passo que KPIs são medidas que quantificam os objetivos e permitem medir e avaliar o desempenho.

11.4 Balanced Scorecard (BSC)

O BSC corresponde a um conjunto ponderado de indicadores – *ponderado* porque eles estão agrupados em aspectos definidos como sendo de grande importância para o sucesso empresarial: processos internos, capacidade de aprendizado, relação com os clientes e aspectos financeiros.

Para Kaplan e Norton [1], as empresas da era da informação fundamentam sua atuação em um novo conjunto de premissas com base em fatores como: processos interfuncionais, ligação com clientes e fornecedores, segmentação de clientes, escala global, inovação e conhecimento como fonte de valor.

Assim, o BSC é um novo instrumento de gestão que integra medidas que surgem da estratégia. Esses vetores incorporam as perspectivas do cliente, dos processos internos, do aprendizado e do crescimento. Seu objetivo é mensurar indicadores relacionados à satisfação dos clientes, aos processos internos, ao aprendizado e ao desenvolvimento dos funcionários e das finanças, ligando tudo isso à estratégia. Uma representação gráfica do BSC é apresentada na Figura 11.3.

Esse modelo assume algumas premissas:

→ Os relatórios gerados pela contabilidade financeira não atendem às necessidades da gestão.
→ Deve-se também monitorar o progresso na construção e na aquisição dos ativos intangíveis.
→ Existe necessidade de gerar *feedback* sobre o sucesso na implementação das estratégias de longo prazo.

---
1 KAPLAN, R. S.; NORTON, D. P. *Estratégia em ação* – Balanced scorecard. 12. ed. Rio de Janeiro: Campus, 1997.

Figura 11.3 Representação gráfica do BSC

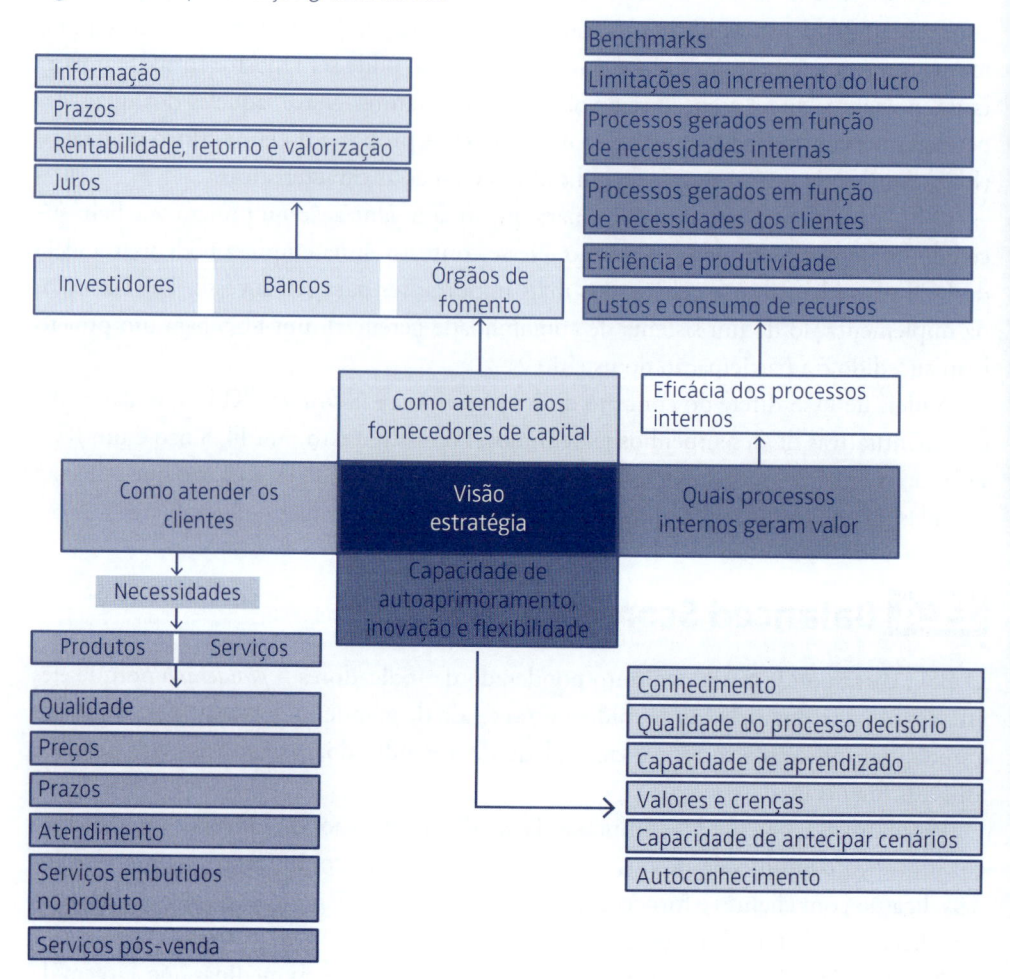

```
[Informação]                                    [Benchmarks]
[Prazos]                                        [Limitações ao incremento do lucro]
[Rentabilidade, retorno e valorização]          [Processos gerados em função
[Juros]                                          de necessidades internas]
                                                [Processos gerados em função
                                                 de necessidades dos clientes]
[Investidores]  [Bancos]  [Órgãos de            [Eficiência e produtividade]
                           fomento]             [Custos e consumo de recursos]

                                                [Eficácia dos processos
                    Como atender aos             internos]
                    fornecedores de capital

    Como atender os         Visão             Quais processos
    clientes                estratégia        internos geram valor

     [Necessidades]      Capacidade de
                         autoaprimoramento,
     [Produtos] [Serviços] inovação e flexibilidade

     [Qualidade]                                [Conhecimento]
     [Preços]                                   [Qualidade do processo decisório]
     [Prazos]                                   [Capacidade de aprendizado]
     [Atendimento]                              [Valores e crenças]
     [Serviços embutidos                        [Capacidade de antecipar cenários]
      no produto]                               [Autoconhecimento]
     [Serviços pós-venda]
```

Com base nessas premissas, o modelo gera informações que podem ser usadas tanto na avaliação da qualidade de decisões passadas quanto no planejamento. Seus usos básicos são os seguintes:

→ Demonstrar a visão e a estratégia, associando objetivos e medidas estratégicas.
→ Planejar e estabelecer metas segundo iniciativas estratégicas, abrangendo:
   a. gestão financeira;
   b. perspectiva do cliente;
   c. processos internos; e
   d. aprendizado e crescimento.

Do ponto de vista da gestão financeira, tem como finalidade: medir e avaliar os resultados que o negócio proporciona e de que necessita para seu crescimento, desenvolvimento e satisfação de seus acionistas.

Segundo a perspectiva do cliente, propõe-se a integrar informações que permitiriam tomar decisões sobre os seguintes aspectos: satisfação, fidelidade, retenção, captação e lucratividade.

Do ponto de vista dos processos internos, são essenciais para alcançar as metas financeiras e aquelas que envolvem os clientes. É importante que esses processos estejam alinhados com as práticas de mercado, por meio da utilização de *benchmarks*. No BSC, é explicitada a necessidade de contemplar toda a cadeia de valor.

No tocante à perspectiva do aprendizado e do crescimento, é enfatizada a importância do investimento em ativos tangíveis e ativos intangíveis, como pesquisa e desenvolvimento de novos produtos, infraestrutura de pessoal, sistemas e procedimentos. Essa dimensão de análise implica três grandes preocupações, do ponto de vista do pessoal:

→ capacidade dos funcionários;
→ potencial dos Sistemas de Informações;
→ motivação, *empowerment* e alinhamento.

A ideia dessas quatro dimensões, ilustradas na Figura 11.3, surgiu por causa das características do atual ambiente de negócios, hipercompetitivo, com rápidas mudanças econômicas, políticas e tecnológicas, somadas a mudanças legais e tributárias como subproduto desse contexto. Uma premissa adicional é a de que sobreviverá e crescerá a empresa mais bem adaptada a esse contexto, com maior capacidade de inovação, aprendizado e adaptação. Essas capacidades estariam refletidas nas dimensões propostas para o BSC.

11.5 Considerações finais

Indicadores são sempre usados na gestão. O objetivo é que eles simplifiquem o processo de tomada de decisão, voltando a atenção do gestor para fatores relevantes. Como um médico tem na temperatura, no batimento cardíaco e na pressão arterial indicadores da saúde geral de um indivíduo, os modelos de indicadores são propostos para avaliar a empresa, sua eficiência, eficácia e as expectativas de lucro e continuidade.

Um modelo de indicadores muito usado é aquele que abrange os índices de liquidez, rentabilidade e estrutura de capitais. O CSF foi outro modelo que surgiu propondo-se a apoiar a tomada de decisões do ponto de vista do alcance das estratégias propostas. Por fim, um modelo bastante atual é o do BSC, que usa indicadores de modo integrado tanto para o planejamento quanto para a execução e o controle, levando em conta aspectos considerados fundamentais para o sucesso empresarial no atual contexto competitivo.

Existem ainda outros modelos, como os índices previsores de falência e os KPI. Este capítulo não esgota o assunto, apresenta apenas três conjuntos de indicadores mais comuns.

> **Resumo** <

Neste capítulo foram abordados alguns indicadores e seu uso na gestão de negócios. Ele se iniciou com a descrição de indicadores de análise de balanços tradicionais, e em seguida apresentou a definição de indicadores como os fatores críticos de sucesso (FCS) e Balanced Scorecard (BSC). Do ponto de vista dos índices contábeis tradicionais, foram apresentados índices referentes à liquidez, à rentabilidade e à estrutura de capitais. Também foi rapidamente abordado o modelo DuPont. Para o BSC, foram apresentadas definições e objetivos.

> **Questões para estudo e pesquisa** <

1. O que são indicadores?
2. Quais são os indicadores de liquidez? Explique dois indicadores.
3. Quais são os indicadores de rentabilidade? Explique dois deles.
4. Quais são os indicadores de estrutura de capitais? Explique dois deles.
5. O que são fatores críticos do sucesso?
6. Defina BSC.
7. Fale sobre a dimensão financeira do BSC.
8. Fale sobre a dimensão de aprendizado do BSC.
9. Qual é a relação entre o BSC e o atual ambiente de negócios?
10. Discorra sobre a dimensão de processos internos do BSC.

CONSIDERAÇÕES FINAIS

A contabilidade gerencial é um campo de estudo em movimento. Uma fronteira entre arte, ciência e técnica. Busca assegurar as melhores escolhas do ponto de vista técnico e criar valor econômico. O valor econômico é subjetivo e surge em meio ao risco e à incerteza. De alguma maneira, se liga aos valores sociais, mas essa ligação não é direta, nem uniforme, ou drogas, prostituição, jogo e violência não gerariam lucro. Talvez seja uma questão de tempo e de aprendizado.

Entre os aspectos técnicos abordados, destacam-se o custo de oportunidade, os aspectos de cálculo, a álgebra linear, a teoria das decisões e o uso do custeio direto-variável. A utilização do custeio direto-variável permite a identificação dos pontos de equilíbrio contábil, financeiro e econômico. No entanto, fica claro que esses pontos de equilíbrio não são únicos, nem eternos. Antes, eles se movimentam conforme mudam os volumes de produção, custos e preços de venda, que, por sua vez, são modificados em função de novas tecnologias, políticas e mercados. O próprio crescimento demográfico impõe mudanças.

Outro aspecto que as informações obtidas e apresentadas ainda não configuram é a escolha, a qual é feita pelo tomador de decisão que incorpora esses números de resultado a seus modelos decisórios, de acordo com algum processo, envolvendo suas características subjetivas, incluindo a atitude em relação ao risco e a incerteza.

Uma das ideias que nortearam este livro foi a de que a contabilidade gerencial deve ser usada como conhecimento a serviço da eficácia da organização. É mais do que saber calcular mecanicamente a margem de contribuição e o ponto de equilíbrio. Pressupõe um rico entrosamento entre economia, teoria da decisão e probabilidade, para citar alguns ramos do saber mais evidentes, e seu uso no contexto do negócio. Nesse contexto, a contabilidade gerencial contribui para a otimização do resultado econômico das organizações ao aprimorar a qualidade das decisões tomadas. É o valor do conhecimento.

REFERÊNCIAS

ANTHONY, R. N.; WELSCH, G. A.; REECE, J. S. *Fundamentals of Management Accounting*. 4. ed. Homewood: Irwin, 1985.

APOSTOL, T. M. *Calculus*. 2. ed. Singapore: John Wiley & Sons (Asia) Pte Ltd., 1968. v. I e II.

ARAÚJO JR., E. P. *Análise sobre a eficácia das decisões de investimento em hospitais*. 2009. 126f. Dissertação (Mestrado em Ciências Contábeis e Atuariais) – Pontifícia Universidade Católica de São Paulo, São Paulo, 2009.

ATTIE, W. *Auditoria interna*. São Paulo: Atlas, 1992.

BERLINER, C.; BRIMSON, J. A. (Eds.). *Cost Management for Today's Advanced Manufacturing*: the CAM-I conceptual design. Boston: Harvard Business School Press, 1988.

BERNOULLI, D. Exposition of a new theory on the measurement of risk. In: PAGE, A. N. *Utility Theory* – A Book of Readings. New York: John Wiley & Sons, 1968.

BERNSTEIN, P. L. *Desafio aos deuses*: a fascinante história do risco. Rio de Janeiro: Campus, 1997.

BOYNTON, W. C.; JOHNSON, R. N.; KELL, W. G. *Auditoria*. São Paulo: Atlas, 2002.

BROOKSON, S. *Como elaborar orçamentos*. São Paulo: Publifolha, 2000.

CATELLI, A. *Controladoria*: uma abordagem da gestão econômica GECON. 2. ed. São Paulo: Atlas, 2001.

_____; GUERREIRO, R. *Mensuração de atividades*: comparando "ABC" x "GECON". *Caderno de Estudos FIPECAFI*. São Paulo, n. 8, p. 1-13, 1993.

CREPALDI, S. A. *Contabilidade gerencial*. São Paulo: Atlas, 1998.

CUFARO, A. *Controle orçamentário*: a institucionalização das análises de variações entre real e orçado como base para a tomada de decisões considerando separadamente a mensuração da variação cambial. 2012. 101f. Dissertação (Mestrado em Ciências Contábeis e Financeiras) – Pontifícia Universidade Católica de São Paulo, São Paulo, 2012.

EHRBAR, A. et al. *EVA – valor econômico agregado*: a verdadeira chave para a criação de riqueza. Rio de Janeiro: Qualitymark, 1999.

GARÓFALO, G. L.; CARVALHO, L. C. P. *Teoria microeconômica*. São Paulo: Atlas, 1985.

GIL, A. L. *Auditoria de negócios*. 2. ed. São Paulo: Atlas, 2002.

GIMENEZ, L. *Uma análise comparativa das propostas. Beyond budgeting* e gestão econômica. 2009. 133f. Dissertação (Mestrado em Ciências Contábeis e Atuárias) – Pontifícia Universidade Católica de São Paulo, São Paulo, 2009.

_____; OLIVEIRA, A. B. S. Pesquisa ação: a implantação de orçamento base zero em uma prestadora de serviços de locação de equipamentos para movimentação de carga. *Revista Hermes*, São Paulo, 2013.

_____; _____; ROBLES JÚNIOR, A.; PARISI, C. Uma análise comparativa das propostas *beyond budgeting* e gestão econômica. In: CONGRESSO BRASILEIRO DE CUSTOS, 16, 2009, Fortaleza. *Anais...* Fortaleza, 2009.

GITMAN, L. J. *Princípios de administração financeira*. 3. ed. São Paulo: Harbra e Row do Brasil, 1986.

_____. *Princípios de administração financeira*. 7. ed. São Paulo: Harbra, 2002.

GLAUTIER, M. W. E.; UNDERDOWN, B. *Accounting Theory and Practice*. 4. ed. London: Pitman, 1991.

_____. *Accounting Theory and Practice*. 7. ed. New York: Prentice Hall, 2001.

GOLDRATT, E. M.; COX, J. A. *A meta*: um processo de melhoria contínua. 2. ed. São Paulo, Nobel, 2002.

GUERREIRO, R. *Modelo conceitual de sistema de informação para gestão econômica*: uma contribuição à teoria da comunicação da contabilidade. Tese (Doutorado). FEA-USP, 1989.

_____. *A meta da empresa*: seu alcance sem mistérios. 2. ed. São Paulo: Atlas, 1999.

_____. Mensuração do resultado econômico. *Caderno de Estudos-Fipecafi*, n.3, p. 1-23, set. 1991.

_____. *Modelo conceitual de sistema de informação de gestão econômica*: uma contribuição à teoria da comunicação da contabilidade. 1989. 385f. Tese (Doutorado em Controladoria e Contabilidade). Faculdade de Economia, Administração e Contabilidade, Universidade de São Paulo, São Paulo, 1989.

HAMMER, M.; CHAMPY, J. *Reengineering the corporation*: a manifest for business revolution. New York: Harper Collins Publishers, Inc., 1993.

HANSEN, D. R.; MOWEN, M. M. *Gestão de custos*: contabilidade e controle. São Paulo: Pioneira-Thomson, 2001.

HANSSON, S. O. *Decision theory*: a brief introduction. Stockholm: Royal Institute of Technology (KTH), 2005.

HENDRIKSEN, E. S. *Accounting Theory*. 4. ed. Homewood: Irwin, 1982.

HOFFMANN, L. D.; BRADLEY, G. L. *Calculus* – for Business, Economics, and the Social and Life Sciences. 7. ed. Boston: McGraw-Hill Higher Education, 2000.

HOPE, J.; FRASER, R. *Beyond budgeting*: how managers can break free from the annual performance trap. Massachusetts: Harvard Business School Press, 2003.

HORNGRENC, T.; SUNDEM, G. L.; STRATTON, W. O. *Contabilidade gerencial*. 12. ed. São Paulo: Pearson Prentice Hall, 2004.

IIA – Institute of Internal Auditors. *Normas profissionais para o exercício da auditoria interna*. São Paulo: Audibra, 2004.

JORION, P. *Value at risk*: a nova fonte de referência para a gestão do risco financeiro. São Paulo: Bolsa de Mercadorias & Futuros, 2003.

KAPLAN, R. S.; ATKINSON, A. A.; BANKER, R. D.; YOUNG, S. M. *Managment Accounting*. 3. ed. New Jersey: Prentice Hall, 2001.

_____.; NORTON, D. P. *Estratégia em ação* – Balanced scorecard. 12. ed. Rio de Janeiro: Campus, 1997.

KNIGHT, F. H. *Risk, uncertainly and profit*. 7. ed. Boston: Houghton Miflin Company – The Riberside Press Cambridge, 1948.

LIVOVSCHI, F. R. *Fatores socioculturais facilitadores do processo orçamentário eficaz nas organizações*. 2013. 120f. Dissertação (Mestrado em Ciências Contábeis e Atuariais) – Pontifícia Universidade Católica de São Paulo, São Paulo, 2013.

MAHER, M. *Contabilidade de custos*: criando valor para a administração. São Paulo: Atlas, 2000.

MARTIN, N. C.; SANTOS, L. R.; DIAS FILHO, J. M. Governança empresarial, risco e controles internos: a emergência de um novo modelo de controladoria. *Rev. contab. finanç.* v. 15 n. 34 São Paulo, jan./abr. 2004. Disponível em: <http://www.scielo.br/scielo.php?script=sci_arttext&pid=S1519-70772004000100001>. Acesso em: 03 nov. 2014.

MESQUITA, E. F. *Aplicação do modelo de identificação e acumulação de resultados na gestão por unidade de negócio das sociedades de seguro*. 2012. 109f. Dissertação. (Mestrado em Ciências Contábeis e Financeiras) – Pontifícia Universidade Católica de São Paulo, São Paulo, 2012.

_____; OLIVEIRA, A. B. S.; GIMENEZ, L. Aplicação do modelo de identificação e acumulação de resultados na gestão por unidades de negócio de seguradoras. In: CONGRESSO BRASILEIRO DE CUSTOS, 19, 2012. Bento Gonçalves. *Anais*... Bento Gonçalves, RS, 2012.

MOHEBBI, E.; ABEDINI, N. A Simulation-Based Study Plan for Pharmacy Management. In: *2010 Northeast Decision Sciences Institute Proceeding*, March 2010.

NOREEN, E. W.; SMITH, D.; MACKEY, J. T. *A teoria das restrições e suas implicações na contabilidade gerencial*. São Paulo: Educator, 1996.

OLIVEIRA, A. D. S. A aplicação dos conceitos de gestão econômica aos eventos econômicos de um banco comercial. Dissertação (Mestrado) – FEA – USP, 1994.

_____. *Controladoria*: fundamentos do controle empresarial. São Paulo: Saraiva, 2009.

OLIVEIRA, D. P. P. *Planejamento estratégico*. São Paulo: Atlas, 1987.

OLIVEIRA, L. M.; PERES JR., J. H.; SILVA, C. A. S. *Controladoria estratégica*. 3. ed. São Paulo: Atlas, 2005.

PADOVEZE, C. L. *Controladoria estratégica e operacional*: conceitos, estrutura, aplicação. São Paulo: Pioneira Thomson Learning, 2003.

PEREIRA, A. C.; SOUZA, B. F. *Auditoria contábil:* abordagem prática e operacional. São Paulo: Atlas, 2004.

PYHRR, P. A. *Orçamento base zero*: um instrumento administrativo prático para avaliação das despesas. São Paulo: Interciência, 1981.

RAGSDALE, C. T. *Spreadsheet Modeling and Decision Analysis*: a practical introduction to management science. 3. ed. Cincinnati: Thomson Learning, 2001.

RANA, G. P. *Contribuição ao estudo da eficácia do orçamento como indicador de alcance das estratégias empresariais*. 2009. Dissertação (Mestrado em Programa de Estudos Pós-Graduados em Ciências Contábeis e Finanças). Pontifícia Universidade Católica de São Paulo, São Paulo, 2009.

_____. O cumprimento do orçamento como indicador de alcance da estratégia. Dissertação (Mestrado). Pontifícia Universidade Católica de São Paulo, São Paulo, 2010.

RAO, Anadir; MARIE, Attiea. Current Practices of Enterprise Risk Management in Dubai. *Management Accounting Quarterly*, v. 8, n. 3, p. 10-23, Spring 2007.

SÁ, L. *Curso de auditoria*. 10. ed. São Paulo: Atlas, 2002.

SCHUMPETER, J. A. *Capitalismo, socialismo e democracia*. Tradução de Sérgio Goes de Paula. Rio de Janeiro: Zahar Editores, 1984.

SILVA FILHO, J. L. *Auditoria dos estoques*. (Monografia). Universidade Federal da Paraíba, Paraíba, 1998.

SOUZA, R. F. *Contribuições da interação da teoria das opções reais e do* target costing *à definição de um processo de precificação que maximize o resultado da empresa*. 2013. 151f. Dissertação (Mestrado em Ciências Contáveis e Financeiras) – Pontifícia Universidade Católica de São Paulo, São Paulo, 2013.

SOUZA, J. C. *Estudo comparativo da TOC* – Teoria das restrições com o modelo de gestão econômica. 145f. Dissertação (Mestrado). Fundação Escola de Comércio Alvares Penteado, São Paulo, 2002.

SPANOS, A. *Probability Theory and Statistical Inference*: econometric modeling and observational data. Cambridge: Cambridge University Press, 1999.

SWANSON, G. A.; MILLER, J. G. *Measurement and interpretation in accounting*: a living systems theory approach. New York: Quorum Books, 1989.

THOMAS, G. B. *Cálculo*. São Paulo: Addison-Wesley, 2003.

VAASSEN, E.; MEUWISSEN, R.; SCHELLEMAN, C. *Controle interno e sistemas de informação contábil*. São Paulo: Saraiva, 2013.

YANASE, J. *A utilização do transfer pricing na formação de preços de serviços e procedimentos médico-hospitalares*. 2010. 136f. Dissertação (Mestrado em Ciências Contábeis e Financeiras) – Pontifícia Universidade Católica de São Paulo, São Paulo, 2010.

WELSCH, G. A. *Orçamento empresarial*. 4. ed. São Paulo: Atlas, 1986.

ÍNDICE REMISSIVO

Agente econômico 30, 173, 177, 179, 181, 186, 188, 190, 192-196
Agrupamento de casos semelhantes 179
Ajuste no plano 151-152, 161-163
Alavancagem 1, 3-4, 10, 12-16, 19-20, 34, 230
Alavancagem financeira 1, 14-15, 19, 34
Alavancagem operacional 1, 4, 10, 13-14, 34
Alíquota dos tributos 18, 21-22
Alocação de recursos 2, 120, 122-123
Altas taxas cobradas pelo mercado financeiro 16
Alternativa 23-32, 34, 73, 111, 174-175, 177, 186, 188-197, 201
Alternativas de ação 105, 214
Alternativas disponíveis 32, 105, 186
Ambiente 99-102, 105, 107, 113, 116, 120-121, 124-125, 134-135, 138, 172, 177, 182, 184, 216, 224, vii, 235-236
Ambiente de negócios 100, 107, 121, 177, 235-236
Ambiente hipercompetitivo 138
Ambiente próximo 99, 101
Ambiente remoto 99, 101
Análise da sensibilidade 204
Análise das variações orçamentárias xv, 147, 156, 170
Análise de balanços 229, 236
Análise de custo, volume e lucro 3
Análise de regressão 35, 54-55, 61-62, 149, 172
Análise de resultado 70
Análise marginal 35, xiii, 44, 46-47, 58-59, 61-62
Aprimoramento contínuo 32
Área de responsabilidade 94, 108-110, 198
Área financeira 92, 96
Áreas de responsabilidade 105, 108, 113, 116-117, 119, 134, 144
Aspecto fundamental em qualquer decisão 40
Aspectos estratégicos de uma decisão 25
Atitudes em relação ao risco 179, 193-194
Atividade 2-3, 34, 80, 104, 109-110, 120-125, 131, 139-141, 152, 160, 177, 179, 181-182, 201, 219, 231
Atividade produtiva 2

Atividades 2, 62, 100, 102, 104-105, 108, 116, 118, 121-123, 125-126, 130-131, 133, 137, 139-141, 143-144, 152, 167, 171, 181, 183, 213, 219, vii, 240
Atividades que não adicionam valor 104
Auditoria interna 198-199, 239, 241
Autoridade 105, 124
Avaliação 110, 117, 120, 125-126, 131, 133, 140-141, 143, 161, 184, 220-221, 228, 234, 242
Avaliação de desempenho 110, 125
Aversão ao risco 29, 180, 193

Balanceamento do fluxo de produção 222
Balanced scorecard (BSC) xvi, 233, 236
Balanced Scored Card (BSC) 104, 227
Balanço patrimonial 14, 116, 131, 133-134
Banco de dados 108
Banco interno 92, 96
BBRT 118
Benchmarking 104, 121, 138
Benefícios do orçamento xiv, 116
Bernoulli 173, 188, 190-193, 201, 239

Cálculo 4, 6, 8-9, 12-14, 16, 22, 25, 27-29, 31, 34-35, 44, 47-48, 61, 65-66, 72, 81-82, 84, 87, 89, 91-92, 95-97, 109, 130, 133, 143, 157-159, 161, 164-166, 168-169, 197, 203, 207, 209-210, 223, 237, 243
Capacidade operacional 102
Capital de terceiros 14-16, 18-23, 230
Capital próprio 8, 14-16, 18-19, 22, 230
Cenário 28-29, 124
Cenário de negócios 28
Cenários 29, 34, 120, 175, 177, 180, 184
Centros de custos 116
Ciclo operacional 102-103
Ciclo produtivo 102
Classificar as incertezas 184
COFINS 64-66, 69, 71-72, 80, 85-86, 89, 91-92, 94-96
Comissão de vendas 70, 73, 77, 80, 86, 89, 91, 93

Competição 101, 105, 107, 138, 177, 183-184
Complexidade 100
Conceitos matemáticos 53
Concessão de prazos 87-88, 96
Conhecimento 28-29, 32, 66, 100-101, 177-178, 180-182, 199-200, 204, 209, 213-214, 216, vii, 228, 233, 237
Conhecimento sobre o futuro 29
Consumidores 2, 72, 101, 179-181
Consumo de recursos 2, 105, 143-144, 151, 221
Contábil ix, 2-3, 6, 8, 12, 33-34, 116-117, 148, 184, 198, 215, 219-220, xiii, 237, 242-243
Contabilidade e orçamento 115-116, 135, 201
Contabilidade gerencial iv, xiii, xi, ix, 1-2, 33, 106, 108, 139, 147, 173, 215-216, 224, 233, 237, 240-242
Continuidade 3, 131, 175, 204, 217, 233, 235
Controle xi, 56, 100, 105, 107-109, 115-118, 122, 124-125, 129-130, 133-135, 140-141, 143-144, 147, 151, 170-172, 182-185, 198-201, 221, 224, vii, 231, 235, 240-243
Controles internos 13, 173, 197-201, 242
Crenças e valores 102, 104, 107, 218
Criação de negócios 181
CSF xvi, 227-228, 235
Custo xiii, 2-4, 7-8, xiv, 14, 16, 24-28, 33, 35-36, 38, 40, 47-52, 59-64, 68, 73, 88-90, 92-97, 103-104, 108, 121, 125, 128-129, 137-145, 149, 151, 155-156, 167, 175-177, 182-183, 192, 211, 220, 237
Custo de oportunidade 8, 63, 89, 93, 103, 108, 140, 175-176, 182-183, 237
Custo de oportunidade do capital 8, 175, 182-183
Custo do capital 16, 89, 96
Custo mais margem 64
Custo marginal 35, 47-48, 51-52, 59
Custo médio 47-48, 51, 59
Custo meta 64
Custo total 36, 40, 47-49, 52, 59-60, 141
Custo variável 4, 36, 47, 51, 61, 140, 211
Custo-padrão 137-145, xiv, 151
Custo-padrão departamental xiv, 139, 145
Custos xiii, 2-11, 13-15, 24-29, 33-38, 41-42, 47-49, 51-53, 58, 61, 64, 66-67, 69-71, 73-75, 77, 79-82, 86-89, 92, 94-95, 104-105, 108, 110, 116, 121-123, 126-130, 133-134, 139-141, 143-145, 150, 153-156, 158-171, 177, 179, 182-183, 185, 200, 204-207, 209-213, 215-216, iv, 237, 240-242
    Diretos 2, 6
    Fixos 3-4, 10, 24-25, 27, 38, 47, 52, 69-71, 73, 75, 77, 80, 86, 129, 141, 145, 153, 163, 177, 206, 209, 211-212
    Variáveis 3, 24-27, 47-48, 61, 129, 145, 206, 209, 212
    Indiretos 2, 37-38, 123, 127, 129, 130
Custos de oportunidade 29, 185
Custos financeiros 88-89
Custos fixos identificados 52, 70-71, 73, 75, 77, 153

Decisão 2-3, 7, 10, 24-25, 28-34, 36, 40, 52, 63-64, 73, 92, 96-97, 107-111, 113, 117-119, 121-123, 171, 174-175, 177, 179-181, 183, 186-188, 191, 193-198, 201, 203-204, 210, 219, 224, xiii, 228, 235, 237
Decisão de negócios 32
Decisão de preço 64
Decisão econômica 36, 108, 177, 194
Decisões de negócio 2
Decisões econômicas 25, 105, 182, 217
Demanda 2, 5, 35, 37-41, 43, 48-49, 56-58, 63-64, 67-69, 73-75, 77-78, 84, 87, 97, 124-125, 152, 177, 179, 206-208, xiii, 218, 222, 224
Demanda inversamente proporcional a seus preços 64
Demonstrativo de resultado 131, 133
Derivada direcional 22
Derivada primeira 60, 76-79
Derivada primeira do resultado 76-77
Derivadas 22-23, 53, xiii, 81-84
Derivadas parciais 22, 84
Descontinuidade de produtos 3
Desempenho eficiente 137
Desempenho orçamentário 149
Desempenho real 143, 148-150, 167
Desempenho realizado 138, 141, 148, 156
Desempenhos do período 156
Desigualdade de Chebichev 171
Desperdícios 138, 149, 156, 167, 170, 199
Despesa operacional xvi, 219-221, 224
Despesas 2-11, 14-15, 25-28, 34, 36-38, 48-49, 52-53, 64, 66, 69-71, 73-75, 77, 79-82, 86-87, 89, 92, 94-95, 109, 120, 126-127, 130-133, 153-156, 158-170, 204-207, 209-213, 217, 220, 222, 224, 230, 242
Despesas variáveis 4-6, 8, 10-11, 14-15, 37-38, 48-49, 52-53, 70, 73-75, 77, 80, 86, 89, 92, 94-95, 153-155, 158-159, 162-166, 168-170, 205-207, 209, 212
Diminuição na margem unitária 48
Dinâmicos 100, 204
Diretriz estratégica 64, 79
Diretrizes estratégicas 64, 79, 88, 149, 205, 211, 233
Distribuição normal 204, 206-207, 210, 213
Diversificação 181, 193
Dois mercados 107, 182
Dois pontos de equilíbrio 41, 49, 76, 78-79
Duas formas básicas de lidar com a incerteza 179

Economia 2, 28, 33, 37, 59, 100, 121, 171, 177, 182-183, 201, 222, ix, 237, 241
Econômico 34
Eficácia 99, 102, 104-105, 109-113, 115-116, 118, 135, 151-152, 156, 171, 198-199, 235, 237, 239, 243
Eficiência 102, 105, 113, 122, 134, 137-141, 143-144, 147, 149, 151-152, 156, 164, 167-171, 183, 198-199, 216, 219, 235

Elasticidade 37
Eliminar o risco 174
Empowerment 118, 235
Empresa xiv, 2-3, 5-6, 8-9, 14-16, 18, 21-22, 24, 26, 32, 35, 52-54, 61, 63-66, 68-69, 71-72, 75, 79-82, 84, 87-93, 95-96, 99-107, 109-110, 113, 117-118, 120, 124-128, 130-132, 134-135, 137-139, 141, 143-144, 149, 152, 155, 160, 164, 167, 177-178, 181-182, 184-185, 197-199, 207, 211, 215-221, xv, 228-233, 235, 240, 243
Empresa atua em dois mercados 107
Empresa comercial 65, 103
Endividamento 20, 133, 230-231
Enfoque sistêmico 99-100, 113, 121
Entidade produtiva 99, 104
Equação de demanda 37, 41, 43, 58, 63, 73
Equação de resultado 50, 63, 73-74, 76-77, 81, 85, 177
Escolhas 2, 25, 30-32, 34, 79, 210, 214, 218-219, 231, 237
Escolhas econômicas 2
Estados da natureza 29-30, 32, 34
Estáticos 100
Estatísticas 57, 117, 171, 223
Estoque 71, 127-128, 222-224
Estratégias de preços 64
Estrutura básica do orçamento xiv, 118
Eventos 28, 62, 93, 102, 108, 110-111, 116-117, 120, 177-178, 184, 204, 213, 223, 242
Eventos econômicos 108, 242
Expectativa de lucros 25
Expectativas 28-29, 104, 134, 175, 178-179, 181, 235
Explicações 54, 101

Fatores críticos de sucesso 104, 232, 236
Fatores críticos de sucesso (FCS) 104, 236
Fatores limitantes 222, 224
FCS 104, 227, 233, 236
Feedback 101-102, 107, 122, 233
Fichas-padrão 137, 139, 141, 144
Financeira 1, 3, 14-15, 19, 34, 88-89, 92, 94-96, 116, 119, 132, 176, 200, 233-234, 236, 240
Financeiro 3-4, 7-9, 16, 34, 88-90, 92-97, 103, 118, 125, 131-132, 185, 201, xiii, 237, 241
Financiamento 16, 18, 20-23, 36, 61, 65, 71, 89, 92-93, 131, 177, 180, 185
Financiamento dos ativos 16, 18, 20-21, 23
Físico e operacional xiv, 99, 102, 113
Formação de preço 63, xiii, 64
Formação de preço de venda 64
Formação de resultado 5, 40-42, 64, 67-68, 70, 77, 79, 176
Formações de estoque 71
Função custo uma função decrescente 60
Função demanda 35, 37-38, 63, xiii, 64, 67
Função distribuição de probabilidade 204, 210, 213
Função utilidade xv, 189, 194-196, 201

Funções 35, 53, 61-62, 82-83, 85, 102, 105, 113, 115, 117, 122, 124, xiv, 183, 199
Funções empresariais 102

Ganho xv, 220
Gargalos 218, 221-223
Gestão de tributos 94
Gestão do desempenho orçamentário 149
Gestão do risco 173-174, 181, 184, 197-198, 201, xv, 241
Gestão econômica 101, 104, 108, 111, 116, 173-174, 176, 216, xv, 239-243
Gestão operacional 102-103
Gestão tributária 92
Gestor 5, 31, 34, 62, 95, 107, 109-110, 123, 143, 171-172, 194, 198, 203, 206, 209, 213-214, 224, 229, 233, 235
Gestor de preços 95
Gestores 13, 105, 109-110, 117, 119-124, 171, 197, 205, 233
Goal Programming 87
Governança 118, 197-198, 242
Gradiente 22, 24, 81
Grupos de restrições xv, 218

Hipercompetição 216
Hipóteses 54, 121
Homeostáticos 100

ICMS 64-66, 69, 71-72, 80, 85-86, 89, 91-92, 94-96
Imposto de Exportação 65
Impostos 23, 63-66, 69, 71-72, 74, 80, 85-86, 89, 91-95, 101, 131, xiii, 228
Impostos incidentes sobre a receita 63
Impostos sobre as vendas xiii, 65, 92
Incentivos fiscais 71
Incerteza 28-34, 36, 120, 148-149, 172, 175, 177-179, 181-184, 186, 194, 201, 204, xv, 237
Indicadores 104, 123, 220-221, xvi, 227-231, 233, 235-236
Indicadores de atividade 231
Indicadores de estrutura de capitais 229-230, 236
Indicadores de liquidez 229, 236
Indicadores de rentabilidade 229-230, 236
Informação xiii, 2, 32-33, 99, 102, 104, 106, 108-109, 111-113, 116-117, 134, 148, 151, 170-171, 178, 181-182, 184, 198, 210, 215, 218-219, xiv, 233, 240-241, 243
Informação adequada 32, 111
Informação como redutor da incerteza 32
Informação de custo e resultado xiii, 2
Informação gerencial contábil 148
Informação perfeita 33, 178
Informações para gestão econômica 108
Inovação 124, 178, 183, 185, 201, 233, 235
Instrumental de cálculo 61
Instrumentos básicos de controle 116
Integrais 53

Interfaces 99-100
Intervalo de confiança 36
Inventário xvi, 220-221, 223-225
Investidor 29-30, 193
IPI 91, 94-95

Juro a ser cobrado do cliente 93

Knight 175, 177, 180, 201, 241

Lei dos grandes números 30, 32, 180, 210
Lei dos Grandes Números 30, 32, 180, 210
Limites 19, 22, 53, 143, 151
Liquidez 104, 185, 228-229, 231, 235-236
Livre empresa 181
Longo prazo 36, 229, 233
Lote de processamento 223
Lote de transferência 223
Lucro xv, 3-5, 8, 10-15, 21, 24-28, 30, 32-34, 36, 40-45, 47-50, 52, 58-60, 62, 64-66, 71, 73, 76, 82, 87, 103, 106, 113, 133, 173-179, 181-184, 186, 201, 206, 208, 214-215, 219-221, 224, 230, 235, 237
Lucro do empresário 183
Lucro marginal 14, 42-45, 48-50, 59-60, 62
Lucro marginal será igual a zero 60
Lucro máximo 48, 50, 76
Lucro ótimo 41, 43-44
Lucro para sobreviver 106

Manufatura sincronizada 224
Mão de obra 2, 68-70, 73, 76-77, 80, 82, 86, 122-123, 127-129, 141, 220
Margem de contribuição 3-7, 10-11, 14-15, 24-28, 34, 36, 53, 62-63, 66, 71-73, 75, 80, 86-88, 92, 94-95, 153, 155-156, 159-160, 164, 167, 169, 205, 207, 212, 225, 237
Margem de contribuição total 88, 155, 159, 164, 167, 169, 212
Margem financeira 88-89, 92, 95-96
Margem operacional 88, 92, 94-96
Margem unitária 48, 66, 70
Matéria-prima 37-38, 69-70, 73, 76-77, 80-84, 86-87, 127-129, 142-143, 167, 220, 228
Matriz de decisão 29-31, 34
Matrizes para a equação do resultado xv, 153
Maximizar 45, 51, 81
Maximizaria 41
Medidas de eficiência 138
Medidores do alcance da meta xvi, 221
Mensuração das transações deve ser efetuada com a utilização de conceitos econômicos 108
Mensuração estatística 138, 144
Mercado 5, 15-16, 36-37, 39, 48, 64, 67-69, 79, 101-102, 106-108, 110, 138, 176-177, 180-184, 207-208, 210, 216, 218, 222, 224, 228-229, 231, 235
Mercado de produtos 107, 182
Mercado de recursos 107, 182

Mercado financeiro 16
Meta de "ganhar dinheiro" 217, 224
Metas de eficiência 137
Missão 79, 96, 101-102, 104-105, 109, 140, 233
Modelagem da função demanda xiii, 67
Modelagem matemática xiii, 53-54
Modelo de acumulação 109-110
Modelo de decisão 108-111
Modelo de gestão 104, 111, 215-216, 218, 221, 243
Modelo de informação 108-109, 113
Modelo de mensuração 108-112
Modelo Du Pont 231
Modelos de formação de preço 63
Modelos de otimização 63, 87
Modelos decisórios 31, 174, 184, 218, 237
Modelos e processos decisórios 32
Multiplicador de Lagrange 81-85, 87, 97
Multiplicative congruential method 204
Múltiplos pontos de equilíbrio 35, 41, 61-62, 82

Natureza do lucro 182
Necessidades de caixa 89
Negociação à vista 88
Negócio à vista 88
Negócios 24, 28, 32, 99-100, 107, 121-122, 124, 139, 149, 175, 177, 179, 181-182, 184, 201, 209, 213, xiii, 228, 235-236, 240
Números aleatórios 204-205, 209, 211, 213-214

Objetivo 1, 8, 18, 35, 54-55, 63, 67, 74, 88, 96-97, 99-102, 104-106, 109, 115, 117-118, 122, 126, 130, 134, 137, 147, 173, 181, 186, 199, 203, 214-215, 217, 221, 224, 227, 231, 233, 235
Objetivo do controle interno 199
Objetivos com a decisão financeira 92
Objeto da decisão 29
Objetos de tomada de decisão 2
OBZ 120-124, 135
Optimized Production Technology (OPT) 217
Orçamento 115-120, 122-135, 137, 139, 142-145, 147-149, 151-152, 161, 163-164, 166, 169-170, 201, xiv, 240, 242-243
Orçamento base "zero" 120
Orçamento de caixa 118-119, 131-132
Orçamento de custos indiretos de fabricação 129
Orçamento de despesas administrativas 131
Orçamento de despesas de vendas 130
Orçamento de despesas financeiras e tributárias 131
Orçamento de despesas operacionais 130
Orçamento de financiamento 131
Orçamento de mão de obra direta 128
Orçamento de matéria-prima 127
Orçamento de produção 127-128
Orçamento de tendências 120
Orçamento de vendas 126-127
Orçamento estático 124
Orçamento flexível 122, 124-125, 135, 149, 161

Índice remissivo

Orçamento mestre 118-119, 134-135
Orçamentos financeiros 118
Orçamentos operacionais 118, 133-134
Os cinco passos da Teoria das Restrições xv, 218
Otimização xiii, 1, 35, 48-49, 52, 58, 63, 67, 73-74, 82-84, 87, 97, 147, 151, 203, 215-216, 218-219, 222, 232, 237
Otimização do resultado 63, 67, 83-84, 97, 147, xiii, 237

Pacote de decisão 121-122
Padrão de eficiência 138, 143
Padrões excessivamente desafiadores 138
Parâmetro de escolha 73
Parâmetros 54, 56, 58, 107, 118, 147, 200, 219-221
Pensamento sistêmico 99
Percepção 16, 31, 203
Percepção do tomador de decisão 31
Pesquisa de mercado 37, 207
Pesquisa operacional 81, 87, 97, 117
PIS 65, 71-72, 89, 91-92, 94-96
Planejamento xi, 104-105, 107-109, 115-118, 120, 123, 126, 140-141, 144, 147, 151, 177, 180, 182-184, 201, 203, 223, 225, iv, 231, 234-235, 242
Planejamento e orçamento 116, 147, 151
Planejamento, execução e controle 105, 109, 231
Planilha eletrônica 44, 47, 54, 62
Plano de áreas de responsabilidade 108
Plano de contas 116, 199
Plano de lucro 133
Política de preços 72, 79, 95-96
Políticas de eficiência 137-141, 143-144, 167
Políticas estratégicas 95
Ponto de equilíbrio 3
Ponto de equilíbrio contábil xiii, 6, 8, 12, 34
Ponto de equilíbrio econômico xiii, 4, 8, 34
Ponto de equilíbrio financeiro xiii, 4, 7-9
Ponto de máximo 23, 76, 78-79
Prazos 87-88, 96-97, 101, 103-104, 121, 132, 213, 229, 231
Preço de mercado 64
Preço de transferência 108, 140
Preço de venda 3-7, 25-28, 36, 38, 40-49, 51-52, 54-58, 64-67, 70-79, 81-82, 84, 88-97, 126, 152-153, 158, 162, 165, 168, 206-207, 209, 211-212, 220
Preço de venda bruto 66, 72, 76, 81-82, 84
Preço de venda líquido 66-67, 72
Preço de venda no prazo 89, 93, 96
Preço praticado 39-41, 54, 90, 126, 158, 160, 162, 165, 168
Preços de transferência 104, 126
Predições 54
Prejuízo marginal 43-44
Primeiro aspecto da modelagem matemática 54
Prioridades 31, 121
Probabilidade 29-31, 36, 53, 138, 141, 148-151, 171-172, 175, 178-179, 191-192, 195, 201, 204-205, 209-210, 213, 237

Probabilidades 29-33, 172, 178, 186, 188, 190, 193-194, 201, 205, 209
Probabilidades de ocorrência 29, 209
Probabilidades subjetivas 32, 178
Problema de otimização 82
Procedimentos contábeis para lidar com o risco 184
Processo decisório 32, 105-107, 109-110, 113, 124
Processo orçamentário 115-118, 120, 124, 131, 134-135, 143, xiv, 241
Produto 44, 158, 162, 165, 168
Produto 2-7, 24, 36-54, 57, 59, 61, 64, 67-82, 85-86, 88-89, 91-92, 94-96, 109-110, 112, 135, 137, 139-142, 152-156, 158-160, 162-163, 165-166, 168-170, 175, 177, 180-181, 183, 191, 210, 216, 220, 223
Produtos 110
Produtos e serviços 2, 101-102, 107, 138, 141, 144, 176, 179
Programação Linear 87
Programação Não Linear 87

Quantidade demandada 39
Questão dos tributos xiii, 71

R2 57-58
Receita 2, 8-9, 11, 14-15, 24-28, 35-36, 40-42, 45-53, 58-63, 65-66, 71, 80, 85-86, 89, 92, 94-95, 101-102, 108-110, 125-126, 133, 158, 163, 166, 169-170, 175-176, 205-207, 209, 231
Receita bruta 65
Receita líquida 65-66, 71
Receita marginal 35, 45-47, 51, 59
Receita máxima 47, 52
Reducionista 54
Região de lucro 41
Relaciona o comportamento dos volumes e preços para determinado produto 37
Relacionamentos sistêmicos xiv, 143
Rentabilidade 14, 93, 104, 216, xi, 229-231, 235-236
Responsabilidade 94, 105, 108-110, 113, 116-117, 119, 124, 134, 144, 183, 198, 200
Restrições 67-70, 76, 79-80, 82, 97, 215-218, 220-225, xv, 242-243
Resultado xiii, 2, 4-6, 8-12, 14-16, 25-36, 40-44, 50, 52-54, 56, 61-64, 67-71, 73-88, 90-92, 94-97, 104-105, 107, 109, 111, 116-117, 126-127, 131-134, 137, 140, 143-144, 147-153, 155-159, 161, 163-172, 175-177, 179, 188, 191, 194, 197-198, 201, 204-205, 207-214, 216-217, 219-220, 224-225, xv, 231, 237, 241, 243
Resultado de cada alternativa 25, 30
Resultado do período 5, 220
Resultado do produto 2, 40, 50, 64, 73-79, 95
Resultado econômico 5-6, 9-11, 14-15, 25, 30-32, 40, 53, 69, 73-74, 76, 81, 96, 104-105, 109, 111, 132, 150, 177, 201, 205, 216, 224, 237, 241
Resultado econômico da decisão 25
Resultado financeiro 88, 92, 96, 132
Resultado global 79, 81

Resultado planejado xv, 148, 150, 171
Resultado realizado 116, 148, 150, 158, 172
Resultados econômicos 2, 25
Resultados financeiros 94
Retorno desejado 63-64, 66
Retorno dos acionistas 16
Retorno sobre ativo 16, 21, 24, 231
Retorno sobre o patrimônio líquido 14, 17, 228, 230-231
Retorno sobre o PL 15-16, 18-19, 21-22
Risco 7, 15-16, 25-34, 36, 120, 148, 172-199, 201, 213, xv, 229-230, 237, 239, 241-242
Risco e a incerteza 28-29, 33-34, 120, 237
Risco e resultado 175
Risco/retorno 198
Rolling Forecast 118

Seleção do risco de acordo com as características individuais 179
Sensibilidade 11, 37, 203-204, 206-209, 213-214
Sensíveis ao preço 72
Serviços 65, 102
Simulação xv, 203-204, 206-214
Simulação probabilística 203-204, 214
Sistema aberto 100-101
Sistema de custo-padrão 137, 140-141, 143-145
Sistema de gestão 99, 102, 105-107, xiv, 198
Sistema institucional xiv, 104
Sistema de governança 198
Sistema de informação contábil 116-117
Sistema de informação para gestão econômica 104, 108, 240
Sistema de informações 106-109, 113, 118
Sistema Social 99, 101
Sistema organizacional xiv, 99, 102, 105
Sistema de informações operacionais 107
Sistema de planejamento e controle 117
Sistema empresa xiv, 99-102, 104-105
Sistema empresa necessita ser eficiente e eficaz 105
Sistema físico e operacional xiv, 99, 102, 113
Sistema sócio-político-psico-cultural xiv, 102, 105
Situação de incerteza 30
Software de regressão do Excel 56
Solver do Microsoft Excel 83, 87
Stockholders 216
Subsistemas 99-100, 102, 104, 108-109, 113
Supermercados 88

Target costing 63, 243
Taxa de captação 14, 16-22, 89-91, 93, 150
Taxa de juros 15, 19, 21-23, 89, 93, 97, 125, 176
Taxas de captação 16, 18, 20, 91
Taxas de juros 16-17, 24, 103, 176
Técnica de *análise de regressão* 54
Tecnologias 61, 101, 175, 181, 237
Tendências 120-121, 139, 149, 210
Teoria das Restrições 80, 215-218, 220-225, xv, 242-243

Teoria econômica 54
Theory of Constraints – TOC 216
Tipos de orçamento xiv, 119
TOC 216-218, 220, 222-223, 225, 243
Tomada de decisão 2-3, 109, 118-119, 183, 186, 204, 219, 224, xiii, 235
Tomador de decisão 10, 28-31, 34, 174-175, 177, 179-181, 187-188, 191, 193, 195-198, 201, 210, 237
Tributos 18, 21-22, 26-28, 65, 71, 82, 87, 92-94, 96, xiii, 230
Tributos sobre a renda 18, 21-22, 230

Uma pessoa que tomasse essa decisão uma única vez 31
Utilidade 29-32, 124, 140, 143, 173, 175, 186-197, 201, xv, 216, 224
Utilidade do ganho adicional 186-187

Valor agregado pela informação 33
Valor da informação xiii, 32-33
Valor de determinado risco 187
Valor de seus ativos 101
Valor de uma alternativa 186, 188, 194
Valor do risco 186, 194, 197, 201
Valor econômico 2, 25, 96, 177, 186, 193, 216, 237, 240
Valor esperado 29-31, 34, 150, 183, 190, 194-196, 206
Valor gerado 25, 126, 193
Valor monetário 31, 186, 191-192, 197
Valor presente do preço de venda 93
Valores sociais 25, 237
Variação de ajuste no plano 152
Variação de eficiência 143, 147, 167-169
Variação de preço 156
Variação de volume 147, 165-166
Variáveis 2-6, 8, 10-11, 14-15, 22, 24-27, 31-32, 37-38, 47-49, 52-56, 61, 66, 70, 72-75, 77, 80, 82-83, 85-86, 89, 92, 94-95, 97, 101, 107, 109-111, 118-119, 127, 129-130, 135, 145, 149, 151, 153-155, 158-159, 162-166, 168-171, 184, 204-207, 209-210, 212, 214
Variáveis 10, 37, 92, 94-95, 130
Variáveis passíveis de influenciar a decisão, 31
Variável dependente 56, 83, 97
Variável independente 56, 64, 97
Venda à prazo 88
Venda à vista 88-93, 97
Volume 3, 5, 7-14, 24-26, 28, 30, 36, 40, 42-49, 51-52, 54-56, 58-60, 64, 66-71, 73-75, 79, 83, 86-88, 92, 96-97, 122-123, 126-127, 129-130, 139-141, 147, 149, 151-152, 156, 164-167, 170-171, 206-208, 211, 214, 216, 222, 228, 231
Volume de vendas 5, 26, 28, 30, 51, 54, 56, 64, 66-68, 73, 86, 88, 92, 127, 149, 152, 211
Volume ótimo 43, 69, 83
Volume produzido 60, 71, 130
Volumes de vendas 54, 67, 75